Jeffrey Ethell & Alfred Price • ***Strahlflugzeuge 1939-1945***

Jeffrey Ethell
Alfred Price

STRAHL-FLUGZEUGE 1939-1945

Die Originalausgabe ist erschienen unter dem Titel **World War II – Fighting Jets**
ISBN 1 85310 406 X

Deutsche Fassung: **Wolf Westerkamp**

Einbandgestaltung: Anita Ament

ISBN 3-613-01840-3

Ein Unternehmen der Paul Pietsch Verlage GmbH & Co.
1. Auflage 1997

Lektorat: Martin Benz, Wolf Westerkamp
Herstellung: IPa, Vaihingen/Enz
Druck: Rung Druck, Göppingen
Bindung: E. Riethmüller, Stuttgart
Printed in Germany

INHALT

ANMERKUNG DER VERFASSER

In etlichen Fällen hatten die Verfasser erhebliche Schwierigkeiten, britische, amerikanische, deutsche und japanische Berichte über Ereignisse, an denen Strahlflugzeuge beteiligt waren, in Einklang zu bringen. Häufig deckten sich die behaupteten Abschüsse der einen Seite in Zeit und Ort überhaupt nicht mit den eingestandenen Verlusten der anderen Seite. Aus diesem Grunde wurden Luftsiege und Abschüsse in diesem Buch nur dann erwähnt, wenn sich die Umstände des Geschehens zweifelsfrei klären ließen – andernfalls wurden sie meist weggelassen.

DANKSAGUNG

Den Verfassern ist es ein Anliegen, sich ganz besonders bei David Irving zu bedanken, der uns gestattete, aus seinem Buch *Die Tragödie der deutschen Luftwaffe* zu zitieren, desgleichen bei Captain Eric Brown, aus dessen Buch *Berühmte Flugzeuge der Luftwaffe 1939-1945* wir Passagen übernehmen durften.

Bei der Zusammenstellung des Materials für dieses Buch wurden wir von zahlreichen Freunden in mehreren Ländern in großzügiger Weise unterstützt. Unser ganz besonderer Dank gilt: Günther Wegmann, Rudolf Opitz, Horst Götz, Hansgeorg Bätcher, Rudolf Schnörer, Walter Hagenah, Erich Sommer, Rudolf Zimmermann, Diether Lukesch, Peter Kappus, Rudolf Glogner, Arno Abendroth, Jay Spenser, Walter Boyne, Harold Watson, Richard Smith, Eddie Creek, Hanfried Schliephake, Hans Ring, Günther Heise, Ken Bokleman, Bill Hess, Chris Shores, Robert Mikesh, Harold Andrews, Logan Coombs, Norm Taylor, Nathan »Rosie« Rosengarten, Robert Esposito, A.W. »Tony« LeVier und Ray Wagner.

VORWORT

Dieses Buch ist eine erweiterte Version eines früheren Buches der Verfasser, *The German Jets in Combat*, das 1979 erschien. Das damalige Buch war ausdrücklich auf die Entwicklung und den Einsatz dreier deutscher Strahlflugzeugtypen beschränkt, die im Zweiten Weltkrieg längere Zeit im Einsatz standen: die Messerschmitt Me 163, die Me 262 und die Arado Ar 234. Dieses Buch gibt das natürlich wieder – darüber hinaus aber noch viel mehr: Es befaßt sich auch mit Entwicklung und Einsatz von drei weiteren Strahlflugzeugtypen, die in diesem weltweiten Konflikt zu Feindflügen aufstiegen: die britische Gloster Meteor, die japanische Yokosuka Ohka und – sie gehört nur mit knapper Not noch in diese Gruppe – die deutsche Heinkel He 162. Zusätzlich werden die Hintergründe zweier amerikanischer und eines deutschen Strahlflugzeugs beleuchtet, die bei Kriegsende die Einsatzreife erlangt hatten und den Verbänden bereits zugeführt wurden, als der Krieg zu Ende war: die Lockheed P-80 Shooting Star, die Ryan FR-1 Fireball und – nur bedingt – die Bachem Ba 349 Natter.

Dieses Buch führt den Leser durch die Periode mit den gewaltigsten Technologiesprüngen in der Geschichte der Luftfahrt – vom Beginn des Düsenzeitalters bis in die Epoche, die sich unmittelbar dem Zweiten Weltkrieg anschloß. Es ist die fesselnde Geschichte der gewaltigen Anstrengungen aller am Krieg Beteiligten; der Höhepunkt lag zwischen Anfang 1943 und Anfang 1946. Niemals zuvor – und auch nicht danach – haben Testpiloten so viele und so schwierige technologische und aerodynamische Hürden nehmen müssen. Da waren zunächst die völlig neuen und noch gar nicht ausgereiften Antriebe: die Turbinen-Luftstrahl-Triebwerke und die Raketenmotoren. Sie trieben die bekannten Technologien bis an ihre Grenzen – und manchmal auch darüber hinaus – und konnten so unzuverlässig sein, daß sie den Tod brachten. Dann folgten die Zellen der neuen Strahlflugzeuge, alles Neukonstruktionen, die natürlich ihre Kinderkrankheiten hatten. Und zusätzlich gab es noch ein Problem, das schwerer in den Griff zu bekommen war als die ersten beiden und von dem man noch so wenig wußte: das Phänomen der Kompressibilität, der Verdichtung der Luft – es trat zutage, als die Geschwindigkeiten sich immer näher an die unsichtbare »Schallmauer« heranschoben.

All das fand vor dem Hintergrund eines weltweiten Krieges statt, bei dem die führenden

Nationen ums nackte Überleben kämpften. In dem sicheren Bewußtsein, daß auch der Feind an diesen Entwicklungen und ihren Problemen arbeitete und vielleicht als erster die Lösungen finden könnte, die er dann mit verheerendem Erfolg einsetzen würde, blieb keine Zeit für sorgfältig abgestimmte Erprobungsprogramme, die schrittweise das Wissen erweiterten. Es war eine gnadenlose Welt, in der von den Testpiloten – und oft auch von Frontpiloten – erwartet wurde, daß sie Risiken auf sich nahmen, um das Feld der Wissenschaft zu erweitern und den Einsatzverbänden möglichst schnell neuartige Flugzeuge zuzuführen. Es war eine Welt, in der derjenige, der das Wagnis auf sich nahm, nicht immer gewann – derjenige aber, der das Wagnis verweigerte, nahezu unweigerlich verlor.

Jeffrey Ethell
Front Royal
Virginia
U.S.A

Alfred Price
Uppingham
Rutland
England

DER LOGISCHE SCHRITT ZUM STRAHLANTRIEB

Obwohl die Ideen, die ihnen vorschwebten, keineswegs neu waren, begannen die Ingenieure erst in der zweiten Hälfte der dreißiger Jahre ernsthaft mit der Entwicklung von Gasturbinen und Raketenmotoren. Dabei beschleunigten zwei Faktoren die Arbeiten auf diesem neuen Gebiet. Zum einen wurde die Kriegsgefahr in Europa und anderen Teilen der Erde immer drohender, und man arbeitete fieberhaft daran, die Leistungen der Kampfflugzeuge – und hier besonders der Jäger – zu steigern. Und zum zweiten – im Zusammenhang mit dem ersten Faktor zu sehen – begann es den Flugzeugkonstrukteuren zu dämmern, daß die unverrückbaren Gesetze der Physik es nicht zuließen, daß Propellerflugzeuge jemals schneller als 800 km/h fliegen würden. Das Grundproblem war dabei der Propellerantrieb, der Drehmoment in Vortrieb umwandeln mußte: Mit zunehmender Geschwindigkeit fiel die Leistung des Propellers rapide ab.

Ein paar Zahlen werden das Dilemma verdeutlichen: In Seehöhe erreichte die Spitfire mit einem Motor von rund 1000 PS eine Geschwindigkeit von etwa 480 km/h. Bei dieser Geschwindigkeit hatte der Propeller einen Wirkungsgrad von etwa 80 Prozent, und die rund 450 kp Vortrieb, die er erzeugte, entsprachen dem Luftwiderstand der Zelle der Spitfire.

Wenden wir uns jetzt der Motorleistung zu, die benötigt würde, wenn man dieselbe Zelle mit der doppelten Geschwindigkeit fliegen möchte – mit 960 km/h. Der Luftwiderstand steigt im Quadrat der Geschwindigkeit: Wenn sich also die Geschwindigkeit verdoppelt, vervierfacht sich der Luftwiderstand. Aus den 450 kp Luftwiderstand werden bei 960 km/h nunmehr 1800 kp – um damit fertig zu werden, benötigt das Flugzeug also 1800 kp Schub (oder Zug), die nur mit rund 6500 PS erreicht werden können. Bei 960 km/h jedoch liegt der Wirkungsgrad des Propellers bei nur noch wenig über 50 Prozent – folglich muß der Kolbenmotor unseres Flugzeugs nicht 6500 PS leisten, sondern mehr als 12.000 PS. Die besten Kolbenmotoren für Jagdflugzeuge erbrachten 1945 aber nur etwa ein PS pro Pfund ihres Gewichts – somit wird der Motor, der unser Flugzeug auf 960 km/h bringen soll, rund 12.000 Pfund (oder 6000 kg = 6 t) wiegen müssen: ungefähr das Doppelte des Gewichts einer frühen Spitfire.

Für den Hochgeschwindigkeitsflug waren Strahltriebwerke oder Raketenmotoren die bei weitem effizienteren Antriebsformen: Sie erzeugten ihren Schub direkt – ohne Umsetzungsverluste. Der Schub der Strahltriebwerke blieb im gesamten Geschwindigkeitsbereich des Flugzeugs nahezu konstant. Das BMW-003-Triebwerk, mit dem die He 162 ausgerüstet war, leistete – bei einem Eigengewicht von weniger als 635 kg – 920 kp Schub, was dem Volksjäger im Horizontalflug eine Geschwindigkeit von immerhin 900 km/h verlieh. Und da die Kombination von Kolbenmotor und Propeller mit diesem Schub-Gewichts-Verhältnis absolut nicht mithalten konnte, stand fest, daß ihre Verwendung in Hochleistungsflugzeugen keine Zukunft mehr hatte.

Der dritte Prototyp der Me 262, der als erster ausschließlich mit Strahlantrieb aufstieg, wird am 18. Juli 1942 in Leipheim für den Erstflug startklar gemacht.

Kapitel I

Messerschmitt 262

Nur wenige Flugzeuge haben in der Geschichte der Luftfahrt zu gegensätzlicheren Auffassungen geführt als die Me 262 von Messerschmitt. Manche nehmen ihre Vorgeschichte als Beweis für die Unfähigkeit Hitlers und anderen deutschen Führungspersonals, die alle – so wird argumentiert – nicht in der Lage waren, ihre Entwicklung mit dem nötigen Nachdruck voranzutreiben oder sie entsprechend ihren Fähigkeiten einzusetzen. Andere wiederum gehen sogar soweit und behaupten, die Me 262 hätte – richtig eingesetzt – den Verlauf des Zweiten Weltkriegs beeinflussen können. Derartig oberflächliche Einschätzungen entbehren aber jeglicher sorgfältigen Analyse, und um diese Analyse vorzunehmen, wenden wir uns nicht nur der technischen Entwicklung dieses Flugzeugs zu, sondern auch dem militärischen und dem politischen Hintergrund dieser Epoche.

Flugkapitän Fritz Wendel klettert in die Maschine.

Die Messerschmitt Me 262 wurde aus dem Firmenprojekt 1065 weiterentwickelt, einer Konstruktionsstudie, die 1938 vom Reichsluftfahrtministerium (RLM) gefordert worden war. Sie betraf ein Forschungsflugzeug, das von den neuen Gasturbinen des Typs P 3302 angetrieben werden sollte, die damals bei BMW in Entwicklung waren. Um diese Zeit versprach man sich vom P 3302 einen Schub von etwa 600 kp, und BMW war zuversichtlich, bis Ende 1939 zwei Triebwerke für die Flugerprobung fertiggestellt zu haben – eine viel zu optimistische Einschätzung, wie sich später herausstellte.

Der Entwurf der Zelle stammte von Dr. Woldemar Voigt und seiner Gruppe und sah tief angesetzte Tragflächen mit leicht positiver Pfeilung vor sowie zwei Strahltriebwerke und das damals noch übliche Fahrwerk mit Heckrad. Von Beginn an hatte man sich bei Messerschmitt bemüht, den Entwurf so auszulegen, daß er später zu einem Jagdflugzeug weiterentwickelt werden konnte – obwohl die Luftwaffe das gar nicht gefordert hatte. Im März 1940 erhielt das Unternehmen einen Vertrag über vier Prototypen, die jetzt die Bezeichnung Messerschmitt Me 262 trugen; drei dieser Flugzeuge sollten in die Flugerprobung gehen, das vierte sollte statischen Belastungsversuchen unterzogen werden.

In der Folge lief BMW mit dem neuen Triebwerk immer mehr dem eigenen Zeitplan hinterher. Erst Ende 1940 – über ein Jahr später als vorgesehen – lief das erste dieser Triebwerke auf dem Prüfstand, und dort mußte man feststellen, daß es nur

Der dritte Prototyp hebt ab.

260 kp leistete. In der Zwischenzeit hatte die Firma Heinkel die Entwicklung einer eigenen Gasturbine vorangetrieben, und am 27. August 1939 – wenige Tage vor Ausbruch des Krieges – hatte eines dieser Triebwerke, die 500 kp Schub aufbrachten, das sondergefertigte Erprobungsflugzeug Heinkel He 178 beim Erstflug angetrieben.
Als Folge der Schwierigkeiten, die BMW mit dieser neuen Antriebsart hatte, war die Zelle der Me 262 schon lange vor ihren Triebwerken fertig. Um wenigstens schon ihr Flugverhalten erproben zu können, absolvierte der Prototyp am 18. April 1941 seinen Erstflug – mit einem Kolbenmotor des Typs Junkers Jumo 210 im Bug; er leistete 700 PS. Einflieger war Flugkapitän Fritz Wendel, der zu diesem Jungfernflug von Messerschmitts Werksflugplatz in Augsburg abgehoben hatte.
Erst im November 1941 traf das erste Paar flugtüchtiger BMW-003-Triebwerke – so hieß jetzt das P 3302 – in Augsburg ein und wurde in die Me 262 eingebaut. Am 25. März 1942 startete Fritz Wendel mit dem neuen Flugzeug, das nun von den zwei Strahltriebwerken und dem Kolbenmotor angetrieben wurde – und es erwies sich als glücklich, daß man den Kolbenmotor nicht ausgebaut hatte: Kurz nach dem Abheben fielen die Strahltriebwerke nacheinander aus, und Wendel konnte das Flugzeug mit seinem viel zu schwachen Antrieb nur mit Mühe wieder auf der Landebahn aufsetzen.
Damit war klar, daß das 003-Triebwerk von BMW noch beträchtlicher Entwicklungsbemühungen bedurfte. Folglich baute man die Me 262 so um, daß sie die Jumo-004-Triebwerke von Junkers aufnehmen konnte: Sie hatten Ende 1941 ihren 10-Stunden-Erprobungslauf bestanden und brachten es auf 1000 kp Schub. Am 18. Juli 1942 startete Fritz Wendel zum ersten Flug der Me 262, der ausschließlich von Strahltriebwerken angetrieben wurde. Es war ein ganz normaler Flug – bis auf den Start: Bei der Beschleunigung auf der Startbahn mit dem Heck nach unten lagen die Höhenruder im Windschatten der Tragflächen und sprachen nicht an, somit mußte Wendel, als er Fluggeschwindigkeit erreicht hatte, kurz auf die Bremsen tippen, um das Leitwerk vom Boden zu bekommen; danach funktionierten die Höhenruder einwandfrei, und er konnte abheben.
Obwohl die Me 262 bald darauf eine Höchstgeschwindigkeit von rund 800 km/h erreichte und in ihren Steigleistungen alle anderen Einsatzjäger übertraf, zeigte die Luftwaffe zunächst wenig Inter-

Nach dem Flug: Fritz Wendel im Gespräch mit Professor Willi Messerschmitt.

esse an diesem Flugzeug. Im Sommer 1942 wiesen die Focke-Wulf Fw 190 A und die Messerschmitt 109 G gleiche oder sogar bessere Leistungen auf als die Flugzeuge der britischen Royal Air Force (RAF), der amerikanischen United States Army Air Force (USAAF) oder der sowjetischen Luftstreitkräfte. Zudem war Deutschland noch nicht durch Bombenangriffe bei Tage bedroht, und die Hauptkriegsschauplätze lagen in der Sowjetunion und in Nordafrika. Auf den primitiven Frontflugplätzen wäre ein völlig neues Flugzeug wie die Me 262 – mit ihren kurzlebigen und unerprobten Triebwerken, die sorgfältig behandelt und von erfahrenem Personal gewartet werden mußten – nur von geringem Nutzen gewesen. Was man damals brauchte, war eine immer größere Anzahl an konventionellen Jägern und Jagdbombern für den entscheidenden Durchbruch zum Sieg – und nicht solch eine launische Neukonstruktion, auch wenn sie bei weitem bessere Flugleistungen aufwies. Um jedoch mit der neuen Technologie Schritt zu halten, bestellte die Luftwaffe im Mai 1942 zunächst 15 Vorserienjäger des Typs Me 262 und erhöhte diese Bestellung im Oktober dann auf 30. Die Entwicklung des neuen Jägers sollte bis zu einem Punkt vorangetrieben werden, von dem aus er sofort in Serie gehen konnte, falls dies erforderlich werden sollte.

Die Stimmung, die im Frühjahr 1943 auf deutscher Seite herrschte, läßt sich auch dem Protokoll einer Rüstungskonferenz entnehmen, die Generalfeldmarschall Erhard Milch am 31. März in Berlin leitete. Thema war die Messerschmitt Me 209, eine Parallelentwicklung zur 109 – wenn aber die Me 262 in Serie gehen sollte, konnte dies nur zu Lasten der Me 209 geschehen. Milch zu dem Thema: »Dinort [Oberst Oskar Dinort, einer der Offiziere seines Stabes] hat vorgeschlagen, daß wir die Me 209 fallen lassen und uns voll auf die 262 konzentrieren sollten. Wir haben die Angelegenheit durchgesprochen, und ich muß sagen, ich finde diesen Entschluß voreilig.« Generalmajor Adolf Galland, Inspekteur der Jagdflieger, stimmte ihm zu: »Wir sollten das nicht tun.« Die Me 209 sollte so schnell wie möglich in Serie gehen, und die Me 262 konnte sie später mal in der Serie ablösen – wenn der Krieg überhaupt noch so lange dauern würde.

In den folgenden Wochen jedoch sollte die Meinung beträchtlich zugunsten der Me 262 umschlagen. Im Mai 1943 besuchte Galland den Fliegerhorst Lechfeld und flog den vierten Prototyp: Er war davon so beeindruckt, daß er – nach Berlin zurückgekehrt – darauf drängte, den Strahljäger sobald wie möglich in Serienfertigung zu nehmen und ihm Vorrang vor allen anderen Typen einzuräumen. Milch war mit Gallands Vorschlag einverstanden – die Me 209 sollte aus der Serienproduktion herausgenommen werden. Wenige Tage später, am 28. Mai, kam noch ein Argument hinzu, die Me 262 mit absoluter Priorität weiterzuentwickeln: Oberst Dietrich Schwenke, Leiter der Abteilung, die sich mit dem neuesten Gerät der Feindmächte befaßte, informierte die Teilnehmer einer Besprechung in Berlin darüber, daß es einem redseligen Kriegsgefangenen der RAF herausgerutscht war, er habe während der Weihnachtszeit bei einem Besuch in Farnborough gesehen, »... wie ein Flugzeug ohne Propeller in einer Höhe von etwa 300 m vorbeigeflogen ist, und zwar meiner Meinung nach sehr schnell«. Es war die erste Meldung von einem Strahlflugzeug des Gegners. Generalmajor Wolfgang Vorwald, Leiter von Milchs Technischer Abteilung, bestätigte daraufhin, daß dem Gegner eine derartige Entwicklung technisch durchaus möglich sei.* Das ließ für die Zukunft nichts Gutes ahnen, zudem geriet die Luftwaffe um diese Zeit bereits mehr und mehr in Schwierigkeiten, da die neuesten britischen, amerikanischen und sowjetischen Jäger mit ihren Leistungen – die denen der besten deutschen Einsatzjäger gleichkamen – immer aufdringlicher wurden. Damit stand fest, daß nur die Me 262 den Vorsprung wiederherstellen konnte, mit dem man der zahlenmäßigen Überlegenheit der feindlichen Jagdfliegerkräfte, die sich bereits abzeichnete, erfolgreich entgegentreten konnte.

Auf einer Rüstungskonferenz, die am 29. Juni in Berlin stattfand und an der auch Willi Messerschmitt teilnahm, wurde Milch vom gegenwärtigen Stand der geplanten Serienfertigung der Me 262 unterrichtet:

»Die Herstellung der Tragflächen und die Endmontage werden in Augsburg durchgeführt, und der Bau von Rumpf und Leitwerk in Regensburg. Wenn wir alle Kräfte bündeln und bestimmte Voraussetzungen erfüllt werden, können wir das erste Serienflugzeug im Januar 1944 ausliefern. Die Produktion steigt dann im zweiten Monat auf 8, im dritten auf 21, im April auf 40 und im Mai auf 60 Flugzeuge monatlich. Mitte Mai erreichen wir die geforderte Gesamtzahl von 100 Maschinen, und ab November läuft dann die Fertigung mit 60 Flugzeugen pro Monat weiter ...«

Es war eine ausgesprochen ungeeignete Zeit, die Ausrüstung der Luftwaffe in Intrigen hineinzuziehen: Aber genau das war es, was jetzt geschah – und der Drahtzieher war Willi Messerschmitt. Verärgert über die Zurückweisung seiner Me 209 entschloß er sich, sie zusammen mit der Me 262 in Produktion zu halten, und versuchte, die Zahl seiner Facharbeiter zu erhöhen, um dies fertigzubringen. Als bekannter Großindustrieller hatte Messerschmitt gute Beziehungen zu vielen Prominenten der Partei, und so schaffte er es, die Me 209 noch etliche Monate in Produktion zu halten, obwohl Galland und andere führende Offiziere der Luftwaffe festgestellt hatten, sie werde nicht mehr benötigt. Aber die zusätzlichen Facharbeiter, die er brauchte, um zwei Flugzeug-Fertigungsstraßen anstatt einer zu besetzen, waren nicht verfügbar – und so verzögerten sich beide Programme. Erst im November 1943 wurde die Me 209 endgültig aus dem Programm gestrichen, und jetzt konzentrierte sich das Unternehmen voll auf die Me 262.

In der Zwischenzeit war das Erprobungsprogramm der Me 262 in Schwung gekommen. Im Juli absolvierte der fünfte Prototyp seinen Erstflug – er hatte als erster ein Bugrad, das allerdings noch starr war. Ihm folgte im November der sechste Prototyp: die erste Vorserienmaschine mit einziehbarem Bugrad und leicht veränderten Triebwerksgondeln.

Bislang war die Messerschmitt Me 262 stets ausschließlich als Jäger (in dieser Rolle trug sie die Bezeichnung »Schwalbe) eingestuft worden. Aber wie bei anderen Jägern, die für die Luftwaffe hergestellt wurden – und bei den feindlichen Luftstreitkräften war das ebenso der Fall – hatte man geplant, daß das Flugzeug auch in der Lage sein sollte, Bomben mitzuführen, damit man es in der Zweitrolle als Jagdbomber (in dieser Rolle hieß die Me 262 »Sturmvogel«) einsetzen konnte. Wenn man weiß, wie häufig die Geschichte der Me 262 in der Blitzbomberrolle falsch geschildert wurde, ist es wichtig, den Hintergrund etwas detaillierter zu betrachten.

In den großen Luftschlachten, die im Sommer und im Herbst über dem Deutschen Reich tobten, hatten sich die Luftverteidigungskräfte gut bewährt. Die verfügbaren Jäger – und hier besonders die schwerbewaffneten Messerschmitt Me 110 und Me 410 – hatten bewiesen, daß sie den Formationen schwerer amerikanischer Bomber, die ohne Jagdschutz flogen, schwere Verluste beibringen konnten. Zu dieser Zeit glaubten denn auch viele führende Offiziere der Luftwaffe, man könne mit den Tagesangriffen der Amerikaner durchaus fertigwerden, wenn man nur die Anzahl der konventionellen Jäger erhöhte.

Jetzt gab es auch keine Zweifel mehr, daß die westlichen Alliierten sich intensiv auf ein umfang-

*Das fragliche Flugzeug war die Gloster E.28/39, Vorläufer der Meteor und erstes britisches Strahlflugzeug, von dem im Winter 1942 bereits ein Prototyp flog.

reiches Landeunternehmen im folgenden Jahr vorbereiteten – und zwar irgendwo in Nordwesteuropa. Und Hitler hatte klar erkannt, daß der Kampf um den Brückenkopf den Verlauf des Krieges beeinflussen würde: Wenn es der Wehrmacht gelang, die Invasion abzuwehren, würden die Verluste der Alliierten mit ziemlicher Sicherheit so hoch sein, daß sie einen weiteren Versuch für ein, vielleicht sogar für zwei Jahre verhinderten – und in dieser Zeit konnte man umfangreiche Verbände an die Ostfront verlegen. Wenn dieser Abwehrkampf aber verlorenging und die Alliierten sich auf dem Kontinent halten konnten, geriet Deutschland zwischen Ost- und Westfront in den Schraubstock eines Zweifrontenkriegs. Ein feindliches Landungsunternehmen war in den kritischen ersten Stunden unweigerlich mit erheblichen Schwierigkeiten und einem heillosen Durcheinander verbunden: Diesen Landungsversuch konnte er noch erschweren, wenn er hundert oder mehr Hochgeschwindigkeits-Jagdbomber hatte, die die anlandenden Truppen mit Bomben beleg-

Die »Weiße 10« war eine der ersten Serienmaschinen; sie gehörte zum Erprobungskommando 262.

10

10

ten und mit Bordkanonen angriffen. Nur wenige Stunden Verzögerung bei der Errichtung des Brückenkopfes konnten dem deutschen Heer ausreichend Zeit geben, Verstärkungen an den nunmehr bekannten Landeabschnitt heranzuführen und die Invasion abzuschlagen. Hitler erkannte auch: Was er brauchte, war ein Bodenangriffs-Flugzeug mit einer Geschwindigkeit, die den äußerst starken Jagdschutz einer solchen Invasion durchbrechen und anschließend abschütteln konnte. Und das einzige Flugzeug, das diese Aufgabe übernehmen konnte, war die Messerschmitt Me 262.

Am 2. November 1943 besuchte Göring in Begleitung von Milch und Vorwald die Messerschmitt-Werke in Augsburg, um die Produktion der Me 262 zu besprechen. Nachdem der Reichsmarschall mit seiner Begleitung die Werksanlagen besichtigt hatte, kam er auf Hitlers Forderung nach einem Schnellbomber zu sprechen und fragte, ob die Me 262 denn auch Bomben tragen könne. Messerschmitt antwortete: »Herr Reichsmarschall, wir haben die Maschine von Beginn an so ausgelegt, daß man Außenlastträger anbringen kann – also kann sie auch Bomben tragen: entweder eine 500-kg-Bombe oder zwei 250-kg-Bomben.«* Messerschmitt ging dann sogar so weit zu behaupten, der neue Jäger könne auch zwei 500-kg-Bomben oder eine 1000-kg-Bombe mitführen, und erbot sich in Beantwortung einer Frage von Göring, die Modifikation des Jägers zum Jagdbomber in wenigen Wochen durchzuführen.

Gut drei Wochen später – am 26. November 1943 – wurde Hitler die Me 262 in Insterburg vorgeführt. Bei der Besichtigung des vierten und des sechsten Prototyps am Boden wiederholte Hitler seine Frage, ob es auch Bomben tragen könne. Und wieder versicherte Messerschmitt, es könne ohne Schwierigkeiten eine 1000-kg- oder zwei 500-kg-Bomben mitführen. Das war die Antwort, die Hitler gesucht hatte: Dies war der »Blitzbomber«, den er brauchte.

Von da an spielte die Me 262 in Hitlers Plänen zur Abwehr der Invasion eine wichtige Rolle. Auf einer Besprechung am 20. Dezember 1943 äußerte er sich Wehrmachtsoffizieren gegenüber zuversichtlich:

* Bei diesem Gespräch war ein Stenograph anwesend, und das Protokoll blieb erhalten.

Eine Rotte von Me-262-Blitzbombern des Kommandos Schenck beim Start, jede Maschine mit zwei SC-250-Sprengbomben unter dem Bug. Das Kommando begann Ende Juli 1944 von Juvincourt in Frankreich aus seine Einsätze zu fliegen; es war die erste mit Strahlflugzeugen ausgerüstete Einheit.

»Jeder Monat, der verstreicht, macht es mehr und mehr wahrscheinlich, daß wir zumindest eine Gruppe von Strahlflugzeugen einsetzen können. Am wichtigsten ist, daß der Feind die Bomben dann aufs Haupt bekommt, wenn er sich am Strand festsetzen will. Das wird ihn zwingen, in Deckung zu gehen – auf diese Weise verliert er Stunde um Stunde! Und nach einem halben Tag sind unsere Reserven bereits auf dem Marsch. Wenn wir ihn also für nur sechs oder acht Stunden am Strand festnageln können, werden Sie schon sehen, was das für uns bedeutet.«

Mit einigen Modifikationen hätte die Me 262 sicherlich die Rolle übernehmen können, die Hitler ihr zugedacht hatte. Und es gibt keinen Beleg dafür, daß irgendein Offizier der Luftwaffe versucht hätte, ihn von dieser Idee abzubringen. Auf Hitlers Anordnung hin, die Me 262 zum Jagdbomber umzurüsten, wurde der zehnte Prototyp in dieser Rolle erprobt. Auf diesem Bild trägt das Flugzeug nur eine 250-kg-Bombe und zwei Feststoffraketen unter dem hinteren Rumpf, die die Startstrecke verkürzten. Aber Messerschmitt be-

Unten und oben:
Nahaufnahme der Bombenschlösser einer einsatzklaren Me 262; sie trägt zwei SC-250-Sprengbomben.

gann – bezeichnenderweise! – nicht einmal mit den Vorarbeiten für wenigstens einen Prototyp der bombentragenden Me 262. Diese Kluft zwischen Hitlers ausdrücklichem Befehl und dem tatsächlichen Verlauf der Entwicklung der Me 262 setzte die langsam brennende Zündschnur einer Zeitbombe in Brand, die noch das ganze Projekt erschüttern sollte.

Persönlich hatte Milch zwar die Bedeutung dieses Flugzeugs als Jagdbomber (Jabo) erkannt, aber trotzdem stellte er sich Hitlers Wünschen gegenüber taub und beschleunigte die Entwicklung der Me 262 als Jäger für die Jagd auf Bomber. Die Bestätigung, daß das Flugzeug für diese Rolle weiterentwickelt wurde, brachte der achte – und erste bewaffnete – Prototyp im Dezember 1943 mit seiner Bewaffnung: Die Me 262 V-8 trug vier 30-mm-MK-108-Maschinenkanonen, eine Waffe von nur geringer Mündungsgeschwindigkeit, deren hochexplosive Munition sehr wirksam gegen Leichtmetallstrukturen wie Bomber eingesetzt werden konnte, sich für Angriffe auf Bodenziele – wie etwa Panzer – aber nicht eignete. Zweifellos war Milchs Einstellung zu dieser Zeit geprägt von den beunruhigenden Berichten der Nachrichtendienste über die neue Generation schwerer amerikanischer Bomber. Bei einer Konferenz in Berlin am 19. Januar 1944 kam er auf die Entwicklung des bevorstehenden Jahres zu sprechen: »In diesem Jahr kommen die neuen Bomber des Typs B-29 und B-32 zum Einsatz. Sie werden uns aus Höhen von 10.000 m bis 12.000 m angreifen – und es gibt keine Flak, die diese Höhen erreicht. Die einzige Chance ist unser zukünftiges Jägerprogramm. Unsere derzeitigen Jäger können in diesen Höhen nicht kämpfen...«

In Wirklichkeit wurden die schweren B-29- und B-32-Bomber gar nicht gegen Deutschland eingesetzt, und sie konnten auch nicht aus 10.500 bis 12.000 m Höhe angreifen, wie Milch vorausgesagt hatte – aber das Protokoll dieser Konferenz verrät uns, auf welche Informationen er reagierte, auch wenn sie falsch waren. In derselben Konferenz fragte später Dr. Krome aus Speers Rüstungsministerium, was denn nun wichtiger sei: die Vergeltungswaffe V2 oder der Jäger Me 262.

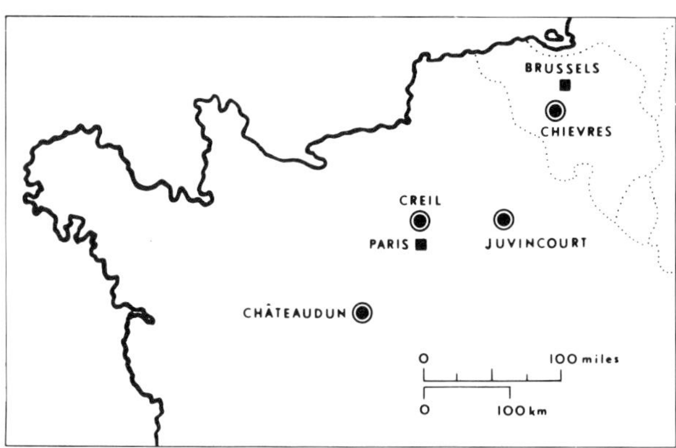

Flugplätze in Belgien und Frankreich, die von deutschen Strahlflugzeugen benutzt wurden.

Milch schnappte zurück: »Vorrang hat die Me 262, sogar vor U-Booten und Panzern – denn ohne dieses Flugzeug wird es bald keine Rüstung mehr geben...«

Ende Januar hatte dann auch der neunte Prototyp seinen Erstflug absolviert und weitere 23 Zellen des Vorserienloses waren fertiggestellt worden – hatten aber noch immer keine Triebwerke. Junkers hatte beträchtliche Schwierigkeiten, das Jumo 004 in die Serienfertigung zu bringen. Die Firma arbeitete nicht nur nahe an den Grenzen der damaligen Technologie – schließlich war das 004 weltweit die erste Gasturbine, die in Serie hergestellt wurde –, sondern sie mußte das auch noch ohne die Stahllegierungen fertigbringen, die man für den Hochtemperaturbereich benötigt: Chrom und Nickel waren 1944 in Deutschland äußerst knapp, und die verfügbaren Bestände reichten nicht für eine Massenfertigung von Strahltriebwerken aus. Also mußte Junkers mit den vorhandenen Ersatzmaterialien ein Triebwerk herstellen, das trotzdem reibungslos lief. Die Brennkammern des Triebwerks 004 beispielsweise waren aus gewöhnlichem Stahl, auf den man eine Aluminiumschutzschicht aufgesprüht hatte; das Ganze wurde dann in einem Ofen verschmolzen. Die Folge waren häufige Ausfälle und Brände der ersten Serientriebwerke, die zunächst nur eine Lebensdauer von rund zehn Stunden hatten. Es dauerte fast ein halbes Jahr, bis für die größten Schwierigkeiten passende Lösungen gefunden waren und

Ein Bild aus einem Ausbildungsfilm über die Me 262; es zeigt das Flugzeug auf Stützen, um Einziehtests mit dem Fahrwerk durchführen zu können. Es handelt sich um eine Jagdbomberversion mit Außenlastträgern und nur zwei 30-mm-Kanonen. Direkt vor dem Cockpit erkennt man schwach das Edelweißwappen des Kampfgeschwaders 51.

relativ zuverlässige Jumo 004 die Fertigungsstraßen in hoher Stückzahl verließen. Der Mangel an Triebwerken beeinträchtigte – mehr noch als alle anderen Faktoren – die Anzahl der Me 262, die Mitte 1944 fertiggestellt wurden.

Folge dieses Mangels an Triebwerken war, daß die Auslieferung an die Luftwaffe erst im April 1944 begann, als die ersten 16 Maschinen zugeführt wurden; im Folgemonat waren es nur noch sieben. Schließlich waren dann aber doch genügend Flugzeuge beisammen, um eine Erprobungsstaffel aufstellen zu können.

Ende April stand das Erprobungskommando (EK-do) 262 auf dem Fliegerhorst Lechfeld bei Augsburg unter seinem Staffelchef Hauptmann Werner Thierfelder für seine Aufgabe bereit. Thierfelder selbst kam – wie verschiedene andere Flugzeugführer – von der III. Gruppe des Zerstörergeschwaders 26, das mit der Jägerversion der Messerschmitt Bf 110 ausgerüstet war. Günther Wegmann, einer der ersten Piloten des EKdo 262, erinnert sich, daß er die Me 262 leicht zu fliegen fand, wenn man erst einmal das Problem der Bedienung der Schubhebel gemeistert hatte: Bei den ersten Maschinen mußte man die Schubhebel sehr vorsichtig nach vorne schieben, da sich sonst die Triebwerke überhitzten und Feuer fingen. Desgleichen mußte ein Pilot, der die Schubhebel in geringer Höhe zu weit zurückgenommen hatte, zwangsläufig landen: Wenn er – um noch eine Platzrunde zu fliegen – die Schubhebel wieder nach vorn schob, brauchten die Triebwerke so viel Zeit, um wieder Schub aufzubauen, daß die Wahrscheinlichkeit groß war, daß das Flugzeug zuvor am Boden aufschlug. Darüber hinaus jedoch, erinnert sich Wegmann, gab es kaum Probleme mit der Me 262. Es muß allerdings auch angeführt werden, daß er beträchtliche Erfahrung mit der zweimotorigen Messerschmitt Bf 110 besaß und sich im Blindflug auskannte – ein Faktor, dessen Bedeutung bald offenkundig werden wird. Mit Sicherheit hatten weniger erfahrene Flugzeugführer aus einmotorigen Tagjägerstaffeln mit der schnellen zweistrahligen Me 262 und ihrer kurzen Flugzeit erheblich mehr Schwierigkeiten.

Leutnant Karl »Quax« Schnörrer, ebenfalls einer der ersten Piloten, berichtet, daß es übliche Praxis war, die Me 262 vor jedem Flug an den Startplatz zu schleppen:

»Der Sprit reichte schließlich nur für eine Flugzeit von 40 bis 60 Minuten, und da konnte man nicht 10 Minuten davon durch Rollen auf dem Boden vergeuden. Wir ließen daher erst am Startplatz die Triebwerke an, und dann schoben wir – mit angezogenen Bremsen – die Schubhebel ganz langsam nach vorne. Wenn die Triebwerke 8400 U/min erreicht hatten, ließen wir die Bremsen los, und ab ging's. Unmittelbar nach dem Abheben – in einer Höhe von 10 bis 20 m – fuhren wir Fahrwerk und Klappen ein. Einmal in der Luft umfing uns ein wundervolles Gefühl von Geschwindigkeit und Kraft. Mit der Navigation allerdings hatten wir so unsere Schwierigkeiten: Wenn man nämlich nach dem Start endlich zur Ruhe kam, war die Maschine bereits mehrere Kilometer vom Platz entfernt.«

Mit der Zeit allerdings sammelten die Piloten des EKdo 262 ihre Erfahrungen mit dem neuen Jäger und seinen problematischen Triebwerken und begannen, die enormen Vorteile der überragenden Leistungen im Luftkampf zu schätzen: die Höchstgeschwindigkeit von 860 km/h in rund 6000 m Höhe und die anfängliche Steigleistung von 20 m/s. Dazu konnte die Maschinenkanone MK 108 bei einem Feuerstoß von nur 3 Sekunden eine Menge hochexplosiven Sprengstoffs ausspucken – was der Me 262 eine Feuerkraft verlieh, die erheblich über der Feuerkraft anderer, konventionell bewaffneter deutscher Jäger lag.

Es scheint auch, daß die Me 262 genau zum richtigen Zeitpunkt die Bühne betrat: Im Frühjahr 1944 drangen amerikanische Bomberverbände bereits tief in den deutschen Luftraum ein – begleitet von amerikanischen Jägern großer Reichweite, zu denen auch die mit Merlin-Motoren ausgerüsteten P-51 Mustang zählten, deren Flugleistungen allen deutschen Jägern mit Kolbenantrieb überlegen waren. Das stellte die deutschen konventionellen Jagdfliegerverbände vor ein unlösbares Problem: Wenn ihre Flugzeuge die schwere Bewaffnung trugen, mit denen man die robusten B-17 Flying Fortress und B-24 Liberator abschießen konnte, waren sie leichte Beute des amerikanischen Jagdschutzes – waren sie aber nur leicht bewaffnet, um den Jagdschutz unter besseren Bedingungen angreifen zu können, hatten sie nicht mehr die Feuerkraft, um die Bomber vom Himmel zu holen, selbst wenn es ihnen gelang, den Jagdschutz zu durchbrechen und in Schußposition zu kommen. Die Me 262 hingegen – die sowohl die Geschwindigkeit aufwies, um dem Jagdschutz zu entkommen, als auch die Feuerkraft, um die Bomber zu zerlegen – schien die Lösung dieses Problems zu sein.

In der Zwischenzeit allerdings war die Zündschnur der Zeitbombe unter dem Projekt Me 262 fast zu Ende gebrannt. Am 23. Mai 1944 wurden Göring, Milch, Galland und andere hohe Luftwaffenoffiziere sowie Albert Speer und Mitarbeiter aus seinem Rüstungsministerium von Hitler nach Berchtesgaden bestellt, um das neueste Jägerprogramm zu besprechen. Für den Bericht darüber, was an diesem Tage geschah, sind die Verfasser David Irving* zu Dank verpflichtet:

»Milch hatte sicherlich nicht mit dem Sturm gerechnet, der da auf ihn zukam. Zusammen mit Oberst Petersen, dem Leiter der Forschungsabteilung, traf er in einem großen, ungeheizten Raum mit Panoramafenster in Hitlers Berghof auf Görung und Speer. Hitler hörte den Einzelheiten des Jägerprogramms nur geistesabwesend zu – offensichtlich genoß er den Blick über die Alpen –, bis das Projekt des Strahljägers Me 262 zur Sprache kam. Hier unterbrach er: »Ich dachte, die 262 würde als Blitzbomber gebaut. Wieviele der bereits fertiggestellten 262 können Bomben tragen?« Milch antwortete: »Keine, mein Führer. Die Me 262 wird ausschließlich als Jäger hergestellt.« Es entstand eine peinliche Pause. Dann erklärte

* David Irving: *Die Tragödie der Deutschen Luftwaffe. Aus den Akten und Erinnerungen von Feldmarschall Milch.*

Milch, daß das Flugzeug ohne weitreichende Konstruktionsänderungen keine Bomben mitführen könne, und selbst dann nur 500 kg.
Nun verlor Hitler die Fassung. Er mußte jetzt – da die alliierte Invasion in Frankreich jede Woche losbrechen konnte – begreifen, daß das Wunderflugzeug, auf das er so große Hoffnungen bei der Abwehr der Landeoperation gesetzt hatte, nicht mehr rechtzeitig zur Verfügung stand. Erregt unterbrach er Milch: »Ach was! Ich wollte nur eine 250-kg-Bombe.« Er forderte eine genaue Aufstellung über das Gewicht, das die Jagdversion schleppen konnte: an Panzerung, Bordwaffen und Munition. »Hört mir denn niemand zu, wenn ich einen Befehl gebe?« stieß er hervor. »Ich habe unmißverständlich befohlen und niemanden im Zweifel darüber gelassen, daß das Flugzeug als Jagdbomber gebaut werden soll.«

Hitler war nicht nur verbittert darüber, daß man ihm seine Hauptwaffe gegen die Invasion aus der Hand geschlagen hatte, sondern auch erbost darüber, daß man ihn hinsichtlich der Fähigkeit der Me 262, Bomben zu tragen, absichtlich getäuscht hatte.

Das Ergebnis war, daß Hitler Göring persönlich dafür verantwortlich machte, die Me 262 schnellstmöglich als Blitzbomber frontreif zu machen – egal, welche Auswirkungen das auf die Produktion der Jagdversion habe. Bei der Nachbesprechung am Tag nach diesem Treffen auf dem Berghof erörterte Göring mit hohen Luftwaffenoffizieren die Modifikationen, die nötig waren, um die Me 262 auf die Jagdbomberrolle umzurüsten. Ihm wurde vorgetragen, das bedeute, einen Großteil der Panzerung, die schon in das Flugzeug eingebaut war, wieder auszubauen und einen weiteren Kraftstofftank unter dem Sitz des Flugzeugführers sowie im hinteren Rumpf zu installieren; dazu kämen natürlich noch die Bombenschlösser. Die brauchten kaum modifiziert zu werden, und sie könnten auch relativ einfach in noch zu bauende Rümpfe installiert werden – es sei aber äußerst

Die ersten Serien-Me-262 des Erprobungskommandos 262 stehen hier in Lechfeld aufgereiht; das Bild wurde wahrscheinlich im Juli 1944 aufgenommen. Das EKdo 262 erprobte das Flugzeug in der Jagdrolle.

schwierig, sie in schon fertiggestellte Rümpfe einzubauen. Göring, der noch die Peitsche Hitlers über sich fühlte, weil er die Produktion der Me 262 als Jabo nicht überwacht hatte, versuchte jetzt, den Makel weiterzugeben: »Das wird den Führer befremden – von allen, Messerschmitt eingeschlossen, wurde ihm versichert, das ginge, und zwar von Anfang an. Und in meiner Gegenwart in Insterburg hat Messerschmitt dem Führer erzählt, daß sein Unternehmen ebenfalls von Beginn an dafür gesorgt habe, daß das Flugzeug zum Jagdbomber umgerüstet werden könne. Und jetzt ist das auf einmal unmöglich!«

Am 27. Mai 1944 sandte Göring Milch ein eindeutiges Telegramm: »Der Führer hat befohlen, daß die Me 262 ausschließlich als Blitzbomber in Dienst gestellt wird. Bis auf weiteres ist das Flugzeug nicht als Jäger einzustufen.« Auf einer Besprechung wenige Tage später allerdings gab Hitler nach und erklärte sich damit einverstanden, die Erprobung der Jagdversion fortzusetzen – vorausgesetzt, dies verzögere nicht die Indienststellung der Jagdbomberversion: Auf absehbare Zeit dürfe den Einsatzverbänden nur die bombentragende Version zugeführt werden.

Das erste Opfer des Streits um die Me 262 war Erhard Milch selbst. Hitler hatte kein Vertrauen mehr in den Mann, dem er vorwarf, ihn getäuscht zu haben, und in den folgenden Wochen verlor Milch nach und nach seine verschiedenen Ämter – rückblickend erscheint es sogar erstaunlich, daß Hitler nicht mehr unternahm.

Was immer allerdings Hitler, Göring, Milch oder Messerschmitt getan oder unterlassen hatten: Tatsache bleibt, daß die Produktion des Strahltriebwerks Jumo 004 die Hauptursache dafür war, daß der Ausstoß an Me 262 – ob nun als Jäger oder Jabo – so gering war. Denn die Serienherstellung des 004 lief ja erst an. Als sich die alliierten Truppen am 6. Juni 1944 am Strand der Normandie an Land kämpften, waren weniger als dreißig Me 262 an die Luftwaffe ausgeliefert worden – und weder Flugzeuge noch Flugzeugführer waren einsatzbereit: Der einmalige Zeitpunkt für den Blitzbomber, die Ereignisse zu beeinflussen, war verstrichen.

Inzwischen hatte man – allerdings verspätet – damit begonnen, die Me 262 zum Jagdbomber umzurüsten, und der zehnte Prototyp wurde so modifiziert, daß er Außenlastträger für zwei 250-kg-Bomben unter dem Bug trug. Neben den schützenden Panzerplatten um den Piloten verlor die Jaboversion auch noch zwei ihrer vier Bordkanonen – eigenartigerweise blieb die nicht sonderlich geeignete 30-mm-Maschinenkanone MK 108 mit ihrer geringen Mündungsgeschwindigkeit als Bordwaffe erhalten. Um den Einsatzradius zu erhöhen, wurde in den hinteren Rumpf ein 600-l-Kraftstofftank eingebaut: Er wog nahezu soviel wie die beiden 250-kg-Bomben unter dem Bug und lag weit hinter dem Schwerpunkt des Flugzeugs. Daher war es unerläßlich, diesen Kraftstoff bei einem Einsatz als erstes zu verbrauchen – wenn nämlich die Bomben ausgeklinkt wurden, während dieser Tank noch voll war, wurde die Maschine schlagartig gefährlich schwanzlastig. Es gab auch noch andere Probleme: Wegen ihrer glatten Zelle konnte die Me 262 im Sturzflug sehr schnell Geschwindigkeit aufbauen, daher eignete sie sich nicht für steile Sturzflugangriffe; weil aber der Pilot direkt unter und vor dem Flugzeug nichts sah, konnte er auch nicht zielen, und horizontale Angriffe aus mittleren oder größeren Höhen waren viel zu ungenau. Für wirksame Bodenangriffe blieb der Me 262 nur der Tiefflug: mit horizontalem Angriff oder dem Angriff im flachen Sturzflug. Mit all ihren Einschränkungen erfüllte die Me 262 jetzt aber die Forderung Hitlers nach einem schnellen Jabo zur Bekämpfung der Invasion. Ihr Einsatz in dieser Rolle sollte allerdings nur ein zeitlich begrenzter Notbehelf sein – bis der schlagkräftigere Bomber Arado Ar 234 Blitz Frontreife erlangte. Diese Planung wurde bei einer Konferenz Hitlers am 25. Juni 1944 bestätigt, nach der Albert Speer notierte:

»Während der Besprechung mit dem Reichsmarschall (Göring) bekräftigte der Führer noch einmal seine unverbrüchliche Forderung nach der sofortigen Herstellung von Strahlbombern. Bis die Fertigung der Ar 234 gesichert ist, muß die Serienherstellung der Me 262 mit aller Kraft beschleunigt werden, damit sie für diese Aufgabe zur Verfügung steht ...«

Zu dieser Zeit war die erste Jagdbomberstaffel mit Me 262 – das Erprobungskommando Schenk – in Lechfeld unter dem Bomber-As Major Wolfgang Schenk aufgestellt worden. Nominell war das EKdo Schenk eine Einheit des Kampfgeschwaders 51, von dem auch viele der Piloten kamen. Die hastige Umschulung auf den neuen Flugzeugtyp dauerte fast genau einen Monat, und am 20. Juli 1944 verlegte die Einheit nach Châteaudun in der Nähe von Orléans in Frankreich: Mit neun Maschinen und neun Piloten war sie bereit, die weltweit ersten Strahlbombereinsätze zu fliegen.

Dieses Zurückhalten des Jagdbombers Me 262 – so lange nach Landung der Alliierten in der Normandie – scheint Hitlers erklärtem Ziel, die Flugzeuge gegen eine Invasion schon in den ersten Stunden einzusetzen, zu widersprechen. Man darf dabei jedoch nicht übersehen, daß zu dieser Zeit viele deutsche Führungspersönlichkeiten noch immer glaubten, die Landung in der Normandie sei ein Ablenkungsmanöver und solle nur deutsche Truppen vom Pas de Calais fernhalten, wo dann die Hauptinvasion stattfinden werde. Und tatsächlich zogen die Alliierten um diese Zeit ein großangelegtes Täuschungsmanöver auf, um die Deutschen in dieser Einschätzung noch zu bestärken. Wenn diese zweite Invasion anlief, dann war das Erprobungskommando Schenk bereit, sich ihr zu stellen.

Die Jabos des EKdo Schenk begannen jetzt mit vereinzelten Einsätzen gegen alliierte Bodentruppen, aber die Piloten hatten – als Schutzmaßnahme, um die Flugzeuge für die erwartete Hauptinvasion aufzuheben – strikten Befehl, nur aus Höhen von mehr als 4000 m anzugreifen. Da die Piloten der Me 262 aber aus dieser Höhe ihre Bomben nicht zielen konnten, warfen sie sie recht ungenau, und ihre Angriffe erreichten nur wenig.

Als Mitte August der deutsche Rückzug aus Frankreich immer hastiger wurde, wurde die inzwischen umbenannte I. Gruppe des Kampfgeschwaders 51 am 15. August nach Creil bei Paris verlegt, am 22. dann nach Juvincourt bei Reims und schließlich, am 28. August, nach Chièvres in Belgien.

Am letzten Tag dieses Rückzugs hatten alliierte Jäger Feindberührung mit diesen schnellen und schwer zu bekämpfenden Jagdbombern. Am späten Nachmittag des 28. August führte Major Joseph Myers einen Schwarm P-47 Thunderbolt der 78. Jagdgruppe, die anderen Flugzeugen der Gruppe beim Angriff auf Bodenziele Jagdschutz gaben. Hier sein Bericht:

»Als wir westlich von Brüssel in 3350 m Höhe so herumflogen, sah ich plötzlich etwas, das wie eine B-26 aussah; sie flog in etwa 150 m Höhe, war sehr schnell und nahm Kurs nach Süden. Ich schwang mich sofort nach unten ab, um nachzusehen – aber obwohl ich mit 45° und 720 km/h auf dem Fahrtmesser steil nach unten stürzte, kam ich dem unidentifizierten Flugzeug nicht näher. Als ich etwa 1500 m fast direkt über diesem Flugzeug war, erkannte ich, daß es keine B-26 war, obwohl es generell deren Umrisse aufwies. Es war schieferblau lackiert und hatte einen langen runden Bug, aber ich konnte keine Bordwaffen erkennen, denn genau jetzt begann der Pilot mit Ausweichmanövern, die aus kleinen Richtungsänderungen bestanden und 90° nicht überstiegen. Sein Kurvenradius war sehr weit, und da ich noch immer mit 720 km/h nach unten stürzte, hatte ich jetzt keine Schwierigkeiten, ihn abzufangen, was ihn zur erneuten Richtungsänderung veranlaßte. Zu keinem Zeitpunkt war er aber gewillt, zu steigen oder mehr als 90° zu drehen. Ich war jetzt etwa 600 m über und direkt hinter ihm, und um aufzuschließen, flog ich im 45°-Sturzflug Vollgas. Aus dieser Entfernung konnte ich die Übereinstimmung seines Umrisses mit den Modellen der Me 262 unseres Flugzeugerkennungsdienstes feststellen. Mit Vollgas und dem Vorteil der Überhöhung kam ich dem feindlichen Flugzeug immer näher, und als ich etwa 500 m hinter ihm war und gerade feuern wollte, setzten die Triebwerke des Feindflugzeugs aus, und es machte eine Bruchlandung auf einem umgepflügten Acker. Es berührte gerade den Boden, als ich feuerte, und ich schoß weiter, bis ich nur noch etwa 100 m entfernt war; dabei konnte ich Treffer um das Cockpit und an den Triebwerken beobachten. Es schlitterte über mehrere Felder, kam dann zu stehen und fing Feuer. Da sprang der Pilot heraus und lief weg.«

Der deutsche Flugzeugführer, Oberfeldwebel »Ronny« Lauer von der I./KG 51, konnte sich in Sicherheit bringen.

So endete die erste Phase der Jagdbombereinsätze der Me 262. Die übertriebenen Bemühungen der Luftwaffe, das neue Flugzeug geheimzuhalten, war allerdings über alle Erwartungen hinaus erfolgreich gewesen: In keinem der alliierten Kriegsberichte oder Nachrichtendokumente wird erwähnt, daß der Jagdbomber Me 262 an der

Schlacht um Frankreich teilnahm. Allerdings werden wohl die wirkungslosen Bombenangriffe zu dieser »Tarnung« beigetragen haben.
Mittlerweile hatte in Bayern das Erprobungskommando 262 die Einsatzerprobung der Me 262 als Jäger aufgenommen – Ziel waren die vereinzelten alliierten Aufklärer, die sich in die Nähe ihres Fliegerhorstes Lechfeld wagten. Bei einem dieser frühen Einsätze, am 18. Juli, verlor der Staffelchef, Hauptmann Werner Thierfelder, sein Leben unter Umständen, die alles andere als geklärt sind. Deutsche Berichte sagen aus, sein Flugzeug wäre im Luftkampf »abgeschossen« worden und sei in der Nähe von Landsberg aufgeschlagen – mit dem Piloten an Bord. Die sorgfältige Durchsicht britischer und amerikanischer Berichte jedoch läßt keine Feindberührung erkennen, die sich mit diesem Absturz verbinden ließe – zudem waren alliierte Fernaufklärer ohnehin stets unbewaffnet. Die mögliche Ursache dieses Absturzes könnte sein, daß Thierfelder die Kontrolle über sein Flugzeug verlor, als er versuchte, einem Aufklärer zu folgen, der nach unten wegtauchte, um ihm zu entkommen.
Wenn die Me 262 mit Vollast aus 7900 m in einen flachen Sturzflug von etwa 20° ging, konnte sie – bevor sie kaum mehr als 2000 m an Höhe verloren hatte – leicht die kritische Machzahl von .83 überschritten haben. Jede weitere Geschwindigkeitszunahme danach führte zu einem stark veränderten Flugverhalten, das die Nase immer weiter nach unten drückte; der Pilot mußte dann mit aller Kraft am Steuerknüppel ziehen, um zu verhindern, daß der Sturzflug immer steiler wurde. Auch das Abschalten der Triebwerke zeigte da keine Wirkung, da der Jäger mit seiner glatten Zelle trotzdem im Sturzflug immer schneller wurde.
»Quax« Schnörrer erinnert sich an einen solchen Fall, bei dem er versuchte, einem Aufklärer im Sturzflug nach unten zu folgen; er erlebte das so: »Ich zog mit aller Kraft am Steuerknüppel, aber die 262 weigerte sich, aus dem Sturzflug herauszukommen. Es war geradezu beängstigend. Schließlich warf ich in meiner Verzweiflung das Kabinendach ab – das veränderte die Trimmung, und das Flugzeug ging von alleine in den Horizontalflug über. Ich landete ohne Kabinendach und mit gewellter Außenhaut an den Tragflächen. Diese Me 262 mußte abgeschrieben werden.« Während des Einsatzes der Me 262 hatten etliche deutsche Piloten ähnliche Erlebnisse. Andere, die weniger Glück hatten, zerschellten am Boden – ohne Grund, wie es schien. Nach allem, was wir über diesen Fall wissen, ist Hauptmann Werner Thierfelder, der weltweit erste Staffelchef einer Strahljägereinheit, vermutlich dieser Ursache zum Opfer gefallen.
Es blieb nur wenig Zeit zur Trauer um den gefallenen Staffelchef. Kurz nach Thierfelders Tod traf sein Nachfolger in Lechfeld ein: Major Walter Nowotny, ein bekannter junger Jagdflieger, der an der Ostfront bereits 255 Luftsiege errungen hatte. Der Auftrag, mit dem neuen Jäger Einsatzerfahrung zu sammeln, galt weiterhin.
Der erste Bericht über einen Luftkampf mit einer Me 262 folgte eine Woche nach Thierfelders Tod, am 25. Juli 1944. Hauptmann A. Wall von der RAF flog einen Mosquito-Aufklärer der 544. Staf-

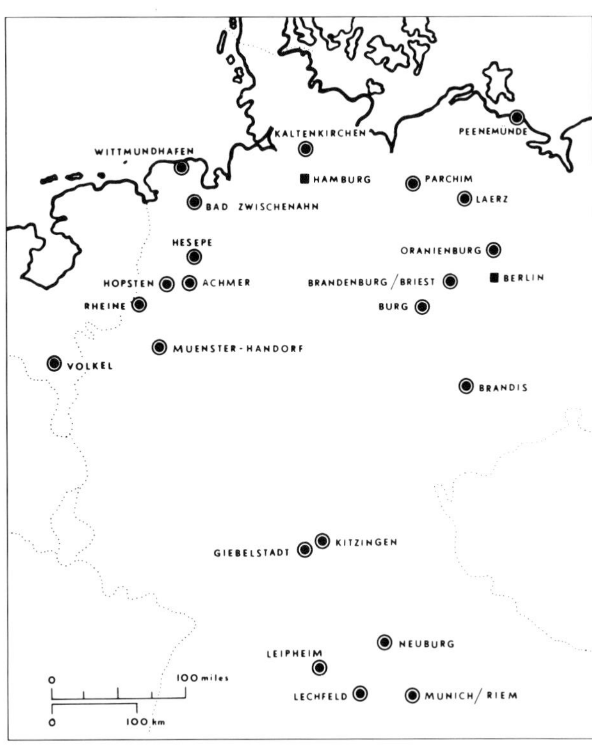

Die wichtigsten Flugplätze und Fliegerhorste, von denen aus deutsche Strahlflugzeuge in Deutschland und Holland Einsätze flogen.

Die 3 cm-Maschinenkanone MK 108 von Rheinmetall-Borsig (oben), Bordwaffe der Me 262. Sie verschoß 450 g schwere Spreng- oder Brandmunition mit einer Kadenz von 660 Schuß pro Minute. Gegen Leichtmetallstrukturen wie Flugzeuge zeigte sie hohe Wirkung, wie das Foto unten belegt: Diesen Schaden richtete ein einziger Treffer bei einem Versuchsbeschuß einer Spitfire am Boden an. Aufgrund ihrer geringen Mündungsgeschwindigkeit von 540 m/s war sie aber für Angriffe auf Bodenziele ungeeignet.

fel und hatte gerade aus etwa 9000 m Höhe Aufnahmen von München gemacht, als er einen Strahljäger etwa 400 m hinter sich erblickte. Wall gab Vollgas, drückte die Nase der Mosquito nach unten, um Fahrt aufzunehmen, und ging dabei gleichzeitig in eine steile Linkskurve. In den nächsten 15 Minuten griff die Me 262 dreimal an und feuerte auf die Mosquito. Wall mußte dabei feststellen, daß die Me 262 – selbst wenn er Zusatzleistung zuschaltete – ihn leicht überholen konnte. Dagegen fiel es ihm leicht, den Verfolger auszukurbeln: Einmal, nach drei aufeinanderfolgenden Abschüttelmanövern, fand er sich sogar hinter der Me 262 wieder und hätte sie angreifen können – wäre er bewaffnet gewesen. Gegen Ende des Luftkampfes hörte die Besatzung der Mosquito zwei dumpfe Schläge, und der Navigator versuchte, den Notausstieg zu öffnen, damit sie aussteigen konnten, falls erforderlich. Mit großer Mühe gelang es ihm, die innere Klappe zu öffnen – und er mußte feststellen, daß die Aussentür verschwunden war: Sie war aus den Angeln gebrochen. In der Zwischenzeit hatte Wall al-

Me 262 des Kommandos Nowotny im Herbst 1944. Vermutlich wurden die Bilder auf dem Fliegerhorst Lechfeld bei Augsburg aufgenommen – in Reih und Glied im Freien abgestellte Flugzeuge hätten auf jedem anderen Fliegerhorst im Westen Deutschlands um diese Zeit die sofortige Vernichtung durch alliierte Jagdbomber nach sich gezogen. Das Kettenkrad wurde in der Luftwaffe allgemein zum Schleppen von Flugzeugen eingesetzt.

lerdings in die Wolken fliehen können. Die Mosquito landete anschließend in Fermo bei Ancona in Italien, wo die Besatzung herausfand, daß sie keinen Treffer abbekommen hatte – nur die Spitze der linken Höhenflosse war beschädigt: Sie war offensichtlich von der wegbrechenden Außentür getroffen worden. Das erklärte auch die zwei dumpfen Schläge, die die Besatzung gehört hatte. Obwohl diese Mosquito noch entkommen konnte, war der Vorfall doch für die in großer Höhe operierenden alliierten Mosquito-Besatzungen eine deutliche Warnung, daß die lange Zeit, in der sie über Deutschland nahezu unverwundbar waren, sich ihrem Ende zuneigte.

Im Folgemonat August errangen Nowotnys Flugzeugführer fünf Luftsiege: am 8. Leutnant Weber über eine Mosquito, am 16. Feldwebel Lennartz über eine einsame B-17, am 24. Oberfeldwebel Baudach über eine Lightning und am 26. Leutnant Schreiber über eine Spitfire und Oberfeldwebel Recker über eine Mosquito.

Im Juli waren schwere Luftangriffe gegen Fabriken geflogen worden, die Komponenten der Me 262 herstellten – gegen Leipheim am 19. und gegen Regensburg am 21. Juli. Als Folge des Mangels an Zellenkomponenten und der schon lange knappen Triebwerke sank die Anzahl der an die Luftwaffe ausgelieferten Me 262 von 59 im Juli auf nur 20 im August.

Aus den Unterlagen der Firma Messerschmitt wissen wir, daß bis zum 10. August zehn Prototypen der Me 262 und 112 Serienmaschinen gebaut worden waren. Von den Prototypen waren der 1., 2., 4., 5., 6. und 7. entweder abgeschrieben oder anderweitig aus dem Erprobungsprogramm gestrichen worden. 21 Me 262 waren bei Luftangriffen der Alliierten auf die Werke zerstört worden, und 11 weitere waren im Einsatz oder durch Flugunfälle verlorengegangen. Die verbliebenen 84 Flugzeuge waren wie folgt verteilt:

I. Gruppe/Kampfgeschwader 51 (Jagdbomber)	33
Erprobungskommando 262 (Jäger)	15
Erprobungszentrum Rechlin	14
Firma Messerschmitt für Flugversuche	11
Firma Junkers für Triebwerkversuche	1
Firma Blohm & Voss für den Umbau zum Zweisitzer	10

Mit Stabilisierung der Westfront Anfang September 1944 war die I./KG 51 dann in der Lage, von ihren Fliegerhorsten in Rheine und Hopsten an der deutschen Grenze nadelstichartige Angriffe gegen alliierte Stellungen zu fliegen. Typisch dafür war der Angriff vom 2. Oktober auf den vorgeschobenen Flugplatz Grave, Basis der 421. Staffel der Royal Canadian Air Force (RCAF) mit ihren Spitfire:

»Der Angriff auf den Flugplatz begann um 11.00 Uhr mit dem Abwurf von Splitterbomben durch ein Flugzeug mit Strahlantrieb aus 900 m Höhe. Bei diesem Angriff wurden drei Piloten verletzt und ein Offizier und sechs Mannschaften leicht verwundet. Mehrere Zelte erhielten Löcher, und die Ausrüstung etlicher Offiziere und Mannschaften wurde durchsiebt. Man hob Splittergräben aus, und eiserne Hüte kamen in Mode. Mittags erfolgte der zweite Angriff, aber die Bomben fielen weit daneben. Der dritte Angriff jedoch forderte eine Anzahl Todesopfer unter dem Personal des RAF-Geschwaders auf der anderen Seite des Flugplatzes, und einige holländische Zivilisten, die in der Nähe leben, wurden schwer verwundet.«*

Drei Tage später konnten sich andere kanadische Piloten von der 401. Staffel mit ihren Spitfire rächen. Die Aktion war typisch für die »freie Jagd«, bei der jeder sich auf die Beute stürzte – eine Form des Luftkampfes, mit der deutsche Strahlflugzeuge in den folgenden Monaten üblicherweise angegriffen wurden. Major Roy Smith von der RCAF, der die Patrouille führte, berichtete hinterher:

»Ich führte die 401. Staffel in 4300 m Höhe im Gebiet von Nimwegen, etwa 8 km nordöstlich der Brücke. Wir flogen auf Nordostkurs, als ich plötzlich eine Me 262 etwa 150 m tiefer auf Gegenkurs auf uns zukommen sah. Ihr Pilot zog mit einer Linkskurve steil nach oben, und ich drehte nach rechts, um ihm – zusammen mit mehreren anderen Spitfire – zu folgen. Da tauchte er nach unten in Richtung Brücke weg, wobei er mit sehr hoher Geschwindigkeit ständig rollte und drehte; mit diesen Ausweichmanövern überquerte er ganz Nimwegen. Dann sah ich, wie eine Spitfire einige Treffer bei ihm erzielen konnte und aus dem rechten Tragflächenansatz weißer Rauch quoll. Er flog aber mit sehr hoher Geschwindigkeit weiter, und dann schaffte ich es, mich hinter ihn zu setzen und zwei Drei-Sekunden-Feuerstöße aus etwa 200 bis 300 m Entfernung auf ihn abzugeben. Jetzt zog er wieder steil nach oben, und ich konnte erkennen, daß er an der rechten wie an der linken Triebwerkgondel getroffen war...«

* Aus *The RCAF Overseas, The Sixth Year.*

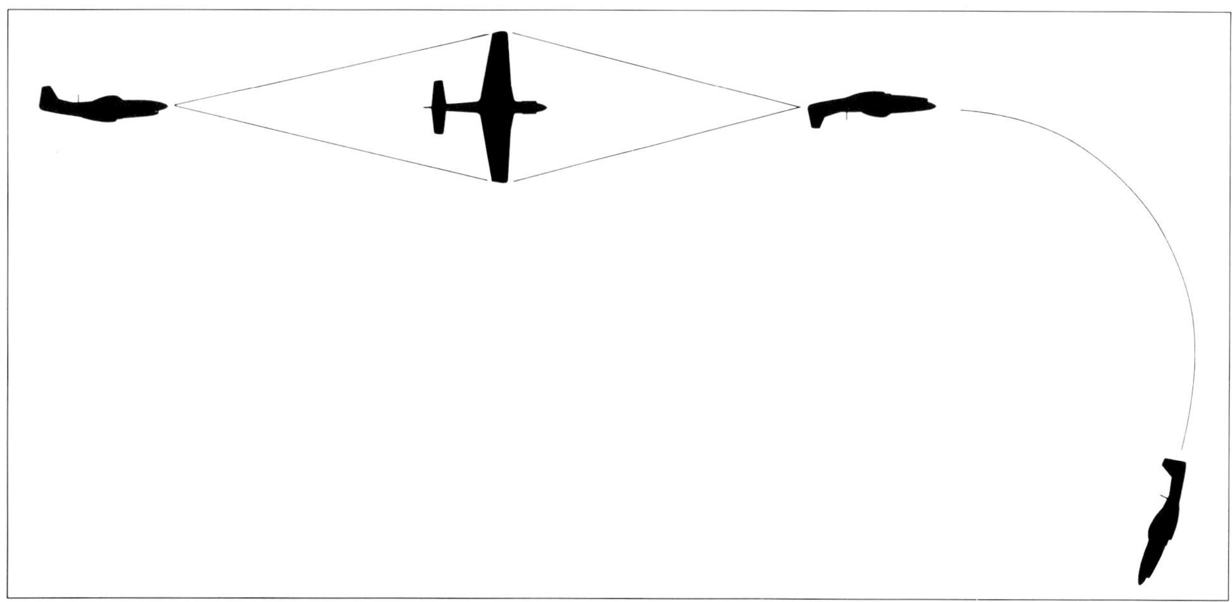

Der Abschwung – dieses Manöver flogen Jäger, die schnell Fahrt aufnehmen wollten, um einen Gegner unter sich angreifen zu können. Es wurde häufig von Piloten der P-51 Mustang geflogen, die so versuchten, deutsche Flugzeuge einzuholen.

Hauptmann Hedley Everard war einer der anderen, die gleichzeitig angriffen:

»... Ich setzte mich mit einer halben Rolle hinter sie, und sie stürzte sich mit einer langsamen Spirale direkt nach unten. Aus 900 m Entfernung eröffnete ich erstmals das Feuer und folgte ihr dann die ganze Zeit. In 1500 m Höhe ging sie in den Horizontalflug über und nahm Kurs nach Süden. Um nicht zu überschießen, nahm ich das Gas zurück und feuerte mit den Bord-MGs aus nur 150 m Entfernung. Jetzt zog sie eine Fahne weißen Rauchs hinter sich her, beschleunigte stark und zog weg ...«

Oberleutnant John MacKay folgte Everard:

»... Ich war hinter dem Leitwerk der Me 262 und folgte ihr bis in Bodennähe; dabei feuerte ich jedesmal, wenn ich sie im Visier hatte. Ich konnte Treffer im hinteren Teil des Rumpfs und am linken oder rechten Tragflächenansatz erkennen. Das Flugzeug war äußerst wendig. Der Pilot war offensichtlich erfahren und machte mit der Maschine alles, was sie hergab...«

Oberleutnant Gus Sinclair konnte ebenfalls Treffer erzielen, wurde dann aber von zwei Spitfire, die von oben herabstürzten, verdrängt. Hauptmann Tex Davenport gab der Me 262 schließlich den Rest:

»... Schließlich saß ich etwa 300 m hinter ihr und pumpte ihr den Rest meiner Munition – wohl zehn bis zwölf Sekunden lang – in den Rumpf, wobei ich Treffer überall im Rumpf und an den Triebwerken beobachtete. Die ganze Zeit über brannte das Flugzeug bereits. Der Pilot schien unverletzt zu sein und lieferte uns einen packenden Kampf; schließlich aber erkannte er wohl, daß er ihn verloren hatte, und auf dem Weg nach unten versuchte er noch, Red 1 (Smith) zu rammen. Dann schlug das Flugzeug auf dem Boden auf und brannte aus ...«

Der deutsche Pilot, Hauptmann Hans-Christoph Buttmann von der I./KG 51, war schon lange vor dem Absturz bereit gewesen, sein Leben zu opfern – auch dadurch bewies er, welches Maß an Luftüberlegenheit nötig war, um mit der Bedrohung duch die Me 262 fertig zu werden.

Obwohl die alliierten Jäger mit ihren Kolbenmotoren der Me 262 hinsichtlich Horizontalgeschwindigkeit und Steigfähigkeit unterlegen waren, waren doch oft so viele von ihnen in der Luft, daß einige aus der Überhöhung angreifen konnten, wobei sie den Höhenvorteil in eine Geschwindigkeit umsetzen konnten, die der der Strahlflugzeuge glich. Ein weiterer Vorteil der alliierten Jagdflieger war das neu eingeführte Kreiselvisier, das automatisch berechnete, um wieviel

der Jägerpilot seine Bordwaffe auf einen kurvenden oder kreuzenden Gegner vorhalten mußte. In der RAF hieß dieses Gerät Gyro Gunsight Mark II und in der USAAF K-14. Es ermöglichte den Piloten auch Treffer auf sehr schnell kreuzende Ziele; damit erhöhte es die Schlagkraft im Luftkampf beträchtlich. Das Kreiselvisier wurde auch von den kanadischen Piloten beim Einsatz am 5. Oktober verwendet, und es sollte bis Kriegsende noch zu so manchem Luftsieg über deutsche Strahlflugzeuge verhelfen.
Ein Bericht, der im Oktober an alliierte Flakverbände verteilt wurde, stellte fest, daß von den wenigen Luftwaffeneinsätzen, die über vorgeschobenen alliierten Stellungen in Holland beobachtet worden waren, die meisten von der Jaboversion der Me 262 geflogen worden waren:

»Vor dem Abwurf der Bomben beschleunigt das Flugzeug in flachem Sturzflug und setzt dann – zumindest war das bisher der Fall – ziemlich unterschiedslos Splitterbomben ein, die zwar zu Verletzungen führen, aber kaum materielle Schäden verursachen. Die Angriffsgeschwindigkeit scheint zwischen 500 und 550 km/h zu liegen; die Höchstgeschwindigkeit von 800 km/h wird erst nach Abwurf der Bomben erreicht. Es liegen bislang keinerlei Erkenntnisse vor, daß das Flugzeug seine Bordkanonen gegen Bodenziele eingesetzt hätte, und wenn – wie wir annehmen – die Bewaffnung nur aus vier 30-mm-Kanonen mit geringer Mündungsgeschwindigkeit für den Luftkampf besteht, ist es auch unwahrscheinlich, daß man das jemals tun wird ...«

Am 13. Oktober hatte Unteroffizier Edmund Delatowski von der I./KG 51 Glück im Unglück, als er in der Nähe von Volkel ein Rencontre mit einer Tempest der Royal Air Force hatte, die von Leutnant Robert Cole von der 3. Staffel geflogen wurde. Cole war in die Turbulenz hinter der Messerschmitt geraten und hatte den Angriff abbrechen müssen, drehte dann aber wieder auf die Me 262 ein, die weit vor ihm war. Mit Vollgas und in flachem Sturzflug folgte er der Messerschmitt mit etwa 770 km/h, aber selbst so wurde die Entfernung zur Me 262 ständig größer. Die Jagd auf Ostkurs quer über Holland ging über etwa 70 km, aber dann verringerte Delatowski die Geschwindigkeit seiner Messerschmitt etwas, da er glaubte, seinen Verfolger abgeschüttelt zu haben. Darauf hatte Cole gewartet: Er schloß auf Schußweite auf und gab einige kurze Feuerstöße mit seinen vier 20-mm-Kanonen ab:

»Die Messerschmitt schien wie eine V1 zu zerplatzen und verlor Einzelteile – darunter auch den Piloten mit seinem Fallschirm. Sie trudelte flach nach unten und explodierte dann auf dem Boden, wo die Reste ausbrannten.«

Delatowski landete mit seinem Fallschirm in der Nähe von Deventer; er hatte nur geringe Verletzungen am Kopf und am Arm davongetragen.
Mit dem Ende der Schlacht um Frankreich – und dem Ende des Hitler-Befehls, die Me 262 dürfe nur als Jabo eingesetzt werden – war jetzt der Weg offen, dieses Flugzeug als Jäger zum Zuge kommen zu lassen. Im September 1944 waren endlich auch die Probleme mit der Massenfertigung des Jumo-004-Triebwerks überwunden – mit dem Ergebnis, daß während dieses Monats insgesamt 91 Messerschmitt Me 262 an die Luftwaffe ausgeliefert werden konnten.
Das Kommando Nowotny – wie das Erprobungskommando 262 inzwischen hieß – war jetzt auf Gruppenstärke angewachsen und verfügte am 30. September über 23 Jagdflugzeuge des Typs Me 262. Vier Tage später verlegte der Verband auf die Fliegerhorste Achmer und Hesepe bei Osnabrück. Hauptziel der Strahljäger sollten die amerikanischen Jäger sein, die die Bomberverbände über Deutschland begleiteten: Wenn man sie durch den Angriff zwingen konnte, ihre Zusatztanks unter den Tragflächen abzuwerfen, dann konnten sie die Bomber nicht mehr bis zu deren Zielen begleiten – und dann konnten die Bomber während des Anflugs über dem Reichsgebiet auch wirksamer von kolbengetriebenen Jägern bekämpft werden. Von Beginn an allerdings hatte Nowotny ernsthafte Schwierigkeiten: Zum einen hatten die neuen Jäger noch immer Kinderkrankheiten, und zwar besonders mit den noch immer unzuverlässigen Strahltriebwerken, und zum anderen fanden die Alliierten recht bald die Fliegerhorste heraus, von denen aus die Strahlflugzeuge operierten, und belegten sie mit ständigen Patrouillen. Eine Geheimhaltung der Fliegerhorste, die von Strahlflugzeugen benutzt wurden, war unmöglich: Die Standardfliegerhorste der Luftwaffe

Oberleutnant Urban Drew von der 361. US-Jagdgruppe schoß am 7. Oktober 1944 mit seiner P-51 zwei Me 262 des Kommandos Nowotny kurz nach deren Start in Achmer ab.

Major Walter Nowotny, Chef der ersten Me-262-Jagdstaffel, die voll einsatzbereit war, verlor sein Leben bei einem Einsatz am 8. November 1944 unter Umständen, die nie geklärt wurden. Möglicherweise wurde er irrtümlich von der eigenen Flak um Achmer abgeschossen.

hatten Asphaltstartbahnen, und dieser Asphalt konnte Feuer fangen, wenn Strahlflugzeuge darauf operierten. Mithin mußten die Fliegerhorste für Strahlflugzeuge Betonstartbahnen haben – und die waren auf den Fotos, die die allgegenwärtigen alliierten Aufklärer nach Hause brachten, leicht zu erkennen. Und wenn die Fliegerhorste erst einmal ausgemacht waren, dauerte es nicht lange, bis die »Achillesferse« der Strahljäger genutzt wurde: Konventionelle feindliche Jäger konnten sie angreifen, wenn sie kurz nach dem Start oder beim Landeanflug langsam flogen.

Am 7. Oktober setzte das Kommando Novotny erstmalig mehrere Me 262 ein, um einen starken amerikanischen Bomberverband mit den Zielen Pölitz, Ruhland, Magdeburg, Kassel und Zwickau anzugreifen. Oberleutnant Urban Drew begleitete mit einer P-51 Mustang der 361. Jagdgruppe eine der Bomberformationen, die fast direkt über Achmer flog, und sah, wie zwei Me 262 zum Start rollten:

»Der Rottenführer war schon in Startposition auf der Ost-West-Startbahn, und die zweite Maschine rollte in Position für einen gemeinsamen Start. Ich wartete, bis beide abgehoben hatten, und stürzte mich dann – mit meinem Schwarm hinter mir – aus 4500 m Höhe zum Angriff auf sie. Ich holte die zweite Me 262 ein, als sie etwa 300 m hoch war; mein Fahrtmesser zeigte 720 km/h, während das Strahlflugzeug nicht mehr als 320 km/h erreicht haben konnte. Bei 400 m begann ich aus etwa 30° seitlicher Position zu feuern. Als ich näherkam, sah ich überall in Rumpf und Tragflächen Treffer. Und als ich ihn überholte, schossen Flammen aus dem rechten Tragflächenansatz. Im Zurückblicken sah ich dann noch eine riesige Explosion und eine etwa 300 m lange rötliche Flamme. Das andere Strahlflugzeug war etwa 500 m vor mir und leitete einen schnellen Steigflug mit einer Linkskurve ein. Ich hatte immer noch rund 640 km/h drauf und zog den Knüppel, um mitzuhalten. Bei 300 m begann ich aus 60° von der Seite zu feuern und traf das Leitwerk des Feindflugzeugs. Ich zog noch mehr am Knüppel, und die Geschosse krochen den Rumpf entlang bis hin zum Cockpit. Dann löste sich das Kabinendach in zwei Teilen, und das Flugzeug rollte auf den Rücken und begann mit Flachtrudeln. In dieser Lage schlug es im Winkel von 60° auf dem Boden auf.«

Einer der beiden deutschen Piloten, Leutnant Gerhard Kobert, verlor bei diesem Einsatz sein Leben. Dem anderen, Oberleutnant Paul Bley, gelang es, die Maschine zu verlassen und unverletzt zu landen.

Inzwischen stiegen andere Me 262 des Kommandos Nowotny auf, um die Bomberformationen anzugreifen, und Nowotny selbst, Oberfähnrich Heinz Russel und Feldwebel Heinz Lennartz schossen je eine B-24 ab. Nach diesem Luftsieg wurde allerdings Russel seinerseits von zwei P-47 der 479. US-Jagdgruppe, geflogen von Oberst Hubert Zemke und Leutnant Norman Benolt, angegriffen und abgeschossen; Russel konnte jedoch aussteigen und landete unverletzt. Somit hatte das Kommando Nowotny beim ersten »scharfen« Einsatz drei Me 262 und einen Piloten verloren – zum Preis von drei amerikanischen Bombern. Das kann man kaum ein eindrucksvolles Zahlenverhältnis nennen – aber diese Relation wurde bald alltäglich, nachdem die deutschen Strahljäger in Einsätze gegen einen Feind geschickt wurden, der zahlenmäßig weit überlegen war.

Von Anfang Oktober bis zum Ende der ersten Novemberwoche des Jahres 1944 nahm das Kommando Nowotny für sich in Anspruch, vier schwere amerikanische Bomber (alles B-24), zwölf Jäger (P-47 und P-51) sowie drei Aufklärer abgeschossen zu haben. In der gleichen Zeit verlor der Verband sechs Me 262 im Einsatz und sieben durch Bodenangriffe, neun weitere wurden bei Flugunfällen beschädigt.

Am 4. Oktober fand Oberleutnant Alfred Teumer den Tod, als er versuchte, seine Maschine mit nur einem Triebwerk zu landen. Am 28. erlitt Oberleutnant Paul Bley tödliche Verletzungen, als er kurz nach dem Start in einen Vogelschwarm geriet und beide Triebwerke aussetzten. Bei dem Versuch, die Me 262 mit nur einem Triebwerk zu landen, wurden noch zwei weitere Maschinen zerstört; bei Start- oder Landeunfällen gingen drei Flugzeuge verloren; eine Maschine wurde zerstört und vier weitere wurden beschädigt, als sie aus Kraftstoffmangel eine Notlandung versuchten; zwei Me 262 wurden beschädigt, weil ihr Fahrwerk gar nicht oder nur unvollständig ausfuhr, und noch eine weitere Maschine wurde in dieser Zeit demoliert – aber über die Ursache scheint es keine Unterlagen zu geben. Am 29. Oktober stieß Leutnant Alfred Schreiber mit einem Spitfire-Aufklärer zusammen, den er abfangen wollte: Beide Flugzeuge wurden zerstört, aber Schreiber gelang es, mit dem Fallschirm abzuspringen.

Bei einem Einsatz am 1. November kam Oberfeldwebel Willi Banzaff nur mit knapper Not lebend davon. Als sich schwere amerikanische Bomber nach Angriffen auf Gelsenkirchen und Rüdesheim auf dem Rückflug befanden, flog er einen einsamen Angriff auf P-51 der 20. Jagdgruppe und schoß eine von ihnen ab. Dann wandte er sich den B-17 zu: entschlossen, auch sie anzugreifen. Aber jetzt stürzten sich P-51 der 20. Jagdgruppe aus der Überhöhung in rächender Absicht auf ihn, und auch P-51 der 352. Jagdgruppe sowie P-47 der 56. Jagdgruppe beteiligten sich daran. Plötzlich schien der Himmel voll zu sein von amerikanischen Jägern, die versuchten, hinter dem einsamen Strahljäger in Schußposition zu kommen. Banzaff ging in steilem Sturzflug auf 3000 m und drehte dann mit hoher Geschwindigkeit nach Norden ab in dem Bemühen, seinen Verfolgern zu entkommen. Mit dieser Kurve jedoch gab er einigen seiner Verfolger, die noch im Sturzflug waren, die Chance, ihm den Weg abzuschneiden. Die P-47 und P-51 feuerten auf große Distanz, konnten aber dennoch Treffer in Rumpf und Tragflächen erzielen. Leutnant Walter Groce von der 56. Jagdgruppe rief über Funk: »Ausschwärmen! Wir schnappen ihn uns, wenn er dreht!« Kurz darauf drehte Banzaff tatsächlich, und Groce bekam die Chance, auf die er gewartet hatte: Er schoß ihn zusammen. In den dürren Worten des Kriegstagebuchs der 56. Jagdgruppe liest sich das so: »Nach wiederholten Treffern zog Düsenflugzeug Rauch hinter sich her; Pilot warf Kabinenhaube ab und stieg aus; 2400 m. Zwei nicht identifizierte P-51 in der Nähe schossen auf Piloten am Fallschirm.« Der Abschuß der Me 262 wurde je zur Hälfte Groce und Leutnant William Gerbe von der 352. Jagdgruppe zugesprochen. Trotz des wenig ritterlichen Verhaltens zweier seiner Feinde erreichte Banzaff sicher den Boden.

Drei Tage danach, am 4. November, war Banzaff wieder im Einsatz, aber dieses Mal verließ ihn das Glück: Deutsche Berichte melden, er sei von

Me-262-Jabos des KG 51 werden Ende 1944 in Rheine zum Start geschleppt.

Eine einsitzige Me 262 mit dem Funkmeßgerät (Radar) Neptun und dessen Antennen am Bug wird Ende 1944 von Oberleutnant Kurt Welter im Einsatz erprobt.

Eine Me 262 in Lechfeld; ihr Bugrad war eingeknickt. Dieses Foto ist von besonderem Interesse, da es einen Me-262-Aufklärer zeigt: Am Bug erkennt man die Ausbuchtung für die senkrecht installierte Kamera. Mit hoher Wahrscheinlichkeit gehörte die Maschine zum Kommando Brauegg.

feindlichen Jägern abgeschossen worden und dabei ums Leben gekommen – die sorgfältige Durchsicht alliierter Berichte ergibt aber, daß niemand einen Luftsieg für sich in Anspruch genommen hat, der zu diesem Vorfall passen könnte.

Die ersten Piloten des EKdo 262 waren erfahrene Flugzeugführer gewesen, von denen viele zweimotorige Jäger geflogen und eine gründliche Ausbildung im Blindflug erhalten hatten. Im Kommando Nowotny hingegen kamen etliche Piloten von einmotorigen Jägern und hatten keine Ausbildung im Blindflug – das normale Schulungsprogramm deutscher Piloten von einmotorigen Jägern enthielt auf diesem Gebiet nurmehr eine Einweisung. Für diese Männer war die Me 262 mit ihrer hohen Geschwindigkeit, der kurzen Flugzeit und den Verdichtungsproblemen beim zu steilen Sturzflug kein Flugzeug, das einfach zu fliegen war. Wenn man dann noch die ständige Bedrohung durch alliierte Jäger berücksichtigt, die in der Nähe ihrer Fliegerhorste patrouillierten, sowie die Schwierigkeiten beim Landen, weil die Triebwerke so langsam auf die Schubhebel reagierten, wird einem klar, daß sich weniger erfahrene Piloten mit erheblichen Problemen herumschlagen mußten. Die Folge war, daß – trotz der hohen Erwartungen, die man in die Me 262 als Jäger gesetzt hatte – der erste Monat, den dieser Jäger im Einsatz verbrachte, enttäuschend verlief. Es bedrückte alle, daß der durchschlagende Erfolg dem Kommando Nowotny versagt blieb.

Und dann – am 8. November 1944 – schlug das Schicksal zu. Die Jagdgruppe hatte mehrere Me 262 gestartet, um einen großen Verband amerikanischer Bomber anzugreifen, die von einem Angriff auf den Mittellandkanal zurückkamen, und diese Messerschmitt hatten auch einige Abschüsse erzielt: Leutnant Fritz Schall beanspruchte den Abschuß von drei P-51 für sich, und Oberleutnant Günther Wegmann einen weiteren. Aber kurz nach Schalls letztem Abschuß konnte Leutnant James Kenney von der 357. Jagdgruppe sich in Schußposition bringen und die Me 262 mit einem Feuerstoß belegen, der beide Triebwerke ausschaltete: Schall mußte aussteigen. Kurz darauf war Nowotny selbst in Schwierigkeiten. Leutnant Edward Haydon, ebenfalls von der 357., kam von einem Angriff auf Bodenziele mit Bordwaffen im Raum Hannover zurück, als er südlich des Dümmer Sees eine Me 262 im Sinkflug beobachtete:

»Ich gab Vollgas, und als ich mich der 262 näherte, wurde ich langsam von Maschinen der 20. Jagdgruppe überholt. Zu dieser Zeit führte uns die 262 quer über einen Flugplatz südlich des Dümmer Sees, dessen Flak sofort aus allen Rohren auf uns schoß. Die Me 262 zog hoch und rollte auf den Rücken, dann schlug sie etwa 30 m vor mir auf dem Boden auf; ich war zu diesem Zeitpunkt circa 15 m hoch. Soweit ich erkennen konnte, ist der Pilot nicht mehr rausgekommen.«

Der »Flugplatz südlich des Dümmer Sees« war höchstwahrscheinlich Achmer. Die vorderste P-51 der 20. Jagdgruppe wurde von Hauptmann Ernest Fiebelkorn geflogen. Nowotnys letzte Meldung über Funk lautete: »Ich bin getroffen ...« – aber es ist ungeklärt, ob er sich selbst oder das Flugzeug meinte. Kurz darauf stürzte Nowotnys Maschine ab, etwa sechs Kilometer nördlich von Achmer: Die Position stimmt mit der, die Haydon in seinem Bericht erwähnt, überein. Bei diesem Einsatz verlor das Kommando Nowotny zwei Me 262, Schalls und Nowotnys, und keine andere

Eine zweisitzige Me 262 mit Neptun-Radar; sie wurde als Nachtjäger eingesetzt.

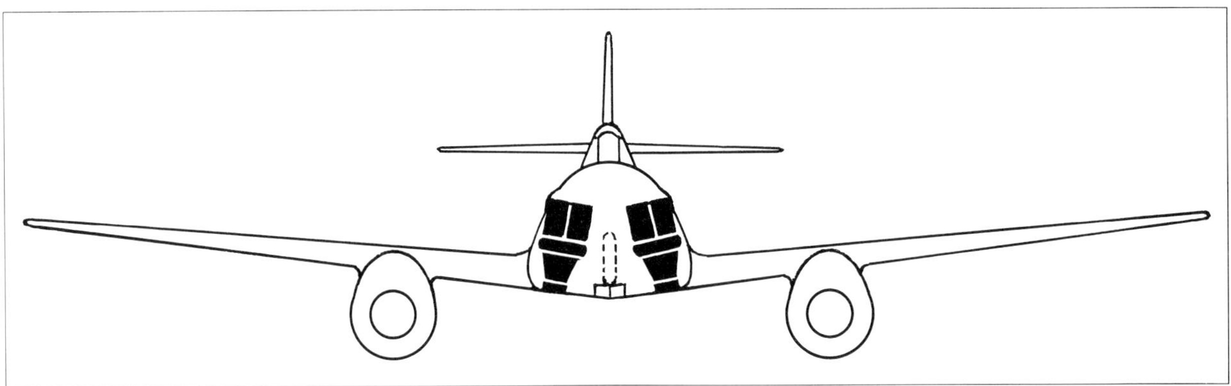

Anordnung der Kameras im Bug der Aufklärerversion der Me 262 zu beiden Seiten des eingefahrenen Bugrads.

Me-262-Staffel meldete an diesem Tag den Verlust eines Piloten. Damit steht fest, daß die Me 262, die Haydon und Fiebelkorn verfolgt hatten, Nowotnys Maschine war. Offen bleibt allerdings die Frage, wer den tödlichen Treffer erzielt hat. Keiner der beiden amerikanischen Piloten war schon so nahe an die Messerschmitt herangekommen, daß er das Feuer hätte eröffnen können – und kein anderer alliierter Pilot hatte einen Luftkampf gemeldet, den man mit diesem hätte in Verbindung bringen können. Aus den wenigen bekannten Tatsachen muß man daher schließen, daß die Flak des Fliegerhorstes Achmer das deutsche Jagdflieger-As abgeschossen hat.

An diesem 8. November war auch Generalmajor Adolf Galland bei Nowotny in Achmer auf Truppenbesuch gewesen – er wollte den Einsatzstand des Verbandes überprüfen. Der General hatte schnell erkannt, daß man Nowotny vor nahezu unlösbare Aufgaben gestellt hatte: Er sollte einen völlig neuen Jäger mit etlichen technischen Neuerungen zum Einsatz bringen, wobei den Piloten in vielen Fällen eine gründliche Umschulung fehlte – und all das von Fliegerhorsten aus, die nahe an der Front lagen, wo der Feind zahlenmässig den Himmel beherrschte. Adolf Gallands Reaktion war für ihn charakteristisch und eindeutig: Er befahl dem Verband, zurück nach Lechfeld bei Augsburg zu verlegen, sich dort personell wieder aufzufrischen und die Ausbildung zu intensivieren.

Der neue Kommandeur des Kommando Nowotny war Major Erich Hohagen, und am 24. November wurde es als III. Gruppe dem Jagdgeschwader 7 unterstellt. Ursprünglich hatte das Jagdgeschwader den Beinamen »Hindenburg« getragen – es hatte diesen Namen von dem aufgelösten Bomberverband Kampfgeschwader 1 übernommen –, bald darauf jedoch erhielt es nach seinem letzten, mit 24 Jahren gefallenen Kommandeur den Namen »Jagdgeschwader Nowotny«.

Zurück im noch relativ sicheren Bayern, konnte die III./JG 7 sich endlich der wichtigen Aufgabe widmen, die weniger erfahrenen Piloten nachzuschulen. Und schließlich gab es hier ja die regelmäßigen Überflüge durch alliierte Aufklärer, an denen man sein Können messen konnte. Typisch für diese Einsätze ist die Aktion vom 26. November, als Major Rudolf Sinner startete, um einen P-38-Aufklärer abzufangen, der von drei P-38-Jägern begleitet wurde; die Maschinen machten in großer Höhe Luftbilder von der Region München. Der Aufklärerpilot, Leutnant Renne, hatte gerade sein Ziel fotografiert, als er feststellte, daß Sinners Me 262 schnell auf ihn aufschloß. Renne informierte umgehend seinen Jagdschutz, warf den Zusatztank ab, gab Vollgas und drehte auf seinen Verfolger ein, um ihm ein möglichst schwer zu treffendes Ziel zu bieten. Die beiden Flugzeuge rasten auf Gegenkurs aneinander vorbei, ohne daß Sinner hatte schießen können. Dann wirbelte Renne seine Lightning mit einer scharfen Rechtskurve herum: Er wollte auch dem nächsten Angriff mit Gegenkurs begegnen. Jetzt jedoch näherte sich die Eskorte der P-38 Sinner, der da-

Der Deichselschlepp-Bombenanhänger, hier von Prototyp Nr. 10 erprobt, sollte die Bombenzuladung der Me 262 erhöhen. Seine Tragfläche stammte von einer V1. Die Deichsel war etwa 6 m lang, und ihr Kardangelenk machte senkrechte wie waagerechte Manöver während des Fluges möglich. Über elektrisch gezündete Sprengbolzen konnte der Pilot die Schleppbombe abwerfen. Während der Flugerprobung mit einer 1000-kg-Bombe traten allerdings erhebliche Schwierigkeiten durch wellenförmige Schwingungen der Schleppbombe auf, die sich über die Deichsel auch auf das Flugzeug übertrugen. Bei einem dieser Erprobungsflüge verlor der Einflieger Gerd Lindner die Kontrolle über seine Me 262 und mußte aussteigen. Bei einem anderen Flug belastete eine Kurve des Schleppflugzeugs das Kardangelenk dermaßen, daß es am Heck abbrach. Und bei einem weiteren Erprobungsflug versagten die Sprengbolzen, aber Lindner gelang es, seine Me 262 mit der Bombe daran vorsichtig zu landen. Schließlich wurden die Versuche eingestellt: Sie wurden als »zu gefährlich und zu unbefriedigend« eingestuft.

durch gezwungen war, scharf auszuweichen. Dabei drückte Sinner die Nase seiner Me 262 zu scharf nach unten – und zu seinem Entsetzen mußte er feststellen, daß er die Maschine nicht mehr unter Kontrolle hatte: In seinem Bemühen, zu entkommen, hatte er die kritische Machzahl überschritten. Nach einigen haarsträubenden Sekunden, in denen er mit seinem Steuerknüppel rang, hatte Sinner schließlich Erfolg und konnte seine Me 262 aus dem unkontrollierten Sturzflug abfangen, indem er die Trimmung seiner Höhenruder benutzte. Als er dann zu seinen Gegnern zurückblickte, sah er sie in großer Höhe weit im Norden: Sie zogen lange Kondensstreifen hinter sich her, als sie zur Formation aufschlossen und auf Südkurs zu ihren Flugplätzen in Italien einschwenkten. Obwohl er gerade eben erst mit Mühe und Not davongekommen war, beschloß der unerschrockene Sinner, sie erneut anzugreifen. Er stieß die Schubhebel nach vorn, und dieses Mal konnte der schnell steigende Jäger sich unbemerkt in Schußposition hinter eine der begleitenden P-38 manövrieren. »Der Feuerstoß meiner vier 3-cm-Kanonen traf ihr Leitwerk und die rechte Tragfläche. Sie rollte auf den Rücken und stürzte mit einer Linkskurve brennend zu Boden«, erinnerte Sinner sich später. »Ich zog hoch und drehte nach links auf Lechfeld ein – mir wurde der Sprit knapp.« Der amerikanische Pilot, Leutnant Julius Thomas, hatte aussteigen können: Er landete in der Nähe von Kitzbühel, wo er in Gefangenschaft geriet.

Nach den Schwierigkeiten, mit denen das Kommando Nowotny sich als Folge der überhasteten Umschulung auf die Me 262 hatte herumschlagen müssen, wurde Ende November 1944 ein verbindliches Ausbildungsprogramm festgelegt. Für die Einsatzumschulung neuer Me-262-Flugzeugführer wurde – unter dem Jagdflieger-As Oberstleutnant Heinz Baer – die III. Gruppe des Ergänzungs-Jagdgeschwaders 2 aufgestellt. Die Umschulung begann mit 20 Stunden auf konventionellen Jägern, deren Schubhebel man fixiert hatte,

Die Höhenbomberversion wird von einem Tankwagen geschleppt.

um die Piloten an das Problem zu gewöhnen, ein Flugzeug fliegen zu müssen, dessen Schubhebel in größerer Höhe nicht mehr verstellt werden durften – denn wenn man das nämlich versuchte, konnten die Triebwerke der Me 262 ausfallen. Dann erhielten alle Piloten theoretischen Unterricht über Funktion und Handhabung der Strahl-

Zwei Me 262 wurden zu Horizontalbombern für große Höhen umgebaut: Ihre Bordkanonen wurden entfernt und durch einen speziellen Bug aus Holz und Plexiglas ersetzt, in dem ein Bombenschütze auf dem Bauch lag und das optische Bombenzielgerät Lotfernrohr (»Lotfe«) bediente. Der Höhenbomber trug dieselbe Bewaffnung – zwei SC-250-Sprengbomben – wie die normale Jagdbomberversion. Die Erprobung dieses Typs scheint aber nicht erfolgreich verlaufen zu sein, denn anschließend wurde kein weiteres Flugzeug mehr in dieser Weise modifiziert.

triebwerke. Als nächstes wurden die Piloten, die noch keine Erfahrung mit zweimotorigen Flugzeugen hatten, zu einem Kurzlehrgang nach Landsberg abkommandiert, wo sie je fünf Flugstunden auf der Messerschmitt Bf 110 und der Siebel Si 204 bekamen, wobei der Schwerpunkt auf dem Problem des asymmetrischen Fluges lag – dem Flug mit nur einem Motor. Dann folgte ein weiterer Tag mit theoretischem Unterricht über die Me 262, und dann bekamen die neuen Strahlflugzeugführer gut zehn Flugstunden mit Schießausbildung auf der Me 262. Danach wurden die Männer für einsatzbereit erklärt und den Einsatzverbänden zugeteilt. Das war zwar nur eine oberflächliche Ausbildung, besonders da einige der Flugzeugführer direkt von der Fortgeschrittenenschulung kamen und noch nie in Einsatzverbänden geflogen waren – aber es war sicherlich besser als das, was vorher gelaufen war, und in Anbetracht der verzweifelten Lage, in der Deutschland sich jetzt befand, das Beste, was noch möglich war.

Ein weiteres Problem, das jetzt die Luftwaffenführung beschäftigte, war, die Piloten der Me-

262-Verbände einer angemessenen Ausbildung im Blindflug zu unterziehen. Die schweren amerikanischen Bomber waren mit Radar ausgerüstet und daher in der Lage, zu ihren Zielen zu finden und sie anzugreifen, selbst wenn die gesamte Flugroute ab ihren Flugplätzen von Wolken verdeckt war. Das bedeutete, daß die deutschen Jäger häufig durch Wolken aufsteigen und auch wieder heimkehren mußten, wenn sie die Heimat wirksam schützen wollten. Wie wir schon erwähnt haben, enthielt die normale Ausbildung deutscher Jagdflieger, die Einmotorige flogen, keine Vollausbildung im Blindflug – allerdings wurde sie in einigen Fällen später nachgeholt. Aber ein schneller Sinkflug mit einer Me 262 durch die Wolken war für Piloten ohne diese Ausbildung ein gewagtes Unternehmen, bei dem das Phänomen der Kompressibilität dem Ungeübten zusätzlich zu schaffen machte. Natürlich hätte man, wenn Zeit keine Rolle gespielt hätte, den jungen Flugzeugführern die benötigte Zusatzausbildung im Blindflug zukommen lassen können – aber die Zeit war knapp, und knapp war auch der Kraftstoff.

Trotzdem aber gab es Ende 1944 in der Luftwaffe noch eine große Anzahl Flugzeugführer, die Erfahrung im Blindflug hatten: Bomberpiloten, deren Verbände im vergangenen Sommer aufgelöst werden mußten, da der Kraftstoff zu knapp wurde. Jetzt befaßte man sich mit dem Gedanken, diese Männer mit der Me 262 in den Kampf zu schicken: als *Jagdflieger*. Dabei vertrat man die Auffassung, daß die früheren Bomberpiloten mit ihrer beträchtlichen Erfahrung sowohl im Blindflug wie auch mit mehreren Motoren die Me 262 an wolkenverhangenen Tagen besser handhaben konnten als Piloten von einmotorigen Jagdflugzeugen ohne Blindflugausbildung. Daß die Ex-Bomberpiloten weder eine Ausbildung noch Erfahrung im Luftkampf noch in der Jagdrolle vorweisen konnten, wurde zwar als Nachteil empfunden, aber nicht als entscheidender: Die Me 262 sollten sich ja nicht im Luftkampf kurbelnd mit den feindlichen Jägern herumschlagen, sondern geradewegs angreifen und die viermotorigen Bomber des Gegners vom Himmel holen. Der Gedanke, frühere Bomberpiloten dieser Verwendung zuzuführen, wurde unterstützt von Oberst Gordon Gollob, von Oberst Dietrich Peltz und – noch wichtiger – vom letzten Generalstabschef der deutschen Luftwaffe, General der Flieger Karl Koller, sowie auch von Göring. Generalmajor Adolf Galland und andere führende Männer der Jagdfliegertruppe stemmten sich erbittert gegen diese Entwicklung, da sie die Meinung vertraten, die Me 262 Piloten zu überlassen, die von Jagdeinsätzen keine Ahnung hatten, sei ein grober Fehler.

Etliche spätere Berichte haben diese Kontroverse mit Hitlers früherem Befehl, die Me 262 nur als Blitzbomber einzusetzen, in Zusammenhang gebracht – aber diese beiden Punkte haben gar nichts miteinander zu tun: Die Verfasser haben die Vorgänge, die zum Einsatz der Me 262 durch frühere Bomberpiloten führten, sorgfältig nachvollzogen und sind fest davon überzeugt, daß beide Seiten triftige Argumente vorbringen konnten.

Im Todeskampf des Reiches, als sich die feindlichen Streitkräfte im Osten, im Westen und im Süden zum letzten Vorstoß rüsteten, entzündete sich an der Frage, welche Piloten die Me 262 fliegen sollten, in der Führung der Luftwaffe ein regelrechter Streit. Die Folge war, daß – wegen dieser und anderer Meinungsverschiedenheiten mit Göring – Generalmajor Galland seinen Posten als Inspekteur der Jagdflieger verlor. Und die Ausrüstung einiger früherer Bomberverbände mit Me 262 ging weiter: Der erste derartige Verband – Kampfgeschwader (Jäger) 54 – begann Ende November mit der Umschulung in Giebelstadt bei Würzburg. Drei weiteren früheren Bomberverbänden – den Kampfgeschwadern 6, 27 und 55 – sollten Anfang 1945 die Strahljäger zugeführt werden.

In den letzten drei Monaten des Jahres 1944 wurden insgesamt 342 Messerschmitt Me 262 hergestellt, was bedeutete, daß jetzt genügend Maschinen auch für andere Rollen zur Verfügung standen. Im November wurde das Kommando Welter aufgestellt, eine Nachtjagdstaffel, die unter dem Kommando von Oberleutnant Kurt Welter in Burg bei Magdeburg lag. Zu Beginn hatte die Einheit nur zwei Me 262, beide Einsitzer, von denen eine mit dem Funkmeßgerät (Radar) FuG

218 Neptun ausgerüstet war, das der Pilot ebenfalls zu bedienen hatte. Hauptziele dieser ersten Strahl-Nachtjäger waren die schnellen und in großer Höhe fliegenden Mosquito-Bomber der Royal Air Force, die bisher meist ihre Ziele angreifen konnten, ohne befürchten zu müssen, abgefangen zu werden.

Zur gleichen Zeit formierte sich das Kommando Brauegg, eine Nahaufklärerstaffel unter dem Kommando von Hauptmann Brauegg. Für diese Rolle hatte die Me 262 einen modifizierten Bug bekommen: Die Bordkanonen waren entfernt und zwei Rb-50/30-Luftbildkameras eingebaut worden, die schräg zur Seite nach unten gerichtet waren. Um den oberen Teil der Kameras und die Filmmagazine unterbringen zu können, wurden zwei große Ausbuchtungen direkt vor dem Cockpit angebracht; zusätzlich wurde in den Boden des Cockpits ein Fenster geschnitten, damit der Pilot seine Kameras auf Bodenziele unter dem Flugzeug richten konnte.

Ende 1944 wurde immer noch die Masse der Me-262-Einsätze auf Bodenziele von Jabos des Kampfgeschwaders 51 geflogen. Dessen I. Gruppe lag in Rheine und Hopsten, während die II. Gruppe, die erst kürzlich – nach Umrüstung auf die Me 262 – den Einsatzbetrieb wieder aufgenommen hatte, in Hesepe stationiert war. Am 16. Dezember eröffnete die Wehrmacht die letzte große Offensive dieses Krieges, die Ardennenoffensive, und die Me 262 wurden dabei gegen alliierte Truppenansammlungen und Nachschublager eingesetzt. Um diese Angriffe zu verhindern, flogen alliierte Jäger in hoher Zahl ständig Patrouille über dem Gefechtsfeld. Es gibt kaum Beweise dafür, daß diese Nadelstichangriffe der Strahljabos bedeutenden Schaden angerichtet hätten. Die möglicherweise beste Auswirkung war, daß sie auf diese Weise die Jagdkräfte des Gegners banden, die sonst die deutschen Bodentruppen mit Bomben belegt und mit Bordwaffen beschossen hätten. In den grausamen letzten Monaten des Zweiten Weltkriegs kamen diese Jabo-Einsätze einer Luftunterstützung, wie sie das verzweifelt kämpfende deutsche Heer erwartete, noch am nächsten.

Am Neujahrstag 1945 setzte die Luftwaffe fast alle ihre Jagdflugzeuge im Westen aufs Spiel, als sie mit nahezu tausend Flugzeugen alliierte Flugplätze in Frankreich, Holland und Belgien massiv angriff. Das KG 51 beteiligte sich daran mit gut 20 Me 262. Deren Aufgabe war es, Flugplätze bei Eindhoven und Heesch in Holland anzugreifen. Der Eindhoven-Einsatz wurde zusammen mit Messerschmitt Bf 109 und Focke-Wulf Fw 190 des Jagdgeschwaders 3 geflogen und erwies sich als der erfolgreichste der gesamten Operation: Er zerstörte oder beschädigte mehr als 50 Spitfire und Typhoon der drei Geschwader, die auf diesem Platz lagen. Der Angriff auf Heesch – durchgeführt zusammen mit dem Jagdgeschwader 6 – bewirkte dagegen nur wenig. Bei der Aktion gingen mindestens zwei Me 262 verloren, eine davon wurde von der Fliegerabwehr bei Heesch abgeschossen.

In den ersten Wochen des Jahres 1945 flog das Kampfgeschwader 51 seine Angriffe gegen alliierte Stellungen, wann immer das Wetter es zuließ, zusammen mit den Arado Ar 234 des Kampfgeschwaders 76. Am 10. Januar wurden 20 Strahlbombereinsätze gegen Straßburg geflogen, am 23. weitere 30 gegen dasselbe Ziel. Zu Beginn des Jahres 1945 verfügte die Luftwaffe über insgesamt 564 Messerschmitt Me 262, die Produktion lag bei etwa 36 Maschinen pro Woche. Trotzdem aber enthalten die Unterlagen des Generalluftzeugmeisters nur 61 dieser Flugzeuge, auf die Truppe wie folgt verteilt:

I. und II./KG 51 (Jagdbomber)	52
10./NJG 11 (Nachtjäger)	4
Kommando Brauegg (Nahaufklärer)	5

Möglicherweise dreimal so viele waren auf Verbände verteilt, die Piloten ausbildeten oder in den Einsatz gehen sollten: die drei Gruppen des JG 7, das KG (J) 54, die Umschulungsstaffel III./Erg.-JG 2 und verschiedene Erprobungszentren. Bis dahin – so wird geschätzt – wurden etwa 150 Me 262 abgeschossen, am Boden zerstört oder gingen durch Flugunfälle verloren. Das ergibt zusammen etwas mehr als 400 Me 262, und diese Zahl ist wohl eher zu hoch gegriffen. Bis dahin allerdings

Dieses Foto – in der Vergangenheit oft unterschiedlich interpretiert – zeigt Me 262 des Kampfgeschwaders (Jäger) 54 Anfang 1945 in Giebelstadt südlich von Würzburg. Das Flugzeug links hat seine Einsätze höchstwahrscheinlich als Jagdbomber begonnen: Zu erkennen ist das nicht nur an der ungewöhnlichen Tarnung, sondern auch daran, daß auf jeder Seite des Bugs nur eine Kanone vorhanden ist – die Bombenschlösser wurden allerdings entfernt.

hatte die Luftwaffe gut 600 Me 262 vom Hersteller übernommen, und man fragt sich, was mit den restlichen 200 geschah – immerhin ein Drittel der Gesamtzahl. Zweifellos war ein Großteil dieser 200 Maschinen im Bahntransport steckengeblieben: Unverständlicherweise wurde bis gegen Kriegsende die Masse der Me 262 nach den Übernahmeflügen wieder zerlegt und *per Bahn* den Einsatzverbänden zugeführt, und da ab jetzt bis Kriegsende ein großer Teil der alliierten Bombenangriffe sich auf die Zerstörung des deutschen Schienennetzes konzentrierte, gingen viele Me 262 ganz einfach bei der Überführung verloren.

Es ist auch interessant, daß die Aufstellung des Generalluftzeugmeisters vom 10. Januar 1945 keine Me-262-Tagjäger in Einsatzverbänden anführt – und dies vier Monate, nachdem Hitler die Me 262 für diese Rolle freigegeben hatte. Zu dieser Zeit hatte die III./JG 7 bereits ihre volle Stärke erreicht, war aber noch in Aufstellung mit jeweils einer Staffel in Brandenburg-Briest, Oranienburg und Parchim, alle in der Region Berlin. Die I./JG 7 unter Major Desdorffer formierte sich in Kaltenkirchen bei Hamburg, desgleichen die II./JG 7 unter Major Erich Rudorffer in Briest. Gleichzeitig schulte weiter südlich – in Giebelstadt südlich von Würzburg – die I./KG (J) 54 in aller Eile auf die Me 262 um.

Der erste Verband, der für die neue Phase von Strahljägeroperationen einsatzbereit erklärt wurde, war die I./KG (J) 54 – sie setzte am 9. Februar 1945 zehn Maschinen gegen einen amerikanischen Bomberverband von mehr als 1500 schweren Bombern ein, die Ziele in Magdeburg, Weimar, Lutzkendorf, Bielefeld, Paderborn, Arnsberg und Dülmen angreifen sollten. Der Einsatz war ein bitterer Fehlschlag für den deutschen Verband, dessen frühere Bomberpiloten nach nur äußerst flüchtiger Ausbildung und ohne jede Praxis in der Handhabung von Bordwaffen in den Kampf geschickt worden waren. Die P-51 Mustang der 78., 357. und 359. Jagdgruppe meldeten die Abschüsse von fünf Me 262 – und nur eine B-17 war beschädigt worden. Tatsächlich verlor die I./KG (J) 54 an diesem Tag sechs Me 262, aber nur ein Abschuß deckt sich voll mit einem amerikanischen Einsatzbericht. Leutnant John Carter von der 357. Jagdgruppe, der den Bombern Jagdschutz gab, berichtete später, wie seine Staffel in der Nähe von Fulda in 7200 m Höhe auf die Strahljäger stieß:

»Der Führer des Schwarms Cement Blue warf sofort seine Zusatztanks ab und flog einen Angriff gegen die vier Me 262, die sich links unter uns befanden. Die Me 262 trennten sich: Zwei flogen nach rechts und zwei nach links. Der Schwarmführer nahm sich eine der Me 262 vor, die nach rechts gekurvt waren, und ich nahm die andere. Ich folgte meinem Strahlflugzeug etwa 10 oder 15 Minuten. Ich gab etliche Feuerstöße auf es ab, aber es war außer Reichweite, und die Entfernung zu ihm wurde immer größer. Ich folgte ihm noch immer, als ich plötzlich eine andere Me 262 etwa 3500 bis 4500 m unter mir sah – sie schien im Gleitflug zu sein. Ich gab den bisher verfolgten Strahljäger auf, rollte auf den Rücken und ging in den Abschwung, um mich auf sie zu stürzen. Ich kam ihr rasch näher und schoß mehrmals auf sie. Sie war noch weit weg, aber ich konnte mehrere Treffer landen. Als ich noch näher herankam, stieg der Pilot aus.«

Dieser Bericht deckt sich mit dem Verlust einer Me 262, die Major Ottfried Sehrt, der Kommandeur der I./KG (J) 54, geflogen hatte: Er war nördlich von Frankfurt mit durchschossenem Schienenbein ausgestiegen – allerdings war er nicht ernsthaft verletzt, und eine Woche später war er schon wieder bei seinem Verband. Den Kommodore des Geschwaders, Oberstleutnant Volprecht Baron von Riedesel, traf es dagegen voll: Er war noch an Bord seiner Me 262, als er nach dem Einsatz gegen den Bomberverband in der Nähe von Limburg auf dem Boden aufschlug.

Gut zwei Wochen danach hatte das KG (J) 54 – diesmal die neu aufgestellte II. Gruppe – einen weiteren schwarzen Tag. Am Morgen des 25. Februar 1945 starteten vier Me 262 des Verbandes zu einem Ausbildungsflug und wurden dabei von Mustang der 55. Jagdgruppe beobachtet. Hauptmann Don Penn, der einen freien Jagdflug in diesem Gebiet anführte, berichtete hinterher, er habe die Strahlflugzeuge schon beim Start in Giebelstadt aufgefaßt:

»Wir flogen in einer Höhe von 3900 m, und ich befahl der Staffel, die Tanks abzuwerfen und die Feindflugzeuge anzugreifen. Ich stürzte mich auf einen der Strahljäger nach unten – mit 127 cm Quecksilber auf dem Manometer und einer Drehzahl von 3000 U/min. In 300 m Höhe drehte er

Oben und rechts: Die ungelenkte 55-mm-Luftkampfrakete R4M, von der je zwölf an einem Holzgestell unter den Tragflächen der Me 262 hingen. Die Raketen hatten ungefähr die gleiche Flugbahn wie die Geschosse der MK-108-Bordkanone, folglich konnten beide Bordwaffen ohne Zusatzausrüstung mit dem normalen Reflexvisier eingesetzt werden. Am Heck der R4M befanden sich acht faltbare Stabilisierungsflossen, die nach dem Abschuß ausklappten.

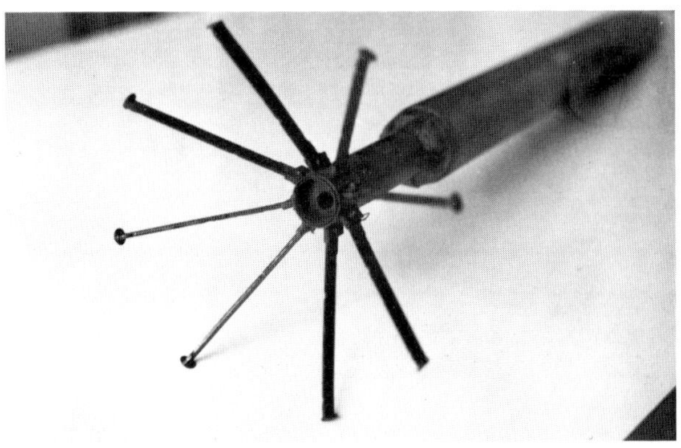

leicht nach links – er wollte wohl zum Flugplatz zurück –, also ging ich etwa 3000 m hinter ihm in den Horizontalflug über und gab Vollgas. Mein Fahrtmesser zeigte 800 km/h, und ich erwartete eigentlich, daß er ebenfalls Volllast geben und vor mir wegziehen würde. Ich kam ihm aber sehr schnell näher und feuerte dann aus etwa 1000 m Entfernung. Als ich auf 500 m dran war, sah ich, daß er sein Fahrwerk ausfuhr. Ich nahm daher das Gas zurück und beschoß ab 300 m das rechte Triebwerk des Feindflugzeugs. Als ich auf 50 m ran war, rollte ich über ihn hinweg und beobachtete, wie er sich auf den Rücken legte, abstürzte und explodierte.«

Auch andere Piloten aus Penns Staffel griffen die langsam fliegenden Strahlflugzeuge an und schossen zwei weitere ab. Die Leutnante Hans Knobel und Josef Lackner sowie Feldwebel Heinz Klausner bezahlten diesen kurzen Einsatz mit ihrem Leben. Insgesamt verlor das KG (J) 54 an diesem Tag zwölf Me 262: sechs im Luftkampf, zwei aufgrund technischen Versagens und vier bei einem Bodenangriff auf abgestellte Maschinen.

Von Riedesels Nachfolger als Kommodore des KG (J) 54 war Major Hansgeorg Bätcher, ein ausgezeichneter Bomberpilot, der zuvor den Strahlbomber Arado Ar 234 im Kampfgeschwader 76 geflogen hatte. Als Bätcher das Geschwader übernahm, verfügten seine drei Gruppen in Giebelstadt, Kitzingen und Neuburg über insgesamt etwa 20 Me 262. »KG (J) 54 wurde viel zu früh für einsatzfähig erklärt«, erinnert sich Bätcher. »Als erstes ordnete ich weitere Ausbildung an. Das Hauptproblem war, die früheren Bomberpiloten an die viel höhere Geschwindigkeit zu gewöhnen – die Me 262 war im Marschflug zwei- bis dreimal so schnell wie die Ju 88 oder die He 111, die diese Piloten zuvor geflogen hatten. Zudem hatten wir nur einsitzige Me 262 – keine Zweisitzer. Andererseits hatten die Flugzeugführer des Verbandes alle eine Menge Flugerfahrung, weswegen wir mit den Schwierigkeiten besser fertig wurden als vielleicht weniger erfahrene Männer.« Trotz der Schwierigkeiten, die die Ex-Bomberpiloten bei ihren ersten Kampfeinsätzen durchstehen mußten, ist Bätcher noch immer der Meinung, daß die Entscheidung, Männer mit Blindflugausbildung die Me 262 fliegen zu lassen, angesichts der Umstände richtig war. »Der größte Fehler«, sagt er, »war nur, daß man unsere Jagdflieger nicht von vornherein im Blindflug ausgebildet hat.«

Erst in der dritten Februarwoche wurde die III./JG 7 wieder für einsatzfähig erklärt – und jetzt, nachdem der Verband Zeit gehabt hatte, den Ausbildungsstand seiner Flugzeugführer zu verbessern, war er auch erheblich erfolgreicher im Einsatz. Am 21. Februar flogen Mustang der 479. Jagdgruppe Patrouille im Raum Berlin, als sie auf etwa 15 Me 262 stießen, die sich ganz anders verhielten als die, denen sie vorher begegnet waren:

»Der Angriff galt der Red Flight, als die Staffel vom Ostkurs in eine weite Kurve nach links ging. Die vier Me 262 kamen aus der 3-Uhr-Position* in gleicher Höhe und flogen die amerikanische Angriffsformation, so daß sie wie P-51 mit Zusatztanks aussahen. Wir drehten auf Gegenkurs in sie hinein, aber sie jagten vor uns durch, zogen hoch und waren weg. Ein zweiter Schwarm von vier Me 262, ebenfalls in amerikanischer Angriffsformation, griff uns jetzt von hinten an: aus 6 Uhr von oben. Wir drehten ihnen entgegen, aber auch dieser zweite Me-262-Schwarm zog hoch und war weg. Jetzt griff der erste Schwarm Me 262 uns wieder an: aus der Überhöhung von hinten. Wieder gingen wir auf Gegenkurs – und so ging das noch drei- oder viermal, wobei weder wir noch Jerry es schafften, in Schußposition zu kommen. Jedesmal, wenn wir auf sie eindrehten, zogen sie hoch und entfernten sich. In einer Kurve fiel beim Jerry die Nr. 4 zurück und lag etwas höher: Den mußten wir uns schnappen, sonst hätte er uns von hinten aufgeräumt, während wir uns mit dem Rest der Jerries beschäftigten.«

Die amerikanischen Piloten stellten fest, daß die deutschen Piloten »aggressiv und erfahren waren. Sie ließen sich in Kurven nicht abfangen – und wenn das doch mal passierte, rollten sie aus, zogen hoch und waren weg. Es war unmöglich, sie abzufangen oder im Steigflug mit ihnen mitzuhalten.« Ziel der deutschen Piloten schien bei diesem unentschiedenen Kampf gewesen zu sein, die Mustang dazu zu zwingen, ihre Zusatztanks abzuwerfen, so daß sie heimfliegen mußten – damit hatten sie aber keinen Erfolg: Es gelang den Amerikanern, die wiederholten Angriffe mit den Tanks unter den Tragflächen abzuwehren. Der Bericht belegt recht gut den unentschiedenen Ausgang von Luftkämpfen, bei denen erfahrene Me-262-Flugzeugführer auf ebenso erfahrene Mustang-Piloten stießen: Die Me 262 war für die Mustang keine wirkliche Bedrohung. Es war aber auch nicht abzustreiten, daß der Strahljäger für die amerikanischen Bomber eine echte Bedrohung darstellte: Mit seiner hohen Geschwindigkeit konnte er den Schirm der begleitenden Mustang zu leicht durchbrechen.

Im Februar 1945 war der erfolgreichste deutsche Strahljäger-Flugzeugführer Leutnant Rudolf Rademacher von der III./JG 7. Nachdem er am 1. einen Spitfire-Aufklärer in der Nähe von Braunschweig abgeschossen hatte, wurde ihm am 4. eine B-17 zugesprochen, zwei weitere am 8. und eine am 14., eine P-51 am 16., noch eine B-17 am 23. und eine B-24 am 25. – insgesamt acht Abschüsse in einem Monat.

Ende Februar wurde ein neuer und potentiell äußerst schlagkräftiger Me-262-Verband aufgestellt: Jagdverband 44 – unter dem Kommando von Generalmajor Galland, der seinen Posten als Inspekteur der Jagdflieger ja verloren hatte. Der Aufstellungsbefehl vom 24. Februar 1945 lautete:

»Mit sofortiger Wirkung wird JV 44 in Brandenburg-Briest aufgestellt. Bodenpersonal stellen 16./JG 54, Werkschutzkompanie 1 und III./Erg-JG 2. Der Kommandeur dieses Verbandes hat die Disziplinargewalt eines Divisionskommandeurs gemäß Luftwaffenweisung 3/9.17. Er wird der Luftflotte Reich zugeordnet und untersteht dem Luftgaukommando III (Berlin). Der Einsatzverband Galland umfaßt 16 einsatzfähige Me 262 und 15 Flugzeugführer.

gez. Koller, Generalleutnant
Chef des Generalstabs der Luftwaffe«

Hinter diesem knappen Befehl verbarg sich die Aufstellung eines der schlagkräftigsten Jagdverbände, die es je gab. Daß er von einem General geführt wurde, war nur eine seiner vielen Besonderheiten – jetzt, da die konventionellen deutschen Jagdverbände wegen des Kraftstoffmangels nur

* Bei Positionsangaben nach dem Zifferblattsystem (»Clock Code«) befindet sich »12 Uhr« immer in Flugrichtung – »3 Uhr« bedeutet also 90° rechts (Anm. d. Übers.)

noch selten aufsteigen konnten, gelang es Galland, seinem JV 44 etliche der erfahrensten und erfolgreichsten Jagdflieger der Luftwaffe zuzuführen. Später sagte er darüber: »Das Ritterkreuz war sozusagen unser Verbandswappen.« Außer Galland selbst, dem diese begehrte Auszeichnung verliehen worden war, trugen sie noch Oberst Johannes Steinhoff, Oberst Günther Lützow, Oberstleutnant Heinz Baer, Major Gerhard Barkhorn, Major Erich Hohagen, Major Karl-Heinz Schnell, Major Willi Herget, Hauptmann Walter Krupinski, Oberleutnant Hans Grünberg, Leutnant Klaus Neumann und Leutnant Heinz Sachsenberg. Aber selbst ein Verband mit dieser geballten Expertise brauchte im Chaos des untergehenden Reiches einige Zeit für seine Aufstellung – und so war er erst Ende März einsatzbereit.
In der Zwischenzeit – im Februar – hatte das Kampfgeschwader 51 mit seinen Me-262-Jagdbombern mehr Einsatzflüge durchgeführt als alle anderen Me-262-Verbände zusammen. Eine zahlenmäßig starke Operation fand am 14. Februar statt, als sich mehr als 55 Blitzbomber an Angriffen auf britische Truppen beteiligten, die auf Kleve vorrückten. Drei dieser Me 262 wurden von Jägern der Zweiten Taktischen Luftflotte abgeschossen, die ihnen in diesem Gebiet aufgelauert hatten, zwei davon – auf dem Weg zu ihrem Ziel – von Typhoon der 439. Staffel der Royal Canadian Air Force (RCAF): Mit Bombenzuladung war die Me 262 erheblich langsamer und konnte von konventionellen Jägern abgefangen werden. Hauptmann L. Shaver berichtete später:

»Ich führte einen Schwarm von vier Maschinen der 439. Staffel bei einem bewaffneten Aufklärungsflug im Raum Coesfeld-Enschede. Als wir in 2100 m Höhe gut 30 km von Coesfeld entfernt in Richtung Westen flogen, sah ich plötzlich zwei Me 262 in 900 m Höhe nebeneinander ebenfalls nach Westen fliegen. Ich informierte die anderen Piloten und griff im Sturzflug an. Ich kam dann etwas tiefer hinter dem Feindflugzeug heraus und gab aus 100 m Entfernung einen Zwei-Sekunden-Feuerstoß ab, konnte aber keine Treffer erkennen. Ich hielt das Visier etwas höher, näherte mich auf 50 Meter und feuerte noch einmal zwei Sekunden lang: Das Feindflugzeug explodierte direkt vor mir. Ich flog durch die Druckwelle des zerborstenen Flugzeugs und sah die andere Me 262 nach links abdrehen. Daraufhin feuerte ich zwei Sekunden lang aus seitlicher Position auf sie, traf aber nicht. Dann sah ich, wie Red 3 (Oberleutnant Fraser) das zweite Feindflugzeug von oben und von hinten angriff. Beide – das Feindflugzeug und Red 3 – verschwanden dann zwar unter den Wolken, aber ich sah noch eine schwarze Rauchfahne, die aus der Wolke hervorquoll.«

Fraser folgte seiner Beute noch bis unter die Wolken und sah sie auf dem Boden aufschlagen. Die beiden deutschen Flugzeugführer – Oberleutnant Hans-Georg Richter und Feldwebel Werner Witzmann, beide von der II./KG 51 – kamen dabei ums Leben.
Anfang März 1945 unternahmen die Me-262-Jagdverbände den ersten ernsthaften Versuch, die amerikanischen Bomberformationen anzugreifen. Am 3. März wurden 29 Me-262-Einsätze – hauptsächlich von der III./JG 7 – gegen die schweren USAAF-Bomber geflogen, die Magdeburg, Braunschweig, Hannover, Chemnitz und andere Ziele angriffen: 20 deutsche Flugzeugführer meldeten Feindberührung und den Abschuß von sechs Bombern und zwei Jägern. Hauptmann Heinz Gutmann von der III./JG 7 wurde bei diesem Einsatz abgeschossen und verlor sein Leben. Die Berichte der USAAF nennen nur drei Bomber und sechs Jäger, die bei diesem Einsatz verlorengingen – eine abgeschossene Me 262 wird nicht erwähnt.
Nach diesem großartigen Erfolg kamen die Me-262-Jagdverbände mehr als zwei Wochen lang kaum noch zum Einsatz. Dann jedoch, am 18. März, starteten 37 Strahljäger gegen einen Bomberverband von 1221 Bombern mit 632 Jägern als Begleitschutz, der Berlin angegriffen hatte. Bei diesem Einsatz wurden erstmalig die neuen ungelenkten, aber flügelstabilisierten Luftkampfraketen des Typs R4M mitgeführt: Zwölf dieser 55-mm-Raketen mit Aufschlagzünder hingen an Startschienen unter jeder Tragfläche – mithin verfügten diese Me 262 über je 24 Raketen und die vier 30-mm-Kanonen. Oberleutnant Günther Wegmann führte sechs Me 262 mit R4M gegen eine der amerikanischen Formationen, und die deutschen Flugzeugführer feuerten ihre Raketen aus 2000 m Entfernung auf die B-17 ab.
Opfer war die 100. Bombergruppe – die »Bloody Hundredth« – deren Flugzeuge sich zu weit auseinandergezogen hatten. Zwei der schweren

Bomber stürzten sofort ab, ein dritter wurde schwer beschädigt. Bei einem erneuten Angriff wurde einer dritten B-17 das gesamte Leitwerk weggeschossen, und dem beim ersten Angriff beschädigten Bomber gaben sie den Rest. Dann mußten die Me 262 ihre Angriffe abbrechen, um nicht an die begleitenden P-51 zu geraten, die sich jetzt näherten, um ihre Bomber zu beschützen.

Günther Wegmann war auf dem Rückflug nach Parchim, als er eine weitere Formation B-17 ausmachte: Er manövrierte sich in Schußposition und griff mit seinen Bordkanonen an. Dabei begann er mit dem Bomber ganz rechts in der Formation und erkannte auch Treffer an dessen rechter Tragfläche. Dann jedoch erwiderten die Bomber das Feuer, und seine Me 262 erzitterte unter dem Aufprall mehrerer Treffer. Er fühlte einen harten Schlag gegen sein rechtes Bein, und gleichzeitig überzog sich seine Verbundglas-Frontscheibe mit Rissen; ein weiterer Treffer zerschlug sein Instrumentenbrett. Wegmann beschleunigte, drehte von den Bombern und ihren Jägern ab und nahm eine kurze Lagebeurteilung vor: Er befühlte sein Bein und mußte entsetzt feststellen, daß eines der 12,7-mm-Geschosse sein Bein glatt durchschlagen und ein Loch zurückgelassen hatte, das so groß war, daß er seine Hand hineinstecken konnte – eigenartigerweise fühlte er aber keinen Schmerz. Zunächst hatte er vor, seinen beschädigten Jäger möglichst nach Parchim zurückzubringen, obwohl er das Flugzeug wegen der vielen ausgefallenen Instrumente jetzt »mit dem Hosenboden« fliegen mußte und die Triebwerke nur akustisch regeln konnte. Als er dann aber im Sinkflug etwa 3900 m Höhe erreicht hatte, schossen Flammen aus seinem rechten Triebwerk. Damit war die Entscheidung gefallen: Er mußte aussteigen, bevor das Feuer die Kraftstofftanks erreichte. Wegmann warf das Kabinendach ab, löste die Sitzgurte, nahm Helm und Kehlkopfmikrofon ab und rammte dann den Steuerknüppel nach vorn: Die Fliehkraft schleuderte ihn aus dem Cockpit wie einen Korken aus der Sektflasche. Der verwundete Flugzeugführer landete am Fallschirm bei Wittenberge, wo ihn als eine der ersten eine Krankenschwester erreichte, die ihm eine Behelfsaderpresse anlegte, um die Schlagaderblutung zu unterbinden. Damit rettete sie Wegmann das Leben, aber sein Bein konnte nicht mehr gerettet werden: Wenige Stunden später wurde es ihm in einem nahegelegenen Krankenhaus abgenommen.

Während dieses Einsatzes am 18. März meldeten 28 deutsche Strahljägerpiloten Feindkontakt und den Abschuß von zwölf Bombern und einem Jäger (bis auf zwei Bomber gingen alle auf das Konto des JG 7) – tatsächlich aber fielen wohl nur acht Bomber den Me 262 zum Opfer. Außer Wegmanns Flugzeug verlor die III./JG 7 noch eine weitere Me 262: Oberleutnant Karl-Heinz Seeler wurde zuletzt gesehen, als er eine der Bomberformationen angriff, war dann aber spurlos verschwunden. Weiter westlich verlor die in Kaltenkirchen bei Hamburg liegende I. Gruppe ebenfalls zwei Me 262. Bei einer Kollision während des Alarmstarts verloren das Jagdflieger-As Oberleutnant Hans Waldemann und Oberfähnrich Günther Schrey ihr Leben.

Tags darauf, am 19. März, flogen die Me-262-Verbände 45 Einsätze; 28 von ihnen meldeten Feindberührung und den Abschuß von sechs Bombern, allerdings gingen zwei Maschinen mit ihren Piloten verloren. Am 20. folgten 29 Strahljägereinsätze; 24 davon kamen durch und beanspruchten den Abschuß von neun schweren Bombern für sich; vier Me 262 allerdings kamen nicht zurück.

Am 21. März traten die Me-262-Verbände mit 31 Einsätzen einer Übermacht von mehr als tausend schweren amerikanischen Bombern entgegen, die die Flugplätze Handorf, Hesepe, Vorden, Zwischenahn, Marx, Wittmundhafen, Ahlhorn, Achmer, Hopsten, Rheine und Essen-Mühlheim angriffen – die meisten davon wurden von deutschen Strahlflugzeugen benutzt. 25 dieser Piloten meldeten Feindberührung, einer von ihnen war Leutnant Fritz Müller von der III./JG 7, der später schrieb:

»Ich startete am 21. 3. 45 mit meiner Rotte gegen einen großen Feindverband, der in den Raum Leipzig-Dresden eingedrungen war. An diesem Tag wurde unser Funkverkehr durch den Feind besonders nachhaltig gestört. Südlich von Dresden traf ich in 7500 m Höhe auf eine B-17, die in gleicher Höhe wie die Bomberformation nach Osten flog – aber 10 km zur Seite und 4 km nach hinten versetzt mit vier Mustang darüber als Jagdschutz. Da ich den Verdacht hatte, diese B-17 könne vielleicht einen besonderen Auftrag haben, beschloß ich, sie anzugreifen. Die Funkstörungen durch den Gegner waren so stark, daß jegliche Funkverbindung unterbrochen war. Ich flog dicht unter den vier Mustang durch, die nun meiner Rotte hinterherjagten, wobei sie schwarzen Rauch hinter sich herzogen (was bedeutete, daß sie mit Vollast flogen) – aber ein Blick auf meinen Fahrtmesser zeigte mir, daß ich mir ihretwegen keine Sorgen zu machen brauchte. Die Boeing war jetzt vor mir und flog eine Linkskurve, damit befand ich mich etwa 10° links von ihr und 5° darüber. Bei etwa 1000 m eröffnete ihr Heckschütze sein Störfeuer. Dann war binnen Sekunden alles vorüber: Bei etwa 300 m eröffneten mein Rottenflieger und ich das Feuer mit kurzen Feuerstößen, wobei wir ganz leicht vorhielten. Wir sahen ein Dutzend Geschosse im Rumpf und zwischen den Motoren explodieren – dann waren wir auch schon an ihr vorbei. Wir flogen einen weiten Kreis (mit den Mustang und ihren Rauchfahnen noch immer hinter uns – sie wurden aber immer kleiner) und beobachteten das Ende dieses Bombers: Er trudelte etwa 2000 m nach unten, wobei große Teile von Rumpf und Tragflächen abmontierten – dann explodierte er. In diesem Moment hörten auch die Funkstörungen auf.«

Was immer der Auftrag der einsamen B-17 an diesem Tag gewesen sein mag – Funkstörungen waren es höchstwahrscheinlich nicht. Die einzige Staffel der Achten Luftflotte, die Funkstörungen durchführte, war die 36. Bomberstaffel mit B-24: Sie hatte an diesem Tag drei Flugzeuge gestellt, die den deutschen Funksprechverkehr zu stören hatten – und die drei kehrten wohlbehalten zurück. Die wahrscheinlichste Erklärung für die plötzliche Beendigung der Funkstörungen ist, daß die Störsender der 36. Bomberstaffel stets abgeschaltet werden mußten, wenn andere amerikanische Flugzeuge in der Nähe ihr Radar für den Bombenabwurf einschalteten, damit die Funkstörungen nicht auch noch die Bombenzielgeräte störten.

Eine Durchsicht der Unterlagen ergibt, daß wahrscheinlich nur fünf schwere Bomber bei diesem Einsatz abgeschossen wurden, und nicht – wie von den Deutschen beansprucht – 13. Die Jäger der USAAF meldeten die Zerstörung von neun Me 262, aber das JG 7 verlor an diesem Tag nur zwei Flugzeugführer und die I./KG (J) 54 einen weiteren. Der einzige amerikanische Einsatzbericht, der sich mit deutschen Angaben von diesem Tag deckt, stammt von Leutnant Harry Chapman von der 361. Jagdgruppe, der sein K-14-Visier erfolgreich einsetzen konnte:

»Ich flog am 21. März um etwa 09.55 Uhr mit Yorkshire Blue 3 in 6000 m Höhe Eskorte für B-17 im Raum Dresden in Deutschland, als unsere Bomber von vier Me 262 angegriffen wurden. Nachdem sie die Bomber angegriffen hatten, wandten sie sich uns zu. Wir drehten auf sie ein, und unser Schwarmführer bestätigte ihre Identität. Die Nr. 4 des feindlichen Schwarms drehte ebenfalls auf uns ein, bis sie auf Gegenkurs zu mir lag. Ich setzte das K-14-Visier auf 700 m, richtete das Fadenkreuz auf ihr Kabinendach und feuerte aus 10 bis 20° seitlicher Versetzung einen Feuerstoß von 1-1fi Sekunden Dauer. Ich sah Treffer im Bug des Feindflugzeugs, und dann schossen auf der linken Seite vor der Flächenvorderkante Flammen aus dem Bug. Er raste links an mir vorbei, und andere Piloten meiner Staffel beobachteten, wie er mit einer Rauchfahne nach unten trudelte. Ein Pilot des Schwarms Yorkshire Yellow sah, wie er auf dem Boden aufschlug und explodierte.«

Das Opfer war höchstwahrscheinlich eine der beiden Me 262 der III./JG 7, die ungefähr um diese Zeit im Gebiet um Dresden abstürzten; die beiden Flugzeugführer, Leutnant Joachim Weber und Unteroffizier Kurt Kolbe, verloren dabei ihr Leben.

Um diese Zeit hatte die deutsche Luftwaffe ein Visier, das dem amerikanischen K-14 und anderen Kreiselvisieren gleichkam: das Visier EZ 42, das von der Firma Askania hergestellt wurde. Im Einsatz allerdings erwies sich der Berechnungsmechanismus des EZ 42 als derart unzuverlässig, daß man, wenn es in die Me 262 eingebaut wurde, das Fadenkreuz meist fixierte – und dann funktionierte es genauso wie das alte Reflexvisier »Revi«.

Von all den Modifikationen, denen man die Me 262 seit ihrer Einführung knapp ein Jahr zuvor unterzogen hatte, war die bedeutendste der Einbau verbesserter Serientriebwerke des Typs Jumo 004 B: Sie hatten eine geringfügig längere Lebensdauer (nominell 25 Betriebsstunden, obwohl sie oft schon vorher ausfielen) und vertrugen auch eine etwas weniger vorsichtige Betätigung der Schubhebel, ohne gleich in Flammen aufzugehen. Eine weitere Änderung, die bei den Flugzeugführern sehr gut ankam, war ein neuer Steuerknüppel mit einer klappbaren Verlängerung: Er sorgte für eine größere Hebelkraft bei hohen Geschwindigkeiten – denn schließlich gab es damals noch keine kraftbetätigten Steuerflächen. Nach der Aktion vom 21. März gab es täglich weitere gelegentliche Luftkämpfe zwischen Me 262 und amerikanischen Formationen, dann allerdings folgte – vor dem nächsten größeren Einsatz – erst einmal eine Flaute von vier Tagen. Am 30. März jedoch schickte die Luftwaffe 31 Strahljäger den Bombern der Achten Luftflotte entgegen, die schwere Angriffe auf Hamburg, Bremen und Wilhelmshaven flogen. Einer der deutschen Piloten, die an diesem Einsatz teilnahmen, war Leutnant »Quax« Schnörrer von der III./JG 7, der mit seinem Rottenflieger Oberfähnrich Viktor Petermann in der Nähe von Hamburg auf eine Formation B-17 stieß. Beide Piloten griffen die Bomber an und erzielten auch Treffer, aber Schnörrers Me 262 wurde ebenfalls getroffen, als die feindlichen Bordschützen das Feuer erwiderten – er mußte den Angriff abbrechen, da sein linkes Triebwerk ausgefallen war. Er drehte in einer Kurve nach unten in Richtung Südosten weg und hielt Ausschau nach einer passenden Landebahn, auf der er mit seiner angeschlagenen Maschine aufsetzen konnte. In dem Moment jedoch hatte ihn ein Schwarm von vier Mustang ausgemacht und stürzte sich auf ihn. Da er weder kämpfen noch fliehen konnte, rollte Schnörrer seine Me 262 auf den Rücken, warf das Kabinendach ab, löste sich

Eine Me 262 verläßt das Montageband eines der sorgfältig getarnten Werke in den Wäldern um Augsburg. In den letzten Monaten des Krieges übernahm die Luftwaffe eine große Anzahl dieser Strahljäger, aber nur ein kleiner Teil davon gelangte in den Kampfverbänden zum Einsatz.

aus den Gurten und fiel aus dem Cockpit – dabei jedoch schlug er mit dem rechten Bein hart gegen das Leitwerk. Sein Fallschirm öffnete sich normal, aber die anschließende Landung war äußerst schmerzhaft: Sein Bein war mehrfach gebrochen. Er wurde von Zivilisten entdeckt und zum nahegelegenen Krankenhaus in Uelzen gebracht.

Die deutschen Me 262 waren immer dann verwundbar, wenn sie starteten oder landeten. Am selben Tag führte Hauptmann Robert Sargent von der 339. Jagdgruppe eine Rotte P-51, die die Bomber beim Angriff auf Hamburg begleiteten, als:

»...ich sah, wie zwei Feindflugzeuge auf dem Flugplatz Kaltenkirchen starteten. Ich machte meinen Rottenflieger darauf aufmerksam, und wir stürzten nach unten. Leider verloren wir sie wegen ihres Tarnanstrichs kurzzeitig, und als wir uns auf ihrer Höhe befanden, konnte ich nur einen von ihnen ausmachen. Von da an war alles ganz einfach: Mein Fahrtmesser zeigte 690 km/h, und seine Geschwindigkeit schätzte ich auf etwa 370 km/h. Als wir näherkamen, gab ich einen langen Feuerstoß auf ihn ab und konnte sofort Treffer erkennen – das linke Triebwerk zog weißen Rauch hinter sich her, und die Kabinenhaube verlor große Teile Glas. Der Pilot sprang daraufhin aus der Maschine. Zu der Zeit waren wir knapp 100 m hoch, und das Flugzeug schlug am Boden auf und explodierte mit einem riesigen Feuerball wie bei brennendem Öl; das Feuer ging dann aber fast schlagartig aus. Der Fallschirm des Piloten hatte sich nicht ganz geöffnet, und ich sah ihn zuletzt in der Nähe seines Flugzeugs, wobei der Fallschirm im Wind flatterte. Leutnant Kunz hatte mir die ganze Zeit über großartig den Rücken freigehalten, und nach diesem Abschuß zogen wir hoch und suchten nach dem zweiten Strahlflugzeug. Aber als wir es endlich gefunden hatten, nahm es Reißaus nach Süden, und dorthin konnten wir ihm nicht folgen.«

Der Flugzeugführer der Me 262, die Sargent abgeschossen hatte, Leutnant Erich Schulte von der I./JG 7, fand den Tod.

Die B-17 und B-24 der amerikanischen Achten Luftflotte waren die Hauptopfer der Angriffe der Me 262 – aber nicht die einzigen. In den letzten Monaten des Krieges hatte das Oberkommando der Bomberverbände der Royal Air Force nachhaltige Tagesangriffe gegen Ziele in Deutschland fliegen lassen. Am 31. März 1945 starteten 460

Eine Me 262 mit dem Wappen (»Springender Fuchs«) des JG 7 und – ungewöhnlich für dieses Flugzeug – zwei Startrohren für 210-mm-Raketen an den Außenlastträgern unter dem Bug. Keiner der befragten Flugzeugführer des JG 7 kann sich an eine derartige Konfiguration erinnern; es handelt sich wahrscheinlich um eine einmalige Modifikation, die nicht weiter verfolgt wurde.

Lancaster und Halifax der Bombergeschwader 1, 6 und 8, um Liegeplätze der U-Boote in Hamburg zu bombardieren. Der Plan sah vor, daß die Eskorten – zwölf Staffeln der RAF mit Mustang – über Holland zu ihren Bombern stoßen sollten. Dann aber verspätete sich die dritte Bomberwelle, die aus dem kandischen Bombergeschwader 6 bestand, und fand am Treffpunkt keinen Jagdschutz mehr vor. Über dem Ziel wehrten die Mustang mehrere Versuche der Me 262, die Bomber der ersten beiden Wellen anzugreifen, erfolgreich ab. Der dritten Welle jedoch fehlte dieser Jagdschutz, und bei den heftigen Kämpfen, die nunmehr entbrannten, fielen 19 Halifax und vier Lancaster den Me 262 zum Opfer. Nach dem Einsatz meldeten die deutschen Piloten – sie gehörten zur III./JG 7 – den Abschuß von zehn Lancaster. Die Bordschützen der Bomber behaupteten, vier Me 262 zerstört und wahrscheinlich drei weitere abgeschossen zu haben – in Wirklichkeit jedoch ging keine der Me 262 in dieser Phase des Angriffs verloren. Besonders das Tempo der Strahljägerangriffe war den meisten RCAF-Bomberbesatzungen völlig neu, und der offizielle Bericht über diesen Einsatz stellte fest:

»Die übliche Angriffstechnik der strahlgetriebenen Jäger scheint die Annäherung von hinten oder schräg von hinten zu sein, am ehesten vermutlich aus leichter Überhöhung, wobei sie das Feuer aus 800 bis 900 m eröffnen und dann rasch näherkommen. In wenigen Fällen allerdings wurde das Feuer erst aus 300 bis 400 m eröffnet. Einsatzberichte heben hervor, daß die Annäherungsgeschwindigkeit dieser Jäger so hoch ist, daß sie häufig nicht die Zeit haben, mehr als einen Feuerstoß abzugeben. Mehrere Heckschützen melden, daß ihnen – obwohl sie das Feuer bei 900 bis 1000 m eröffneten – nur die Zeit für das Verschießen von 200 Patronen blieb, bevor die Jäger drei bis vier Sekunden später in 30 bis 50 m Entfernung abdrehten; ein Heckschütze berichtet sogar, daß er seinen Turm nicht schnell genug nachdrehen konnte, um den Jäger auf diese kurze Distanz zu treffen – obwohl er das Feuer schon bei 900 m eröffnet hatte ...«

Höchstwahrscheinlich sind mit der Bemerkung, das Feuer sei schon »bei 900 m« eröffnet worden, Angriffe mit R4M-Raketen gemeint: Sie wurden aus dieser Entfernung abgefeuert. Die Besatzungen der schweren Bomber der RAF, die zu dritt in einer losen V-Formation und nicht dicht geschlossen wie ihre amerikanischen Fliegerkameraden flogen, gingen – wenn sie von Jägern angegriffen wurden – in ihr spezielles »Korkenzieher«-Ausweichmanöver über. Diesem Flugmanöver, das den meisten Me-262-Flugzeugführern noch neu war, ist es wahrscheinlich zu verdanken, daß die Bomberverluste nicht noch wesentlich höher lagen.

Bei einer Serie von Angriffen auf die schweren Bomber der RAF und der USAAF am 31. März 1945 flog das JG 7 insgesamt 38 Einsätze mit Me 262 und verlor dabei vier Maschinen. Alliierte Berichte bestätigen, daß die Strahljäger 14 ihrer schweren Bomber und zwei Jäger abschossen: Damit war dieser Tag für die Me 262 der erfolgreichste ihrer gesamten Geschichte.

Ende März hatte sich die Me 262 darüber hinaus auch den Ruf erworben, eine schlagkräftige Waffe gegen die vorher unbehelligten Mosquito-Bomber der RAF zu sein, die nachts Ziele im Raum Berlin angriffen. Kurz nach Aufstellung wurde das Kommando Welter in 10. Staffel/Nachtjagdgeschwader 11 (10./NJG 11) umbenannt. Ursprünglich hatte die Einheit auf dem Fliegerhorst Burg bei Magdeburg gelegen, aber nachdem alliierte Bombenangriffe den Platz unbrauchbar gemacht hatten, operierte sie von einem geraden Stück der nahegelegenen Autobahn aus. Am 24. Januar hatte Welter mit seiner Me 262 bei Nacht zwei viermotorige Bomber und zwei Mosquito abgeschossen, was die Kampfkraft des Strahljägers auch bei Nacht bewies.

Ende Januar trafen dann auch die ersten zweisitzigen Me-262-Schulflugzeuge in Staaken bei Berlin ein, wo sie zum Nachtjäger umgerüstet wurden. Diese Maschinen waren mit dem Funkmeßgerät (Radar) FuG 218 Neptun ausgerüstet, dessen Sichtgerät und Bedienfeld vor dem Navigator im hinteren Sitz eingebaut waren. Die starren Antennen dieses Radargeräts am Bug verringerten die Höchstgeschwindigkeit der Me 262 zwar um etwa 60 km/h, aber trotzdem besaß sie selbst gegenüber der Mosquito noch immer einen ausreichenden Geschwindigkeitsvorteil. Der erste zweisitzige Nachtjäger begann mit seinen Einsätzen im Februar 1945, die Umrüstung verlief allerdings so schleppend, daß in der Praxis die Masse der Me-262-Nachteinsätze von Einsitzern ohne Radar geflogen wurde – ihre Piloten mußten sich auf die Unterstützung von Flak-Suchscheinwerfern verlassen, um ihre Ziele auffassen zu können. Die meisten – wenn nicht alle – der 13 Mosquito, die in den ersten drei Monaten des Jahres 1945 im Raum Berlin bei Nacht verlorengingen, fielen wahrscheinlich Welters Me 262 zum Opfer. Welter selbst werden in manchen Berichten 20 Luftsiege über Feindflugzeuge zugesprochen, die er bei Nacht mit seiner Me 262 abgeschossen haben soll – aber diese Zahl ist vermutlich zu hoch gegriffen: Sicherlich waren auch andere deutsche Jagdflieger in dieser Rolle erfolgreich.*

Einer von ihnen war Feldwebel Karl-Heinz Becker, der zwischen dem 21. und dem 30. März fünf Abschüsse von Mosquito meldete: In jedem dieser Fälle stimmen seine Angaben mit britischen Verlusten überein. Becker errang diese Luftsiege mit einer einsitzigen Me 262 – ohne Bordradar.

Im April 1945 erreichten die Einsätze der Me 262 gegen amerikanische Bomberverbände ihren Höhepunkt, denn jetzt flog – neben dem JG 7 und dem KG (J) 54 – auch Adolf Gallands Elite-Jagdverband 44 von München-Riem aus seine Einsätze. Die erste größere Operation fand am 4. April statt, als knapp tausend schwere Bomber die Flugplätze Parchim, Perleberg, Wesendorf, Faßberg, Hoya, Dedelsdorf und Eggebeck sowie die U-Boot-Liegeplätze in Kiel angriffen. Jetzt hatten allerdings auch die amerikanischen Jägerpiloten gelernt, die deutschen Strahljäger bei Start und Steigflug abzufangen – und sobald die Bomber sich näherten, zogen Mustang ihre Kreise über den deutschen Startbahnen.

Major Rudolf Sinner von der III./JG 7 beispielsweise stieg von Parchim aus mit sieben Me 262 den feindlichen Bombern durch ein Wolkenloch entgegen, als er plötzlich Mustang entdeckte, die sich aus der Sonne auf seine Maschinen stürzten. Da sie noch zu langsam waren, um entkommen zu können, scherten seine Messerschmitt aus der Formation aus und flohen zurück in den Schutz der Flak des Fliegerhorstes. Sinners Verfolger waren P-51 der 339. Jagdgruppe. Hauptmann Kirke Everson meldete hinterher:

»Um etwa 09.15 Uhr flog unsere Red Flight durch die durchbrochene Wolkendecke, um den Flugplatz Parchim zu überwachen, während die restlichen Flugzeuge in 3000 m Höhe kreisten. Mehrere Me 262 stiegen durch die Wolken nach oben, und unsere Staffel griff sie umgehend im Sturzflug an. Leutnant Croker und ich nahmen uns die Me 262 vor, die uns am nächsten war; sie floh jedoch vor uns in die Wolken. Als wir aus den Wolken herauskamen, war sie etwa 500 m entfernt und etwa 600 m hoch. Wir gaben zwei weitere Feuerstöße ab, und ihr rechtes Triebwerk fing Feuer. Sie flog wieder in die Wolken, und als sie herauskam, waren wir noch immer hinter ihr.«

Sinner befand sich nun in einer fast aussichtslosen Lage: Die herabstürzenden Mustang waren viel schneller als er, und da er so dicht über dem Boden war, konnte er nicht in den Sturzflug übergehen, um Geschwindigkeit aufzunehmen. Er konnte mittlerweile acht Mustang erkennen, die sich ihm näherten, um ihm den Rest zu geben, und als er wieder auf die Wolken eindrehte, erhielt er die ersten Treffer. Sinners Schubhebel waren ganz nach vorn geschoben, aber der Strahljäger gewann nur quälend langsam an Fahrt. Um den Luftwiderstand zu verringern und schneller Fahrt aufzunehmen, drückte er auf den Waffenschalter der R4M-Raketen – aber der Zündmechanismus versagte, und die Raketen blieben an ihrem Platz. Das nächste, was er bemerkte, war, das sein Flugzeug erneut getroffen wurde: Jetzt brannte es, und die Kabine füllte sich mit Rauch. Sinner warf das Kabinendach ab und sprang aus der Messerschmitt, die zu dem Zeitpunkt etwa 700 km/h schnell war. Und er hatte Glück: Er wurde nicht vom Leitwerk getroffen, und sein Fallschirm öffnete sich, kurz bevor er den Boden berührte. Mit Verbrennungen an Kopf und Händen wurde er sofort ins nächste Krankenhaus gebracht.

Leutnant Franz Schall, der mit Sinner von Parchim aus gestartet war, wurde ebenfalls von den

* Oberleutnant Kurt Welter (1916-1949) gilt als der erfolgreichste Strahlnachtjäger der Kriegsgeschichte, denn während des Zweiten Weltkriegs und in sämtlichen Konflikten seit 1945 gelang es keinem anderen Piloten, mehr Nachtjagd-Abschüsse als er zu erzielen. Wie Hugh Morgan in seinem Werk *Me 262 Sturmvogel / Schwalbe* (Motorbuch Verlag 1996) anführt, kam der Eichenlaubträger auf insgesamt 63 Luftsiege, davon erzielte er 25 bei Nachtjagdeinsätzen mit der Me 262. A.d.L.

Mustang eingeholt und abgeschossen, aber auch er konnte sich mit dem Fallschirm retten.
Die Messerschmitt Me 262 von anderen Fliegerhorsten hatten jedoch unbelästigt starten können, und wenn er erst einmal seine Einsatzgeschwindigkeit erreicht hatte, war der Strahljäger überlegen wie stets. Zur etwa gleichen Zeit, als Sinner bei Parchim angegriffen wurde, startete Leutnant Fritz Müller mit weiteren Me 262 auf dem Fliegerhorst Lärz. Er wich mühelos einem Pulk Thunderbolt aus, die vor den Bombern herflogen, und erspähte dann eine Formation Liberator, die aus dem Raum Bremen Kurs Südost nahmen. Mit einer Rechtskurve nach unten holte er seine Beute schnell ein:

»Aus etwa 600 m Entfernung feuerte ich alle meine R4M-Raketen ab, wobei ich bei der ersten Liberator etwa 50 m vorhielt, um den Seitenwinkel auszugleichen. Sie trafen den Rumpf und die Mitte der Tragfläche einer Liberator, die mitten in der Formation flog: Sie bäumte sich auf, fiel wieder zurück und verlor dann rasch an Höhe.«

Müller beobachtete jedoch, daß sein Opfer wieder in den Horizontalflug überging, und es sah so aus, als müsse er ein zweites Mal angreifen, um ihr den Rest zu geben:

»Doch bevor ich auf Schußweite heran war, ging die Liberator in einer weiten Linkskurve schnell nach unten. Ich sah, wie sich sechs Fallschirme öffneten. Dann stellte sich die Liberator auf den Kopf und ging senkrecht nach unten: von 2000 m Höhe hinab in eine Wolkenbank im Raum Bremen.«

Der Verband, den Müllers Staffel angegriffen hatte, war mit an Sicherheit grenzender Wahrscheinlichkeit die 448. Bombergruppe: Sie hatte in rascher Folge drei B-24 durch einen Angriff von Strahljägern verloren.
Nach deutschen Unterlagen flog die Luftwaffe an jenem 4. April 47 Strahljägereinsätze und hatte in 44 Fällen Feindkontakt; ferner meldeten ihre Flugzeugführer den Abschuß von sieben Bombern und zwei Jägern sowie den vermutlichen Abschuß von drei weiteren Bombern. Acht Me 262 gingen verloren und fünf wurden beschädigt, fünf Strahlflugzeugführer wurden getötet oder vermißt, und drei wurden verwundet.
Diejenigen Piloten, die im März und im April 1945 noch auf die Me 262 umgeschult wurden, litten stark unter dem Chaos der letzten Kriegswochen: Es blieb keine Zeit mehr für eine formelle Ausbildung irgendwelcher Art. Einer von ihnen war Leutnant Walther Hagenah, ein erfahrener Jagdflieger mit etlichen Luftsiegen auf Messerschmitt Bf 109 und Focke-Wulf Fw 190. Er erinnert sich noch gut an die rudimentäre Ausbildung auf der Me 262, als er bei der III./JG 7 eintraf: »Unsere Grundschulung dauerte einen Nachmittag. Man sprach mit uns über die Eigenheiten des Strahltriebwerks, die Gefahr des Flammabrisses in größerer Höhe und die schlechte Beschleunigung bei geringen Geschwindigkeiten. Wie wichtig es war, die Schubhebel vorsichtig zu bewegen, da sonst die Triebwerke Feuer fingen, wurde uns geradezu eingebleut. Aber man gestattete uns nicht, die Triebwerke selbst in ihren Gondeln zu sehen: Man sagte uns, sie seien streng geheim, und wir brauchten über sie nichts weiter zu wissen!«
Ende März bekam Hagenah einen Flug im zweisitzigen Me-262B-Schulflugzeug und einen Soloflug in einer Me 262, und dann erklärte man ihn für befähigt, die einsitzige Me 262 zu fliegen. Da er seine Umschulung aber bei einem Einsatzverband erhielt, konnte er nur fliegen, wenn ein Flugzeug einmal nicht für den Kampfauftrag benötigt wurde. Es gab auch noch andere Probleme: »Als ich bei der III./JG 7 eintraf, fehlten Ersatzteile und Ersatztriebwerke, und gelegentlich war sogar der J-2-Kraftstoff knapp. Ich bin überzeugt, daß es all diese Dinge gab und die Produktion ausreichte – aber in der Endphase dieses Krieges war unser Transportsystem bereits so chaotisch, daß sie oft nicht mehr bei den Kampfverbänden eintrafen«, erinnert er sich. Als erfahrener Flugzeugführer mit einiger Übung im Blindflug hatte Hagenah kaum Schwierigkeiten, die Umschulung auf die Me 262 zu meistern; aber er sah auch weniger erfahrene Piloten, die dasselbe durchlaufen mußten – und deren Probleme waren weitaus größer: »In unserem Me-262-Verband hatten wir einige Flugzeugführer, die insgesamt nur etwa einhundert Flug-

stunden hatten. Sie konnten die Maschinen zwar starten und auch wieder landen, aber ich hatte den definitiven Eindruck, daß sie im Luftkampf kaum bestehen konnten. Es war fast ein Verbrechen, sie mit so wenig Ausbildung in den Kampf zu schicken. Diese jungen Männer gaben ihr Bestes – aber sie hatten einen hohen Preis für die mangelnde Erfahrung zu zahlen.«

Ende der ersten Aprilwoche des Jahres 1945 hatte die Luftwaffe mehr als 1200 Me 262 übernommen. Am 9. April jedoch befanden sich nur rund 200 – also etwa ein Sechstel – bei den Einsatzverbänden; sie waren wie folgt verteilt:

Stab JG 7 (Jäger)	5
I./JG 7 (Jäger)	41
III./JG 7 (Jäger)	30
Jagdverband 44 (Jäger)	etwa 50
I./KG (J) 54 (Ex-Bomberpiloten auf Jägern)	37
10./NJG 11 (Nachtjäger)	etwa 9
I./KG 51 (Jagdbomber)	15
II./KG 51 (Jagdbomber)	6
NAGr 6 (Nahaufklärer, früher Kdo Brauegg)	7

Diese Zahl – 200 Me 262, die bei Kampfverbänden im Einsatz standen – wurde möglicherweise nie überschritten. Von den 1000 restlichen Maschinen, die der Luftwaffe zugeführt worden waren, war wahrscheinlich die Hälfte durch Feindeinwirkung in der Luft oder am Boden oder bei Flugunfällen zerstört worden. Etwa 100 befanden sich wahrscheinlich bei Verbänden, Organen und Dienststellen, die keinen Kampfauftrag hatten. Und der Rest stand ungenutzt auf Eisenbahn-Abstellgleisen oder in Flugzeugparks herum. In den letzten Monaten des Krieges gelang es der Luftwaffe – angesichts der schweren alliierten Angriffe auf deutsche Flugplätze und das Transportsystem – kaum noch, mehr als nur einen kleinen Teil der vorhandenen Me 262 in den Kampf zu werfen.

Am 10. April fand mit 55 Jagdeinsätzen – der höchsten Zahl, die je erreicht wurde – der absolute Höhepunkt an Me-262-Operationen statt, als mehr als 1100 schwere US-Bomber mit starkem Jagdschutz militärische Ziele im Raum Oranienburg und die Flugplätze Neuruppin, Briest, Zerbst, Burg bei Magdeburg, Rechlin, Lärz und Parchim angriffen.

Leutnant Walther Hagenah wurde Ende März 1945 hastig auf die Me 262 umgeschult und dann – mit weniger als sechs Flugstunden auf diesem Typ! – in den Einsatz geschickt.

Einer von denen, die zum Angriff auf den Bomberverband aufstiegen, war Walther Hagenah: Es war sein erster Feindflug mit einer Me 262. Hagenah startete in Lärz mit einem jungen und unerfahrenen Feldwebel-Piloten als Rottenflieger: Sein Bericht über diesen Einsatz vermittelt die Probleme, denen sich die deutschen Flugzeugführer jetzt gegenübersahen, recht eindringlich:

»Als wir bei etwa 5000 m durch die Wolken stießen, konnte ich den Bomberverband klar erkennen; er war rund 6000 m hoch. Ich hatte im flachen Steigflug etwa 550 km/h auf dem Fahrtmesser und drehte auf sie ein. Dann hatte ich, als versierter Jagdflieger, plötzlich das ungute Gefühl, daß irgend etwas nicht stimmte. Ich suchte den Himmel ab und erfaßte hoch über und vor mir sechs Mustang, die fast auf Gegenkurs über mich hinwegjagten. Zunächst glaubte ich, sie hätten mich gar nicht gesehen, und hielt weiter auf die Bomber zu. Um aber doch sicherzugehen, schaute ich nochmal zurück – und es war gut, daß ich das tat, denn die Mustang drehten ein und stürzten sich auf uns zwei herab.«

Da die Mustang im Sturzflug Fahrt aufgenommen hatten, während Hagenah im Steigflug noch immer recht langsam war, kamen sie rasch näher und eröffneten schon auf große Distanz das Feuer. Leuchtspurgarben hielten auf die Me 262 zu und lagen beängstigend nahe.

»Ich drückte die Nase leicht nach unten, um Fahrt aufzunehmen, und beschloß zu versuchen, den Mustang davonzufliegen. Ich machte keinerlei Flugmanöver, um sie abzuschütteln: Ich wußte, daß ich dabei Fahrt verlieren würde, und dann hätten sie mich gehabt. Ich sagte dem Feldwebel neben mir, er solle mir folgen, aber offensichtlich hatte er Angst vor den Leuchtspurgarben, denn ich sah ihn hin und her pendeln – und dann drehte er hart nach links ab. Das war genau das, was die Mustang erreichen wollten, und im Nu hatten sie ihn. Sein Flugzeug wurde mehrfach getroffen, und dann sah ich ihn abstürzen und am Boden aufschlagen.«

Während dieser Aktion hatten sich die Mustang gar nicht um Hagenah gekümmert. Aus sicherer Entfernung beobachtete er, wie die Feindjäger zur Formation aufschlossen und nach Westen – Richtung Heimat – abdrehten. Voller Rachedurst folgte er ihnen.

»Ich schloß schnell von hinten auf sie auf, aber als ich auf etwa 550 m herangekommen war, wackelte der Führer der Mustang mit den Tragflächen und ich wußte, daß er mich entdeckt hatte. Also feuerte ich meine 24 R4M-Raketen genau in ihre Mitte ab.«

Hagenah hatte das sichere Gefühl, daß eine oder zwei seiner Raketen Treffer waren, aber eine sorgfältige Durchsicht amerikanischer Unterlagen förderte darüber nichts zutage. Er behielt seine Geschwindigkeit bei, kurvte von den Mustang weg und hatte sie bald weit hinter sich gelassen. Da sein Kraftstoff jetzt langsam knapp wurde, überprüfte er schnell seine Position und stellte fest, daß er in der Nähe von Köthen war.

»Ich rief den Flugplatz über Funk und sagte, ich wolle dort landen. Sie rieten mir, vorsichtig zu sein: Es seien »Indianer« (Feindflugzeuge) in der Nähe. Als ich näherkam, sah ich Feindflugzeuge, die den Platz mit Bordkanonen unter Feuer nahmen, aber die leichte Flak erwiderte das Feuer, und so konnte ich mich unbemerkt nähern. Dann hatten sie mich wohl entdeckt, denn plötzlich zogen alle Mustang gemeinsam nach oben – vielleicht dachte ihr Führer, ich brächte noch einige Jäger mit, um sie anzugreifen. Er konnte ja nicht wissen, daß ich alleine und auch noch knapp an Sprit war. Ich machte einen kurzen Landeanflug, schaltete die Triebwerke aus und knallte die Messerschmitt aufs Gras. Bevor ich jedoch erleichtert aufatmen konnte, weil ich ja schließlich heil runtergekommen war, hatte der Führer der Mustang bereits begriffen, was los war, und schon kamen sie wieder zurück. Aber zum Glück konnte die Flugplatzflak sie in Schach halten, und ich wurde nicht getroffen.«

In der Zwischenzeit war es anderen Me 262 gelungen, zu den Bombern durchzustoßen. Mit kurzen und schnellen Angriffen auf die mehr als 400 B-17, die Oranienburg bombardierten, schossen die Strahljäger fünf Bomber aus dem Pulk. Das US-Kampfgeschwader 41 meldete später: »Die Formation wurde unmittelbar nach dem Bombenabwurf von fünf Strahljägern angegriffen. Die Maschinen näherten sich uns von oben aus der 5.30- bis 6-Uhr-Position und schossen zwei Bomber ab – beide waren die Nr. 2 des hoch fliegenden Elements der führenden beziehungsweise der tief fliegenden Staffel gewesen.« Und Kampfgeschwader 94, ebenfalls Teil der Bomberformation, meldete dazu: »Wurden direkt hinter unserem Ziel von drei oder vier Me 262 einzeln hintereinander angegriffen, und zwar aus 5 bis 7 Uhr, aus Überhöhung wie aus gleicher Höhe. Die Feindflugzeuge begannen ihre Angriffe aus etwa 1000 m Entfernung und kamen bis auf 50 m an uns heran, bevor sie nach rechts von der Bomberformation wegbrachen. Die feindlichen Piloten schienen sehr aggressiv und waghalsig zu sein ...« Nach dem Einsatz berichteten Bordschützen der Bomber: »Diese Me 262 hatten zwei oder drei Bordkanonen in jeder Tragfläche gleich außerhalb der Triebwerke« – ein klarer Hinweis auf den Einsatz von R4M-Raketen, die in Salven von den Startschienen unter den Tragflächen abgefeuert wurden.

Von den 55 Me 262, die zu diesem Einsatz – der kraftvollsten Reaktion, die jemals auf einen amerikanischen Luftangriff stattfand – aufgestiegen waren, hatten 48 Kontakt mit dem Feind. Zehn der schweren Bomber wurden abgeschossen – die Deutschen berichten von neun sicher und drei wahrscheinlich abgeschossenen Flugzeugen. Aber auch die amerikanischen Gegenangriffe auf die deutschen Strahljäger waren sowohl heftig als auch erfolgreich: 27 Me 262 – fast die Hälfte der gestarteten Flugzeuge – wurden abgeschossen, fünf deutsche Piloten verloren ihr Leben, 14 wurden vermißt. Die Begleitjäger meldeten 20 abgeschossene Me 262, eine Zahl, die in den deutschen Verlustmeldungen generell bestätigt wird. Aber obwohl dies die zahlenmäßig stärkste Reaktion auf einen amerikanischen Luftangriff war: Noch immer war weniger als ein Drittel der Me 262 in Einsatzverbänden gestartet. Die Angreifer konnten die erlittenen Verluste leicht verschmerzen – die Deutschen hingegen hatten an diesem einen Tag fast ein Zehntel ihrer Me-262-Einsatzpiloten verloren.

Dem Debakel vom 10. April folgte ein rapider Rückgang der Me-262-Einsätze, da jetzt alliierte Bodentruppen tief in das Reichsgebiet vordrangen – von Westen wie von Osten. An jenem Tag fiel Hannover, und im Süden stand die Vorhut amerikanischer Kampfverbände vor Nürnberg. Und im Osten bereitete sich die Rote Armee auf die Überquerung der Oder vor – nur noch 100 km von Berlin entfernt. Diese generelle Verschlechterung der militärischen Lage wirkte sich sofort auf die Einsatzbereitschaft der Strahljägerverbände aus: Die nun noch weiter schrumpfenden Nachschubgüter wurden jetzt dazu verwendet, nur noch einige wenige ausgewählte Gruppen einsatzbereit zu halten. Am 11. April – einen Tag nach dem Höhepunkt der Me-262-Einsätze – wurden die I./JG 7 und die I./KG (J) 54 aufgelöst, desgleichen die Jagdverbände mit Me 262, die von früheren Bomberpiloten geflogen wurden: Sie waren nie einsatzbereit gewesen. Die damit noch verbliebenen Strahljägerverbände wurden in Gebiete verlegt, die vom alliierten Vormarsch noch nicht unmittelbar bedroht waren: nach Schleswig-Holstein und Dänemark im Norden, und nach Bayern, Österreich und die Tschechoslowakei im Süden.

In der folgenden Woche flogen die Me 262 kaum Einsätze. Dann jedoch, am 19. April, brachten sie sich auf dramatische Weise wieder in Erinnerung: durch einen heftigen Angriff auf B-17 der 490. Bombergruppe im Raum Prag. Zuerst griff eine Me 262 die Formation auf Gegenkurs an und schoß einen Bomber aus der vorn fliegenden Staffel, und dann griffen noch zwei weitere Strahljäger an und schickten drei weitere Bomber zu Boden. Die Me 262 gehörten zur III./JG 7, die sich von ihren bedrohten Plätzen im Raum Berlin nach Prag-Ruzyne zurückgezogen hatten. Sie mußten allerdings ebenfalls ihren Preis zahlen: Die Mustang der 357. Jagdgruppe meldeten den Abschuß von sieben Me-262 bei diesem Kampf.

Um die Me 262 in die Lage zu versetzen, schon über große Distanz Feindbomber zu zerstören, wurde eine Maschine mit einer einzigen 50-mm-Bordkanone des Typs MK 214 ausgerüstet: Sie hatte eine besonders hohe Mündungsgeschwindigkeit. Die Maschinenkanone 214 – die modifizierte Version einer für gepanzerte Fahrzeuge konstruierten Kanone – feuerte Geschosse von je 1fi kg Gewicht ab und hatte einen Wirkungsbereich von 1000 m. Ihre Schußfolge lag bei 150 Schuß pro Minute, und ihre hochexplosiven Geschosse waren so wirksam, daß sie auch den größten Bomber mit einem einzigen Treffer fast überall in der Zelle vernichten konnte. Im fliegerischen Einsatz allerdings erwies sich das automatische Munitionszuführungssystem der modifizierten Panzerkanone als zu empfindlich für die auftretenden Beschleunigungs- oder g-Kräfte: Es klemmte häufig. Major Willi Herget vom Jagdverband 44, der die Erprobung durchführte, fand, daß die schwere Kanone gegen Bodenziele gut genug funktionierte. Als er dann aber zweimal versuchte, Feindbomber in der Me 262 mit MK 214 anzugreifen, blockierte die Kanone in beiden Fällen; beim zweiten Angriff – als er versuchte, diesen Fehler zu beheben – kam er den Bombern, die er hatte abschießen wollen, zu nahe, und deren Abwehrfeuer legte eines seiner Triebwerke still, so daß er abbrechen mußte. Danach wurde die Weiterentwicklung der MK 214 für den Luftkampf eingestellt, und Herget kehrte zur Standardversion der Me 262 zurück.

In den letzten Apriltagen gab es nur sporadische Einsätze der Me-262-Verbände, und angesichts der alles erdrückenden alliierten Luftherrschaft bewirkten sie nur wenig. Einer der wenigen erwähnenswerten Einsätze fand am 26. April statt, als Generalmajor Adolf Galland sechs Me 262 seines Jagdverbandes 44 von München-Riem aus gegen Feindbomber in diesem Gebiet führte. Einer der Strahljäger hatte schon bald Schwierigkeiten mit den Triebwerken und mußte umkehren, aber der Rest setzte den Einsatz fort und fing die Bomber ab – B-26 Marauder der Ersten Taktischen Luftflotte mit französischen Besatzungen. Sie näherten sich dem Bomberpulk fast genau auf Gegenkurs, flogen über ihn hinweg und drehten dann hart ein, um von hinten anzugreifen. Galland nahm einen der Bomber ins Visier, vergaß dann aber in der Hitze des Gefechts, den Schalter der R4M-Raketen auf »scharf« zu stellen – die Raketen blieben bedrückend still an ihren Startschienen hängen, als er den Waffenauslöseknopf betätigte. Dieses Versehen rettete die Marauder allerdings nicht: Galland holte sie ein und gab aus nächster Nähe einen präzisen Feuerstoß mit seiner 30-mm-Kanone ab: Sie explodierte. Er zog seine Me 262 über die fallenden Wrackteile, griff einen zweiten Bomber an und sah seine Treffer explodieren. Als er dann auf Abstand ging, um die Wirkung dieses Angriffs zu beobachten, wurde seine Messerschmitt von einer der P-47, die die Marauder begleiteten, angegriffen. Sein Gegner war Leutnant James Finnegan von der 50. Jagdgruppe, der später schrieb:

»Ich sah, wie zwei Me 262 quasi aus dem Nichts auftauchten und im Nu zwei der Bomber buchstäblich in die Luft jagten. Kurz darauf sah ich eine Me 262 unter mir in die entgegengesetzte Richtung fliegen. Ich rollte auf den Rücken, zog hart am Knüppel und hatte das Feindflugzeug fast augenblicklich im Visier. Ich gab zwei kurze Feuerstöße ab, konnte aber nicht sehen, ob ich getroffen hatte: Ich hatte die Nase meiner Maschine nach oben gezogen, um vorhalten zu können. Danach jedoch drückte ich die Nase nach unten und beobachtete, wie Einzelteile der Triebwerkgondel abmontierten. Außerdem zog die Tragfläche eine Rauchfahne hinter sich her.«

Finnegan hatte sich nicht geirrt: Seine Geschosse hatten das Instrumentenbrett und die Triebwerke der Messerschmitt getroffen, und Galland selbst war durch Splitter am rechten Bein verwundet worden. Er brach den Einsatz ab und flüchtete in die Wolken, dann kehrte er nach München-Riem zurück.

Die Flugzeugführer des Jagdverbandes 44 meldeten den Abschuß von vier Marauder, und das wird von amerikanischen Berichten auch bestätigt: Das Bombergeschwader 42 verlor drei B-26, die sofort abstürzten, und eine weitere war so schwer beschädigt worden, daß sie eine Bruchlandung machen mußte. Hauptmann Robert Clark, der eine P-47 der 50. Jagdgruppe flog, schoß eine Me 262 ab, deren Pilot sich aber mit dem Fallschirm retten konnte.

Der Angriff vom 26. April 1945 war der letzte Einsatz der Me 262, da jetzt auch die letzten Flugplätze – einer nach dem anderen – von alliierten Bodentruppen überrannt wurden.

Trotz all der großen Hoffnungen, die man zuvor in die Messerschmitt Me 262 gesetzt hatte, konnte sie in den neun Monaten, in denen sie im Einsatz stand, nur wenig bewirken. Nach sorgfältiger Auswertung amerikanischer und britischer Unterlagen hat sie in der Jagdrolle (als »Schwalbe«) offensichtlich nicht mehr als 150 alliierte Flugzeuge abgeschossen – aber etwa 100 Me 262 gingen in den Luftkämpfen ebenfalls verloren. Und in der Blitzbomberrolle (als »Sturmvogel«) waren ihre Angriffe so wenig eindrucksvoll, daß sie nur selten in alliierten Berichten erwähnt wurden.

Für diese Erfolglosigkeit gibt es viele Gründe – sie werden aber alle von der Tatsache überlagert, daß nur ein kleiner Teil der hergestellten Me 262 wirklich zum Einsatz gelangte. Ab Ende Oktober stie-

Neun Me 262 stehen im Juni 1945 in Lechfeld aufgereiht. Von hier aus wurden sie nach Melun bei Paris geflogen, wo man deutsche Flugzeuge zusammenzog, bevor sie in die USA verschifft wurden.

Nahaufnahme einer *Wilma Jeanne* getauften Me 262 mit der 50-mm-Maschinenkanone MK 214. Hier wird sie für die Überführung nach Melun startklar gemacht.

Wilma

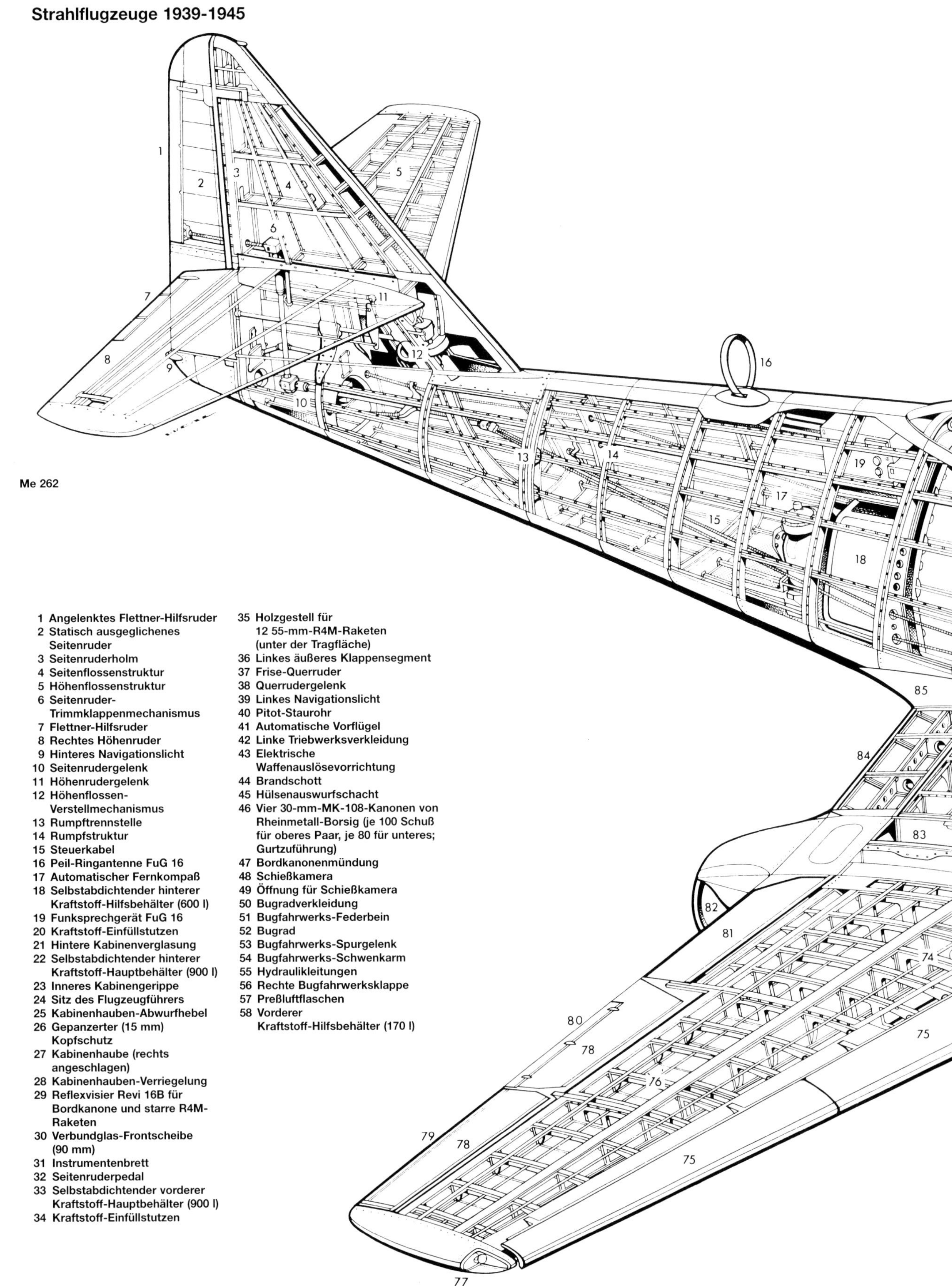

Me 262

1 Angelenktes Flettner-Hilfsruder
2 Statisch ausgeglichenes Seitenruder
3 Seitenruderholm
4 Seitenflossenstruktur
5 Höhenflossenstruktur
6 Seitenruder-Trimmklappenmechanismus
7 Flettner-Hilfsruder
8 Rechtes Höhenruder
9 Hinteres Navigationslicht
10 Seitenrudergelenk
11 Höhenrudergelenk
12 Höhenflossen-Verstellmechanismus
13 Rumpftrennstelle
14 Rumpfstruktur
15 Steuerkabel
16 Peil-Ringantenne FuG 16
17 Automatischer Fernkompaß
18 Selbstabdichtender hinterer Kraftstoff-Hilfsbehälter (600 l)
19 Funksprechgerät FuG 16
20 Kraftstoff-Einfüllstutzen
21 Hintere Kabinenverglasung
22 Selbstabdichtender hinterer Kraftstoff-Hauptbehälter (900 l)
23 Inneres Kabinengerippe
24 Sitz des Flugzeugführers
25 Kabinenhauben-Abwurfhebel
26 Gepanzerter (15 mm) Kopfschutz
27 Kabinenhaube (rechts angeschlagen)
28 Kabinenhauben-Verriegelung
29 Reflexvisier Revi 16B für Bordkanone und starre R4M-Raketen
30 Verbundglas-Frontscheibe (90 mm)
31 Instrumentenbrett
32 Seitenruderpedal
33 Selbstabdichtender vorderer Kraftstoff-Hauptbehälter (900 l)
34 Kraftstoff-Einfüllstutzen
35 Holzgestell für 12 55-mm-R4M-Raketen (unter der Tragfläche)
36 Linkes äußeres Klappensegment
37 Frise-Querruder
38 Querrudergelenk
39 Linkes Navigationslicht
40 Pitot-Staurohr
41 Automatische Vorflügel
42 Linke Triebwerksverkleidung
43 Elektrische Waffenauslösevorrichtung
44 Brandschott
45 Hülsenauswurfschacht
46 Vier 30-mm-MK-108-Kanonen von Rheinmetall-Borsig (je 100 Schuß für oberes Paar, je 80 für unteres; Gurtzuführung)
47 Bordkanonenmündung
48 Schießkamera
49 Öffnung für Schießkamera
50 Bugradverkleidung
51 Bugfahrwerks-Federbein
52 Bugrad
53 Bugfahrwerks-Spurgelenk
54 Bugfahrwerks-Schwenkarm
55 Hydraulikleitungen
56 Rechte Bugfahrwerksklappe
57 Preßluftflaschen
58 Vorderer Kraftstoff-Hilfsbehälter (170 l)

MESSERSCHMITT 262 A

Antrieb:

Zwei TL-Axialtriebwerke des Typs Junkers Jumo 004B mit jeweils 900 kp Standschub.

Bewaffnung/Zuladung:

Jagdversion: Vier 30-mm-Bordkanonen des Typs MK 108 von Rheinmetall-Borsig mit je 100 Schuß für die beiden oberen und je 80 Schuß für die unteren Kanonen; dazu 24 ungelenkte 55-mm-R4M-Raketen an Startschienen unter den Tragflächen.
Jagdbomberversion: Zwei 30-mm-Bordkanonen des Typs MK 108 mit je 80 Schuß; zwei 250-kg-Bomben an Bombenschlössern unter dem Bug.
Aufklärerversion: Zwei um 12° nach außen geneigte Luftbildkameras des Typs Rb 50/30 im Bug; keine Bewaffnung.

Leistungsdaten:

Höchstgeschwindigkeit ohne Außenlasten in Seehöhe 827 km/h, in 6000 m Höhe 870 km/h. Reichweite mit Innentanks (Jagdversion) 480 km in Seehöhe, 1050 km in 9000 m Höhe. Anfängliche Steigleistung 20 m/s. Zeit bis auf 6000 m Höhe 6 min, 48 s.

Gewicht:

Leermasse 4420 kg, Startmasse (Jagdversion) 6396 kg.

Abmessungen:

Spannweite 12,51 m, Länge 10,60 m, tragende Fläche 21,70 m=.

59 Hauptfahrwerksschacht
60 Torsionskasten
61 Haupttragflächenholm
62 Hauptfahrwerks-Schwenklager
63 Hauptfahrwerksklappe
64 Hauptfahrwerks-Schwenkarm
65 Triebwerksaufhängung
66 Vorflügelstruktur
67 Getriebe für Hilfsgeräte
68 Ringförmiger Ölbehälter
69 Motorgehäuse für Zweitakt-Riedelanlasser
70 Triebwerks-Lufteinlauf
71 Aufklappbare Triebwerksverkleidung
72 Turbinenluftstrahl-Axialtriebwerk Junkers Jumo 004B-2
73 Rechtes Hauptfahrwerksrad
74 Tragflächenstruktur
75 Automatische Vorflügel
76 Hauptholm
77 Rechtes Navigationslicht
78 Frise-Querruder
79 Trimmklappen
80 Angelenktes Flettner-Hilfsruder
81 Rechtes äußeres Klappensegment
82 Rechte Schubdüse
83 Triebwerksgerüst
84 Struktur der rechten Klappe
85 Verkleidung des Tragflächenansatzes

ßen die verschiedenen Messerschmittwerke bei weitem mehr Me 262 aus, als die Luftwaffe sinnvoll einsetzen konnte, und bei Kriegsende waren insgesamt über 1400 ausgeliefert worden. Und trotzdem waren zu keinem Zeitpunkt mehr als 200 Maschinen bei den Frontverbänden im Einsatz, und nur selten, wenn überhaupt jemals, wurden mehr als 60 Me-262-Einsätze aller Rollen zusammen – also als Jäger, Blitzbomber, Nachtjäger und Aufklärer – an einem Tag geflogen. Die chaotische Nachschublage, die in den letzten sechs Kriegsmonaten in Deutschland herrschte und von den unablässigen Luftangriffen der Alliierten auf das deutsche Transportsystem herrührte, wirkte sich auf die Einsätze der Me 262 äußerst ungünstig aus. Trotz all dem, was andere Quellen dazu meinen, sind die Verfasser der Ansicht, daß Hitlers Anordnung, die Me 262 zunächst als Jagdbomber einzusetzen, um der alliierten Invasion Frankreichs in den ersten Phasen entgegentreten zu können, nicht falsch war. Wenn man an die prekäre Situation denkt, wie sie sich am »D-day« am Strandabschnitt »Omaha Beach« ergab, als die Invasoren mehrere Stunden lang am Strand festgehalten wurden und schwere Verluste erlitten, kann man kaum daran zweifeln: Einige Erfolge konsequent eingesetzter Blitzbomber, die die anlandenden Truppen unter Feuer nahmen, hätten den Ausschlag geben und den Abbruch des Landeunternehmens erzwingen können. Zudem hat Hitlers Entscheidung die Einführung der Jagdversion in die Einsatzverbände nicht nachhaltig verzögert: Aufgrund der Schwierigkeiten, die bei Beginn der Serienfertigung des Jumo-004-Triebwerks auftraten, war die Me 262 ohnehin erst ab Oktober 1944 in größerer Zahl verfügbar – und zu dem Zeitpunkt war Hitlers Befehl, sie nur als Blitzbomber einzusetzen, bereits aufgehoben. Letztendlich hat dieser Befehl die Indienststellung der ersten Me-262-Einsatzjagdgruppe – des Kommandos Nowotny – nur um knapp sechs Wochen hinausgeschoben.

Mit Sicherheit war die Messerschmitt Me 262 das beste Mehrzweck-Kampfflugzeug, das gegen Ende des Zweiten Weltkriegs in irgendeiner Luftwaffe im Einsatz stand. In seiner Effektivität war allerdings der Abstand zu den besten Jägern der feindlichen Luftstreitkräfte – und hier besonders zur Mustang – nicht groß genug, um die erhebliche zahlenmäßige Unterlegenheit der Luftwaffe in den letzten Phasen des Krieges noch auszugleichen.

Anhang

DIE ME 262 ALS KAMPFFLUGZEUG

Nach dem Zweiten Weltkrieg führten alliierte Nachrichtenoffiziere eine detaillierte Befragung etlicher deutscher Piloten durch, die die Me 262 im Einsatz geflogen hatten. Der darauf basierende Bericht mit dem Titel *Die Me 262 als Kampfflugzeug* gab einen fesselnden Einblick sowohl in die technischen Merkmale des Flugzeugs als auch in seine Einsatzverwendung. Die folgenden Angaben beruhen auf diesem Bericht.

TECHNISCHE MERKMALE DER ME 262

Verlängerter Steuerknüppel

Ab einer Geschwindigkeit von etwa 800 km/h waren Querruder und Höhenruder der Me 262 mit dem normalen Steuerknüppel nur noch schwer zu betätigen. Daher wurde ein neuer Steuerknüppel entwickelt, der eine mechanische Lösung bot, mit dieser Schwierigkeit fertigzuwerden, und in spätere Serienflugzeuge eingebaut wurde: Er bekam eine Verlängerung, die arretiert werden konnte und somit eine größere Hebelwirkung ermöglichte.

Kreiselvisier EZ 42

Das Kreiselvisier EZ 42 war in mehrere Flugzeuge des JV 44 eingebaut worden. Durch fehlerhafte Installation allerdings erwies es sich als unbrauchbar, wurde daraufhin fixiert und funktionierte dann genauso wie das alte Reflexvisier mit starrem Fadenkreuz.

Automatische Schubregelung

Bei den im Einsatz stehenden Me 262 mußten die Schubhebel bis 6000 U/min langsam nach vorn geschoben werden, da sonst die Triebwerke in Brand geraten konnten. Über 6000 U/min konnte man die Schubhebel ruckartig nach vorn schieben, da dann ein automatischer Kraftstoffffluß- und -druckregler verhinderte, daß den Triebwerken zuviel Kraftstoff zugeführt wurde, der die Triebwerke überhitzte. Bei Kriegsende war ein neuer Regler entwickelt worden, der den Kraftstoffffluß steuerte: Die Schubhebel konnten jetzt auf jeden gewünschten Punkt gestellt werden, und der Regler sorgte für eine allmähliche und sichere Beschleunigung, bis das Triebwerk die gewünschte Drehzahl erreicht hatte. Kurz vor Kriegsende war dieser neue Regler erprobt und für tauglich befunden worden.

Raketen als Starthilfe

Mit Raketen als Starthilfe für die Me 262 hatte man viele Experimente unternommen: Zwei Raketen von 500 kp Schub konnten die Startstrecke – ohne Bomben oder R4M-Luftkampfraketen – um 250 bis 300 m verkürzen. Starts mit zwei 1000-kp-Startraketen gelangen sogar – ebenfalls ohne Bomben oder R4M – mit einer Startstrecke von nur 400 m.

Berechnung der Flugleistungen

Flugdauer und Geschwindigkeit der Me 262 hingen von Variablen wie Lufttemperatur, barometrischem Druck und Flugzeuggewicht ab. Um den Piloten bei der Berechnung dieser Parameter zu helfen, hatte die Firma Messerschmitt eine spezielle runde Rechenscheibe entwickelt, die an die Einsatzverbände ausgegeben wurde.

Neue Fallschirmtypen

Aufgrund der hohen Geschwindigkeit der Me 262 war es zu gefährlich, im Notfall mit einem normalen Fallschirm auszusteigen: Wenn der Pilot die Reißleine direkt nach dem Verlassen des Flugzeugs zog, konnte das plötzliche Abbremsen den Fallschirm beschädigen und auch den Piloten verletzen. Daher wurden zwei neue Fallschirmtypen entwickelt. Der eine Typ war mit Metallringen ausgestattet, die die Fangleinen paarweise unter der Hülle zusammenhielten – dadurch wurde der Umfang der Hülle verringert und damit auch der unmittelbare Entfaltungsstoß. Sobald der erste Abbremsstoß absorbiert war, glitten die Ringe an den Fangleinen herab, und der Fallschirm konnte sich voll entfalten.

Der andere Typ war ein Bänderfallschirm aus Seide, dessen Hülle Schlitze aufwies. Er öffnete sich langsamer, hatte aber eine höhere Sinkgeschwindigkeit als ein normaler Fallschirm. Dieser Typ wurde jedoch bald ausgemustert: Da die Piloten am verwundbarsten bei Start und Landung waren, brauchten sie einen Fallschirm, der sich schnell öffnete, wenn sie in geringer Höhe ausstiegen.

Flugeigenschaften

Wegen des großen Geschwindigkeitsbereichs, in dem die Me 262 fliegen konnte – von 250 bis 950 km/h –, war ihre aerodynamische Auslegung ein Kompromiß; so konnte sie beispielsweise nicht so hart eindrehen wie die konventionellen Jäger der damaligen Zeit. Beschleunigung und Verzögerung im Horizontalflug verliefen bei ihr langsamer als bei älteren Jägern, aber ihre aerodynamisch glatte Zelle und das Fehlen eines Propellers ermöglichten ihr einen sehr schnellen Sturzflug.

Bei Geschwindigkeiten zwischen 950 und 995 km/h erreichte die den Jäger umströmende Luft Schallgeschwindigkeit, und die Steuerflächen beeinflußten nicht mehr die Flugrichtung – die Folgen waren dann von Flugzeug zu Flugzeug unterschiedlich: Einige ließen erst eine Tragfläche hängen und gingen dann in den Sturzflug über, während andere sofort in einen stetig steiler werdenden Sturzflug übergingen. Senkrechte Sturzflüge durften mit der Me 262 nicht durchgeführt werden, weil sie die kritische Machzahl dann zu schnell überschritt.

Wegen des großen Geschwindigkeitsbereichs und des hohen Kraftstoffverbrauchs dieses Flugzeugs mit den sich daraus ergebenden Schwerpunktverlagerungen mußte während des Fluges ständig nachgetrimmt werden, wenn die Geschwindigkeit verändert und/oder Kraftstoff verbraucht wurde.

Start- und Landestrecken

Die Anrollstrecken für den Start variierten – je nach Temperatur und Luftdruck – beträchtlich, aber folgende Zahlen wurden für eine vollgetankte Me 262 mit 24 R4M-Raketen genannt:

Graspiste	1770 bis 1980 m
Betonstartbahn	1470 bis 1770 m

Die minimale Ausrollstrecke mit fast verbrauchtem Kraftstoff und ohne R4M-Raketen lag auf Betonlandebahnen wie Graspisten bei 1080 m.

Dienstgipfelhöhe

Bei Erprobungsflügen hatte die Me 262 Höhen von bis zu 11 550 m erreicht, die Dienstgipfelhöhe für Me-262-Formationen war jedoch auf etwa 9000 m beschränkt worden, da es in größeren Höhen zunehmend schwieriger wurde, die Formation zu halten; dazu kam die Wahrscheinlichkeit, daß die Triebwerke in größerer Höhe durch Flammabriß ausfallen konnten: Jedes Betätigen der Schubhebel in Höhen von mehr als etwa 6000 m konnte zu einem Flammabriß führen.

Wartung

Die Jumo-004-Triebwerke der Me 262 sollten eine Lebensdauer von 25 bis 35 Stunden haben, in der Praxis erreichten sie aber kaum mehr als etwa zehn Flugstunden. Das Auswechseln und Überprüfen eines Triebwerks sollte nur drei Stunden dauern, im tatsächlichen Einsatzbetrieb allerdings nahm es meist acht bis neun Stunden in Anspruch, da die Teile nicht immer paßten und zudem ausgebildetes Wartungspersonal fehlte.
Das Auftanken des Flugzeugs konnte unter Einsatzbedingungen in acht bis 15 Minuten durchgeführt werden – das hing von der Pumpleistung des Tankwagens ab.

Flug mit nur einem Triebwerk

Die Me 262 konnte durchaus mit nur einem Triebwerk geflogen werden, und es wurden auf diese Weise sogar zweieinhalbstündige Flüge mit Geschwindigkeiten von 450 bis 500 km/h durchgeführt. Bei diesen Flügen mußte das Flugzeug erst eine Höhe von etwa 7500 m erreichen, bevor ein Triebwerk abgeschaltet wurde, und danach auf etwa 3000 m sinken, bis es wieder angelassen werden konnte. Mit nur einem Triebwerk zu landen, war zwar möglich – es wurde aber als gefährlich angesehen und sollte besser vermieden werden.

Bewaffnung

Die Standardbewaffnung der Me 262 waren vier 30-mm-Maschinenkanonen des Typs MK 108. Die Anordnung auf engem Raum im Bug wurde als ballistisch ideal bezeichnet, Schwierigkeiten allerdings gab es manchmal, wenn aus dem Kurvenflug heraus gefeuert wurde: Dann konnten aufgrund der Zentrifugalkraft die Zuführungsgurte reißen – dieser Mangel wurde später jedoch durch ein verbessertes Zuführungssystem behoben. Die Bordkanonen waren so justiert, daß ihr Feuer sich an einem Punkt überschnitt, der 390 bis 500 m vor dem Flugzeug lag.
Im Kampf gegen Feindbomber trugen die Me 262 des Jagdverbandes 44 24 R4M-Luftkampfraketen, zwölf unter jeder Tragfläche. Jedes Geschoß enthielt 0,5 kg hochbrisanten Hexogens, das eine beträchtliche Sprengkraft entwickelte. Die Raketen wurden in Salven abgefeuert und bedeckten eine Fläche, die in 600 m Entfernung im Durchmesser der Spannweite eines viermotorigen Bombers entsprach. Mit R4M wurden etliche Luftsiege errungen, und man hatte geplant, zur Erhöhung der Wirksamkeit bis zu 48 Raketen unter den Tragflächen der Me 262 anzubringen. Da die Flugbahn der R4M in etwa der der MK-108-Geschosse entsprach, konnte das normale Reflexvisier für beide Waffen zum Zielen verwendet werden.

DER TAKTISCHE EINSATZ DER ME 262

Die Me 262 wurde als Jäger, Jagdbomber, Sturzkampfbomber – allerdings nur in flachem Winkel – und Aufklärer eingesetzt.

Einsatz der Me 262 durch JV 44 gegen USAAF-Bomber

Im Januar 1945 wurde mit ausdrücklicher Genehmigung Görings ein neuer Me-262-Jagdverband in Brandenburg-Briest aufgestellt: von Generalleutnant Adolf Galland, dem früheren Inspekteur der Jagdflieger. Dieser Verband – Jagdverband 44 oder Jagdverband Galland genannt – betrieb in Briest bis Ende März 1945 zusammen mit dem JG 7 Ausbildung und verlegte dann nach München-Riem, wo er in den Einsatz ging. Zu den 40 bis 50 Piloten dieses Verbandes zählten Galland selbst, etwa zehn weitere Ritterkreuzträger, ein Dutzend weiterer erfahrener Jagdflieger und gut 20 neue Flugzeugführer, die entsprechende Befähigung erkennen liessen. JV 44 operierte zunächst von Riem aus und verlegte in den letzten Kriegstagen nach Salzburg-Maxglan, wo er am 3. Mai 1945 von amerikanischen Truppen überrollt wurde.

Während der nur kurzen Zeit im Einsatz entwickelten Galland und seine erfahreneren Flugzeugführer ein Konzept, wie man die Me 262 im Kampf am besten einsetzte. Sie flogen eine Anzahl von Angriffen gegen alliierte Bomberformationen und waren zum Teil auch erfolgreich – mußten aber auch schwere Verluste hinnehmen, die ihnen der übermächtige Jagdschutz zufügte, der ständig hinter ihnen her war.

Nur selten waren mehr als 16 Maschinen des JV 44 bei einem der Einsätze startklar, was zur Folge hatte, daß bei Luftangriffen der USAAF-Bomber deren Jägereskorte zahlenmäßig weit überlegen war. Hauptauftrag der Strahljäger war, die Feindbomber anzugreifen und zu vernichten – Luftkämpfe mit alliierten Jägern wurden nur eingegangen, wenn sie sich nicht vermeiden ließen: Folglich war der taktische Einsatz der Me 262 des JV 44 durch die zahlenmäßige Unterlegenheit und die strikte Ausrichtung auf das Einsatzziel stark eingeschränkt.

Der große Kurvenradius und die schlechte Beschleunigung der Me 262 machten die Kette (ein Element von drei Flugzeugen) anstelle des Schwarms (vier Flugzeuge) zur besten Flugformation; JG 7 flog allerdings auch im Schwarm. JV 44 zog jedoch die Kette vor, weil die geringe Manövrierfähigkeit des Strahlflugzeugs es größeren Formationen schwierig machte, bei Luftkämpfen zusammenzubleiben. Wenn Kurven geflogen wurden, konnte man die Formation nur halten, indem man nach innen abkürzte oder nach außen wechselte – die Schubhebel benutzte man besser nicht. Wenn man im Kurvenflug die Position wechselte, versuchten die beiden hinteren Maschinen der Kette unter der führenden Maschine hindurchzufliegen: Sie konnten sie sonst aus den Augen verlieren, da man in der Me 262 nur wenig Sicht nach unten hatte.

Die Entscheidung für die Kette von drei Flugzeugen als bevorzugtes Flugelement beruhte aber auch auf einem ganz anderen Umstand: Aufgrund der hohen Geschwindigkeit, die das Flugzeug im Tiefflug erreichte, sowie seiner relativ kurzen Flugzeit war das Sammeln nach dem Start schwieriger als mit Kolbenflugzeugen. Folglich mußte jedes Element am besten gleichzeitig starten – und die deutschen Standard-Startbahnen waren gerade breit genug, um drei Me 262 nebeneinander abheben zu lassen.

Wenn sie Bomberpulks in Staffelstärke angriffen, wurden meist neun Jagdflugzeuge in drei Ketten eingesetzt. Beim Anflug ging eine Kette in Führungsposition, und die anderen beiden flankierten sie etwas höher und weiter hinten. Der Abstand zwischen den Flugzeugen einer Kette betrug im Steigflug etwa 100 m und im Horizontalflug etwa 150 m. Der Abstand zwischen den Ketten lag bei 300 m. Griffen sie in noch größerer Stärke als der einer Staffel an, dann flogen die anderen Staffeln seitlich vom Führer in etwas größerer Höhe oder sie staffelten sich nach einer Seite hin. Wegen ihrer hohen Geschwindigkeit benötigte die Me 262 keinen Schutz nach oben, um alliierte Jäger abzuwehren.

Die Me-262-Formationen wurden den alliierten Bomberpulks von Jägerleitoffizieren per Funkmeßgerät (Radar) und Sprechfunk entgegengeführt. Sobald die Bomber visuell erfaßt waren, manövrierten die Strahljäger sich in Angriffsposition hinter eine der Bombergruppen. In diese Position zu gelangen war wegen der hohen Geschwindigkeit und des großen Kurvenradius der Me 262 häufig recht schwierig, und entsprechende Entscheidungen mußten frühzeitig getroffen werden, wenn die Bomber noch ziemlich weit entfernt waren. Die große Entfernung wiederum

erschwerte das Einschätzen von Kurs und Höhe der Bomber, was das Problem noch weiter komplizierte.
Um die größte Wirkung zu erzielen, hielten die Flugzeugführer es für das beste, eine Bombergruppe in Staffelstärke anzugreifen. Waren mehrere Me-262-Staffeln eingesetzt, dann trennten sich die Staffeln und griffen unterschiedliche Bombergruppen an. Der Angriff begann am besten etwa 5000 m hinter der Bomberformation aus rund 2000 m Überhöhung; man konnte aber auch aus nur 2000 m Entfernung von hinten in den Bomberstrom eindringen.
Die Me 262 bildeten dazu drei Ketten und tauchten dann in flachem Sturzflug bis zu einem Punkt, der etwa 500 m unterhalb und rund 1500 m hinter den Bombern lag – dabei nahmen sie Fahrt auf, zogen dann hoch und flogen die letzten 1000 m im waagerechten Geradeausflug. Ziel dieses Sturzflugs war es, die Geschwindigkeit auf etwa 850 km/h zu erhöhen, um dem alliierten Jagdschutz zu entgehen, der sonst mit Sicherheit angegriffen hätte – aus Gründen der Treffsicherheit wären sie allerdings lieber etwas langsamer geflogen. Dabei hielten es die Flugzeugführer für wichtig, ihre Formation einzuhalten und die gesamte Breite des Bomberpulks anzugreifen: So konnte man das Abwehrfeuer der feindlichen Bomber auseinanderziehen.
Die Maschinen des Jagdverbands 44 benutzten das normale Reflexvisier, aber die Flugzeugführer hatten darauf zwei Striche angebracht, die die Spannweite einer B-17 aus 700 m Entfernung markierten – an diesem Punkt wurden die 24 R4M-Luftkampfraketen unter den Tragflächen auf den als Ziel gewählten Bomber abgefeuert. Danach wurde das Feuer mit den vier 30-mm-Maschinenkanonen MK 108 eröffnet. Dabei feuerten die Piloten auf die Silhouette des Bombers, da die Entfernung noch zu groß war, um auf einen speziellen Teil des Bombers zu zielen.
In der Praxis war es oft schwierig, sich in der verfügbaren Zeit genau hinter den Bomber in Schußposition zu setzen – wenn das nicht genau gelang, mußte der Pilot vorhalten und seine Geschosse vor sein Ziel abfeuern.
Wenn die drei Ketten eine Bombergruppe angriffen, näherten sie sich den Bombern bis auf etwa 150 m und brachen dann den Angriff ab. Aufgrund ihrer hohen Geschwindigkeit mußten die Me 262 nicht hinter oder in der Bombergruppe abdrehen, sondern konnten hindurch- oder darüber hinwegfliegen, womit sie vermieden, beim Abdrehen ihre Rumpfunterseite dem Feind zuzuwenden. Am besten verließ man den Bomberpulk, indem man im flachen Steigflug ganz dicht

Die »lose Kette« – ein aus drei Flugzeugen bestehendes Element, das der Jagdverband 44 einsetzte – hier maßstabsgetreu dargestellt.

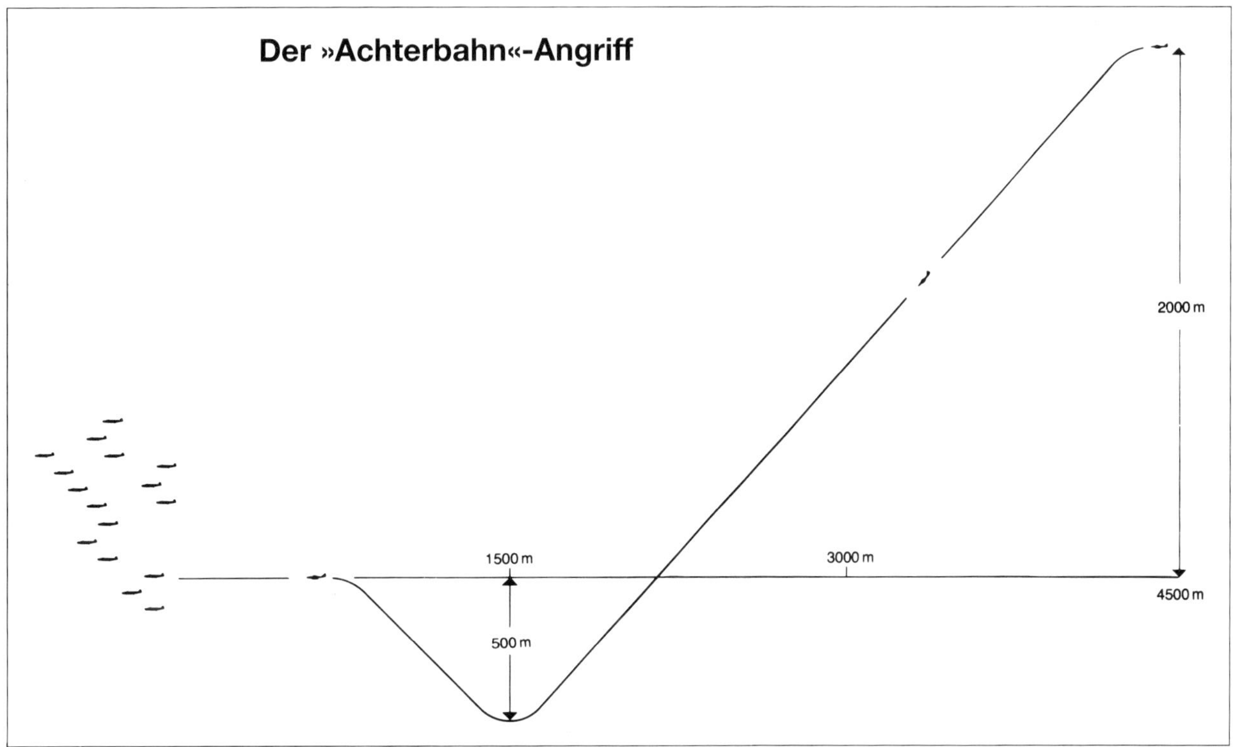

Die im Bericht beschriebene Angriffsart, bei der der Pilot am Ende des Stechflugs scharf hochzog, um seine Geschwindigkeit zu verringern, bevor er mit dem Angriff begann. Diese Art anzugreifen nannten die amerikanischen Bomberbesatzungen »Achterbahn« oder auch »Bocksprung«.

über die höchsten Elemente der Bomberformation hinwegglitt – das erschwerte es den Bordschützen der Bomber, auf sie zu schießen. Unter dem Bomberstrom hindurchzufliegen galt als riskant, da Einzelteile beschädigter Bomber in die Triebwerke geraten und sie zerstören konnten.

Nachdem sie durch oder über die Bomberformation hinweggeflogen waren, konnten die Me 262 ihren Angriff abbrechen und zum Fliegerhorst zurückkehren – sie konnten aber auch noch eine andere Formation weiter vorne angreifen. Hatten sie sich für den Abbruch entschieden, nahmen sie in flachem Sturzflug genügend Fahrt auf, um auch die schnellsten alliierten Jäger hinter sich zu lassen.

Wenn die Me 262 noch Munition übrig hatten, konnten sie die nächste Bomberformation voraus in der gleichen Weise angreifen. Hatten sie aber beim ersten Angriff zu viel Fahrt verloren, wurde der zweite Angriff gefährlich: Zu diesem Zeitpunkt war die alliierte Jagdeskorte bereits auf Höhe, um die Me 262 von oben im Sturzflug anzugreifen.

Nach dem Angriff schlossen die Ketten grundsätzlich nicht mehr zueinander auf, da sie meist zu weit auseinandergezogen waren und der Kraftstoff knapp wurde: Sie kehrten getrennt heim, wobei sie sich auf ihre Geschwindigkeit verließen, um den alliierten Jägern zu entkommen.

Angriffe auf Gegenkurs wurden einige Male versehentlich geflogen, dabei stellte man allerdings fest, daß die Annäherungsgeschwindigkeit von Strahljägern und Bombern zu hoch war, um noch präzise zielen und feuern zu können – zudem gab es keine Möglichkeit, Treffer zu beobachten.

Die deutschen Flugzeugführer vertraten die Meinung, daß die Me 262 eine wirksame Waffe gegen die Tagesangriffe der USAAF gewesen wäre, wenn man sie in Massen hätte einsetzen können. Die gewaltige numerische Unterlegenheit, der

Das zweisitzige Schulflugzeug Me 262 B wird in Melun zum Sammelpunkt geschleppt.

knappe Kraftstoff und der Mangel an erfahrenen Piloten verhinderten jedoch, daß man die Möglichkeiten der Me 262 im Einsatz gründlich ausloten konnte.

Einsatz der Me 262 gegen alliierte Jäger und Jagdbomber

Der Einsatz der Me 262 als Jäger gegen alliierte Bomber beruhte auf dem Umstand, daß andere deutsche Jäger hierfür nicht eingesetzt werden konnten, da sie dem alliierten Jagdschutz unterlegen waren, andererseits aber etwas getan werden mußte, um die alliierten Luftangriffe zu beenden oder zumindest zu behindern. Die deutschen Flugzeugführer wiederum sahen die ideale Rolle der Me 262 in der reinen Jagdrolle, bei der alliierte Jäger und Jagdbomber aufgespürt und vernichtet wurden. Sie waren sicher, daß schon der Einsatz weniger hundert Strahljäger gegen den alliierten Jagdschutz die alliierten Luftstreitkräfte hätten zwingen können, selbst Strahlflugzeuge einzusetzen oder aber die Tages-Luftangriffe gegen Deutschland drastisch zu verringern.

Die beiden Hauptvorteile der Jagdversion der Me 262 waren ihre Geschwindigkeit und ihre Steigleistung; in Wendigkeit hingegen – das wurde nie bestritten – war sie alliierten Jägern mit Kolbenantrieb unterlegen. Die beiden überlegenen Eigenschaften von Geschwindigkeit und Steigleistung konnten stets dazu benutzt werden, die zwei grundlegenden Vorteile zu erringen, die einen Luftkampf entscheiden: Überraschung und Überhöhung. Eine Formation von Me 262 konnte – wenn sie in normaler Höhe auf alliierte Jäger traf – den Luftkampf annehmen oder aber verweigern, ganz wie ihr Führer das wollte. Sie konnten steigen, um Höhe zu gewinnen, und dabei noch jeden alliierten Verband überholen. Wenn sie von oben angegriffen wurden, zeigten die alliierten Jagdflieger eine ausgezeichnete Disziplin und drehten auf die angreifenden Strahljäger ein – Nachzügler konnten allerdings gelegentlich abgeschossen werden, und die Me 262 konnten dann wieder hochziehen und erneut angreifen.

Zweifellos die ungewöhnlichste Sammlung von Flugzeugen, die jemals an Deck eines Flugzeugträgers abgestellt wurde! Als die HMS *Reaper* der Royal Navy am 20. Juli 1945 Cherbourg mit Kurs Newark/New Jersey verließ, hatte sie 38 erbeutete deutsche Flugzeuge an Bord, die in den USA erprobt werden sollten. Es waren 12 Me 262 (vier normale Jäger, ein Jäger mit einer 50-mm-Kanone, drei Schulflugzeuge des Typs Me 262 B, ein Me-262-B-Nachtjäger und drei Aufklärer), zwei Arado Ar 234, drei Heinkel He 219, zwei Dornier Do 335, neun Focke-Wulf Fw 190, eine Tank Ta 152, drei Messerschmitt Bf 109, eine Messerschmitt Bf 108, eine Junkers Ju 88, eine Junkers Ju 388 und drei Hubschrauber. Alle Flugzeuge an Deck waren eingemottet worden, um sie während der Fahrt vor dem Salzwasser zu schützen.

Einige Me 262 gingen verloren, als sie versuchten, mit alliierten Jägern zu »kurbeln«, sich also auf einen Luftkampf einzulassen – hier erwiesen sich besonders die P-51 Mustang als gefährlich. In solchen Fällen begingen die deutschen Piloten den Fehler, Geschwindigkeit zugunsten höherer Wendigkeit aufzugeben – und trotzdem blieben die P-51 wendiger. Wenn die alliierten Jäger defensiv zu kurven begannen, hielt man es für das beste, auf sie herabzustürzen und zu feuern, während man ihnen maximal durch eine Drittel- oder Halbkurve folgte und dann hochzog: Längeres Kurven im Luftkampf brachte der Me 262 stets nur Nachteile.

Wenn die Me 262 ihrerseits von oben angegriffen wurden und die Entfernung zu gering war, um auf die angreifenden alliierten Jäger einzudrehen, brauchten sie nur in einen flachen Sturzflug überzugehen, um etwas mehr Distanz zwischen sich und die alliierten Jäger zu bringen – danach konnten sie beidrehen und angreifen. Und wenn der Angriff von hinten und in der gleichen Höhe kam, konnten sie ihren Verfolgern leicht im Steigflug entkommen.

Wenn Me 262 alliierte Jagdbomber in etwa 5000 m Höhe oder darunter angriffen, waren sie noch überlegener als gegenüber den alliierten Jägern: Hatte die Me 262 gegenüber alliierten Jägern bereits einen deutlichen Geschwindigkeitsvorteil, so war er gegenüber alliierten Jagdbombern noch ausgeprägter – sie waren wegen ihrer Panzerung und ihrer Bombenlast noch langsamer. Die Geschwindigkeit der Me 262 ermöglichte ihr, so tief zu fliegen, daß sie die alliierten Jagdbomber gegen höhere Wolken erkennen konnte: Dann zog sie hoch und griff von unten an – eine derartige Taktik war mit kolbengetriebenen Jägern nicht durchführbar.

Die Me 262 griffen alliierte Jäger nur sehr selten an – wenn nämlich ein Kampf gegen Bomberformationen nicht möglich war. Die deutschen Jagdflieger hielten es aber für durchaus richtig und gerechtfertigt, mit der Me 262 die alliierte Jagdeskorte direkt anzugreifen und somit abzulenken: Dann konnten die deutschen kolbengetriebenen Jäger zu den Bombern vorstoßen und sie abschießen. Schließlich jedoch – um die Zeit, als die Me-262-Verbände endlich einsatzbereit waren – waren die Kraftstoffreserven so knapp, daß der Generalstab der Luftwaffe den Jagdfliegern befehlen mußte, sich ausschließlich auf die Bomber zu konzentrieren.

Einsatz der Me 262 als Blitzbomber und Jagdbomber

Im Kampfgeschwader 51 trug die Me 262 eine 500-kg-Bombe oder zwei 250-kg-Bomben, und die Trefferquote war ebenso hoch wie die der Fw 190. Die hohe Geschwindigkeit des Flugzeugs erlaubte es ihm, trotz der alliierten Luftüberlegenheit in geringen Höhen Einsätze zu fliegen. Als das KG 51 dann allerdings in den Einsatz ging, durften seine Me 262 über von Alliierten besetztem Gebiet nicht unter 3900 m Höhe fliegen, damit sie nicht in die Hände des Feindes fielen – die Folge waren sehr unpräzise Bombenwürfe.

Angriffe im Stechflug (flacher Sturzflug) wurden von Formationen aus vier Me 262 geflogen, die in 4500 m Höhe oder tiefer mit etwa 100 m seitlichem Abstand nebeneinanderherflogen. Wenn das Ziel beim Anflug dann unter der rechten oder linken Triebwerkgondel verschwand, gingen die Piloten in einen 30°-Sturzflug und zielten mit dem Reflexvisier. Während des Stechflugs wurde eine Geschwindigkeit von 850 bis 900 km/h erreicht; wenn sie noch weiter anstieg, nahm des Pilot die Schubhebel auf 6000 U/min zurück und zog, falls erforderlich, leicht am Knüppel. Die Bomben wurden in einer Höhe von etwa 1000 m ausgeklinkt. Wenn die Bomben abgeworfen wurden, war es wichtig, daß der hintere Kraftstofftank leer war, da sich sonst durch die plötzliche Schwanzlastigkeit die Flugzeugnase abrupt aufbäumen konnte, was zum Wegbrechen der Tragflächen führte. Aufgrund dieser Tatsache hatte die Luftwaffe im Einsatz mehrere Me 262 und Flugzeugführer verloren.

Mehrfach wurde die Me 262 auch zu Bodenangriffen mit Bordkanonen gegen vorrückende alliierte Truppen eingesetzt, obwohl die deutschen Piloten der Meinung waren, dafür sei sie nicht geeignet: Die Bordkanone MK 108 hatte eine derart geringe Mündungsgeschwindigkeit, daß die Angriffe aus 400 m Höhe oder sogar noch darunter geflogen werden mußten, wenn man noch etwas treffen wollte – und die 360 Schuß Munition waren für diese Einsätze auch zu wenig. Darüber hinaus war die Me 262 nicht ausreichend gepanzert, um den Piloten vor der Fliegerabwehr der Bodentruppen zu schützen.

Eine der Me 262, die auf der HMS *Reaper* in die USA verschifft wurden, wurde – mit der Seriennummer T-2-4012 – der Firma Hughes Aircraft für Hochgeschwindigkeits-Erprobungen übergeben. Die Bewaffnung war dort ausgebaut worden, und die Öffnungen der Bordkanonen hatte man abgedeckt; zudem waren alle Undichtigkeiten versiegelt worden, um unnötigen Luftwiderstand zu vermeiden. Verschiedene Lagen Hochglanzlack gaben dem Flugzeug ein glattes Äußeres. Die derart umgestaltete Maschine wies erheblich bessere Flugleistungen auf als die Lockheed P-80 Shooting Star, damals das schnellste amerikanische Strahlflugzeug. Man erzählt sich, daß Howard Hughes damals vorhatte, seine Neuerwerbung gegen die P-80 beim Luftrennen um die Bendix-and-Thompson-Jet-Trophy antreten zu lassen, und es wird kaum bezweifelt, daß die Me 262 gewonnen hätte. Nach anderen _ ebenfalls unbestätigten _ Berichten soll allerdings General »Hap« Arnold, nachdem er davon erfahren hatte, dieses Vorhaben unterbunden haben.

Eine von einem Dutzend Me 262, die in der Tschechoslowakei nach dem Krieg von der Firma Avia zusammengebaut und geflogen wurden – sie bestanden aus Teilen, die bei Kriegsende dort zurückgelassen worden waren.

Kapitel 2

Messerschmitt 163

Die Messerschmitt Me 163 Komet zeichnete sich dadurch aus, daß sie als erstes Strahlflugzeug Einsatzreife erlangte und auch den ersten Kampfeinsatz flog. Wie die Me 262 begann dieses Flugzeug als Hochgeschwindigkeits-Erprobungsträger für seinen neuartigen Antrieb, wurde dann zum Jäger weiterentwickelt und ging im Sommer 1944 in den Einsatz. Bei Kriegsende war die Me 163 der schnellste Jäger, der bei den Luftstreitkräften der kriegführenden Nationen im Einsatz stand. Ihr Einfluß auf diesen Konflikt war allerdings nur gering. Selten nur wurden mehr als acht Einsätze an einem Tag geflogen, und während ihrer gesamten Einsatzzeit schoß sie wahrscheinlich nicht mehr als 16 Feindflugzeuge ab.

Die Messerschmitt Me 163 stammte von Alexander Lippischs Nurflügel-Raketen-Erprobungsflugzeug DFS 194 (Deutsche Forschungsanstalt für Segelflug, Darmstadt), das erstmals im Sommer 1940 geflogen war. Wegen der Erfolge dieses leistungsfähigen Flugzeugs, das mit einem Walter-Flüssigkeits-Raketenmotor von 400 kp Schub 545 km/h erreicht hatte, war Lippisch vom Reichsluftfahrtministerium (RLM) beauftragt worden, drei Prototypen einer Zelle zu entwerfen und zu bauen, die Walters geplanten 750 kp starken neuen Raketenmotor aufnehmen konnte. Das neue Flugzeug erhielt die Bezeichnung Messerschmitt Me 163.

Wie bei anderen frühen deutschen Strahlflugzeugen war auch im Falle der Me 163 die Zelle lange vor dem Triebwerk fertig. Folglich wurde der erste Prototyp von Testpilot Heini Dittmar zunächst auf dem Fliegerhorst Lechfeld als Segelflugzeug geflogen, geschleppt von einem Jagdflugzeug des Typs Messerschmitt Bf 110. Wie sein Vorgänger war auch das neue Flugzeug eine unkonventionelle Nurflügel-Konstruktion, die mit einem abwerfbaren Untersetzfahrwerk startete und auf einer hydraulisch gefederten Kufe landete. Selbst nach heutigen Begriffen waren seine Abmessungen winzig: Die Spannweite betrug nur 9,30 m und die Länge 5,85 m; die Vorderkante seiner Tragfläche war an der Wurzel um 27° gepfeilt und an den äußeren Segmenten um 32°. Dittmar fand, daß sich das schwanzlose Flugzeug in der Luft gut handhaben ließ. Zwar gab es bei höheren Geschwindigkeiten Flatterprobleme mit den Steuerflächen, aber die waren bald behoben, nachdem man Ausgleichsgewichte angebracht hatte. Danach konnte es – im Sturzflug ohne jeglichen Antrieb – Geschwindigkeiten von mehr als 840 km/h erreichen.

Im August wurde der neue Walter-Raketenmotor R II-203 für flugtauglich befunden und in die Me 163 eingebaut. Am 13. August unternahm Dittmar den ersten Flug mit Raketenmotor vom Flugplatz Peenemünde-West aus. Die Me 163 zeigte eine rasante Beschleunigung, und schon bei den ersten Flügen konnte Dittmar den damaligen Geschwindigkeits-Weltrekord von 750 km/h mit Leichtigkeit überschreiten.

Der Raketenmotor Walter R II-203 arbeitete mit zwei Flüssigkeiten: mit T-Stoff (hochkonzentriertem Wasserstoffsuperoxyd) und mit Z-Stoff (Kaliumpermanganat). Der Z-Stoff war eine gutartige Flüssigkeit – vom T-Stoff allerdings konnte man das nicht sagen: Hochkonzentriertes Wasserstoffsuperoxyd ist eine instabile Mischung, die dazu neigt, sich bei Kontakt mit Kupfer, Blei oder organischem Material jeder Art zu zersetzen – und bei dieser Zersetzung erzeugt es eine Hitze

Heini Dittmar bereitet sich am 3. Juni 1940 auf einen Flug mit dem Versuchs-Raketenflugzeug DFS 194 vor, dem Vorgänger der Me 163.

Als das Raketenflugzeug zum Startplatz gerollt wird, folgt Dittmar ihm in Fiegerkombi.

Links und oben: Helgo Jahnke überprüft ein letztes Mal den Raketenmotor und hilft dann Dittmar in seine Fliegerkombi.

Ein Mann vom Bodenpersonal hält die Flächen waagerecht, dann wird der Raketenmotor gezündet, und das kleine Flugzeug beginnt mit dem Start.

wie brennendes Schwarzpulver. Es ist stark ätzend, und eines seiner unerfreulichen Merkmale ist, daß es menschliches Fleisch verbrennt, wenn es damit mehr als einige Sekunden lang in Berührung kommt. Die Verwendung dieser Flüssigkeit sollte noch viele Probleme aufwerfen, als die Me 163 später in Dienst gestellt wurde.

Bald nach dem Erstflug der Me 163 arbeitete Rudolf Opitz in diesem Erprobungsprogramm mit Dittmar zusammen. Opitz hat einem der beiden Verfasser später eingehend über seinen Erstflug in der Me 163 berichtet: Nach einer gründlichen Einweisung durch Dittmar zündete Opitz den Raketenmotor, betätigte den Schubhebel und be-

Rudolf Opitz stieß schon kurz nach dem Beginn zum Erprobungsprogramm der Me 163, später wurde er Cheftestpilot des Projekts.

gann auf der Graspiste von Peenemünde-West zu beschleunigen. Von Beginn an allerdings hatte Opitz den Eindruck, daß seine »Gedanken dem rasanten Raketenflugzeug hinterherhinkten«: Als die Maschine bereits rund 30 m hoch war, fiel ihm plötzlich ein, daß das abwerfbare Zweirad-Fahrwerk noch unter dem Flugzeug hing. Damit war er bereits zu hoch, um das Fahrwerk noch sicher abwerfen zu können – wenn er es jetzt ausklinkte, würde das handgefertigte Startgestell fast sicher durch den Aufprall zerstört werden. Er machte sich aber keine allzugroßen Sorgen darum und beließ es einfach an seinem Platz unter dem Rumpf. Dann verbrannte er den Rest seines Treibstoffs, absolvierte den Landeanflug als Gleiter und machte eine perfekte Landung. Erst als die Me 163 zum Stehen kam, rannten aufgeregte Zuschauer auf ihn zu: Auf dem Untersetzfahrwerk war die Me 163 nur schwer zu steuern, und sie hatten befürchtet, daß das Flugzeug ausbrechen würde, sobald die Räder den Boden berührten. Andere, die später versuchten, das Flugzeug auf dem Startgestell zu landen, sollten dabei nicht so viel Glück haben wie Opitz.

Schon bei den ersten Erprobungsflügen mit der Me 163 war offensichtlich, daß das Flugzeug noch höhere Geschwindigkeiten erreichen konnte, als man angestrebt hatte: Bei jedem Versuch, seine Höchstgeschwindigkeit auszuloten, ging der Treibstoff zu Ende, während das Flugzeug noch immer beschleunigte. Zur Lösung dieses Problems wurde entschieden, das Raketenflugzeug mit einer Messerschmitt Bf 110 auf Höhe zu schleppen – ohne Treibstoff für den Start und den Steigflug zu verschwenden, konnte die Me 163 jetzt all ihren Treibstoff für den Hochgeschwindigkeitsflug einsetzen. Wo diese Höchstgeschwindigkeit allerdings lag, konnten Lippisch und seine Mitarbeiter nur schätzen – aber die magische Zahl von 1000 km/h schien das kleine Flugzeug durchaus erreichen zu können.

Der große Tag kam am 2. Oktober 1941, als Opitz mit einer Messerschmitt Bf 110 Dittmar im dritten Prototyp von Peenemünde-West aus auf Höhe schleppte. Die Treibstofftanks der Me 163 waren zwar nur zu 75 Prozent voll, aber das mußte ausreichen. In 3900 m Höhe löste sich Dittmar vom Seil, startete den Raketenmotor und beschleunigte rasch. Er brachte das Flugzeug auf über 975 km/h, aber dann – ohne jegliche Vorwarnung – kippte die Nase plötzlich heftig nach unten, und er verlor die Kontrolle über das Flugzeug: Die Me 163 hatte die kritische Machzahl überschritten. Dabei war der Raketenmotor ausgefallen, da die starken negativen Beschleunigungs- oder g-Kräfte verhindert hatten, daß die Antriebsflüssigkeiten die Brennkammer erreichten. Damit nahm aber auch die Geschwindigkeit rasch ab, wodurch Dittmar das Flugzeug bald wieder unter Kontrolle hatte und eine normale Landung durchführte.

Eine Auswertung der Instrumente, die das Flugzeug bei diesem Flug mitführte, ergab, daß Dittmar – kurz bevor der Raketenmotor ausgefallen

Der Prototyp Me 163 A wird am 13. August 1941 in Peenemünde für seinen Erstflug vorbereitet. Bei den ersten Flügen war das Untersetzfahrwerk ohne Stoßdämpfer und ohne Bremsen an der eingezogenen Landekufe befestigt, was den Start erschwerte.

Eine Me 163 mit dem Kondensstreifen des Raketenmotors nach dem Abheben in Peenemünde.

war – in Wirklichkeit etwas mehr als 1003 km/h oder etwa Mach .84 in dieser Höhe erreicht hatte. Das war ein hervorragendes Ergebnis und übertraf den damaligen Geschwindigkeits-Weltrekord um mehr als 251 km/h: Wahrscheinlich war es bis 1947 der schnellste bemannte Flug, denn erst dann übertraf der offizielle Geschwindigkeits-Weltrekord Dittmars Ergebnis. Aus Gründen der Geheimhaltung konnte der Weltrekord der Me 163 im Zweiten Weltkrieg allerdings nicht veröffentlicht werden – alles, was man an öffentlicher Anerkennung den Beteiligten zukommen lassen konnte, war die Verleihung des Lilienthal-Diploms, eine der höchsten deutschen Luftfahrt-Auszeichnungen, an Dittmar, Lippisch und Walter. Der dramatische Erfolg dieses Hochgeschwindigkeitsversuchs begeisterte Generaloberst Ernst Udet, damals Generalluftzeugmeister der Luftwaffe. Weniger als drei Wochen nach Dittmars historischem Flug stimmte er einem Plan Messerschmitts zu, 70 Me 163 als Jagdflugzeuge zu entwickeln und zu bauen. Nach diesem Plan sollte die Luftwaffe im Frühjahr 1943 eine Gruppe leistungsfähiger Raketenjäger in Dienst stellen können. Lippisch begann sofort mit den Arbeiten und konstruierte das Flugzeug für seine neue Rolle um: mit zwei 20-mm-Bordkanonen, grösseren Treibstofftanks, Panzerung zum Schutz des Piloten und Einsatzinstrumentierung. Es war geplant, die Jagdversion mit dem Raketenmotor Walter R II-211 auszurüsten, der gerade entwickelt wurde und einen Schub von 1500 kp erreichen sollte. Dieser neue Motor lief wie sein Vorgänger mit T-Stoff (Wasserstoffsuperoxyd) und dem neu entwickelten C-Stoff, einem Hydrazin-Hydrat mit Methylalkohol.

Schließlich aber kam die Entwicklung der Jagdversion der Me 163 vor dem Tod ihres bedeutendsten Gönners kaum voran. Im November 1941, weniger als einen Monat nach der Genehmigung des Raketenjägerprojekts, beging Ernst Udet Selbstmord. Udets Amtsführung – er war für die Beschaffung von Flugzeugen verantwortlich – war geprägt von der Zersplitterung der für die Entwicklungen verfügbaren Kräfte auf zahlreiche Projekte, die in etlichen Fällen auch zu innovativ waren, als daß sie in absehbarer Zeit einsatzbereit sein konnten. Und die Generation der Kampfflugzeuge, die diejenigen ablösen sollte, die seit Kriegsbeginn im Einsatz standen – Messerschmitt Me 209, Me 210 und Heinkel He 177 –, war in Schwierigkeiten geraten und stand noch längst nicht zur Serienfertigung bereit. Die Verzögerung dieser Projekte und das Versagen, die Produktionsziele für die im Einsatz stehenden Flugzeugtypen zu erreichen, hatten zu der Depression geführt, die schließlich mit Udets Selbstmord endete. Generalfeldmarschall Erhard Milch, dessen Amt Udets Aufgaben nach dessen Tod übernahm, stellte die Flugzeugproduktion wieder auf eine realistischere Grundlage. Er befahl durchgreifende Änderungen, die auf eine Erhöhung der Produktion im Einsatz stehender Typen zielte, und konzentrierte die für Entwicklungen verfügbaren Kräfte auf diejenigen neuen Flugzeuge, die kurz- oder mittelfristig Einsatzreife erlangen konnten. Langfristige Projekte und solche, die für den gegenwärtigen Einsatzstand der Luftwaffe nur von begrenztem Wert waren – und dazu zählte auch der Raketenjäger Me 163 –, bekamen nur geringe Priorität oder wurden ganz eingestellt. Denn selbst mit mehr Treibstoff konnte der Raketenmotor der Jagdversion der Me 163 nur vier Minuten laufen – danach mußte das Flugzeug als Gleiter zum Flugplatz zurücksegeln. Im Einsatz war seine Rolle daher auf die eines Tagjägers von lediglich 40 km Aktionsradius beschränkt. Ende 1941, als der deutsche Vormarsch im Osten vor Moskau zum Stehen kam und die einzige Bedrohung des Reichsgebietes von den wenig wirksamen Nachtbombern der Royal Air Force ausging, bot die Me 163 für keine der aktuellen oder vorhersehbaren Probleme der Luftwaffe eine Lösung. Die Entwicklung des Raketenjägers durfte zwar fortgesetzt werden, aber nur mit geringer Priorität.

Im Frühjahr 1942 wurde Hauptmann Wolfgang Späte zum Projektoffizier der Luftwaffe für den Raketenjäger Me 163 ernannt. Und am 26. Juni absolvierte der Prototyp der Jagdversion, die Me 163 B, seinen Erstflug – noch ohne Raketenmotor – vom Fliegerhorst Lechfeld aus. Wie üblich lag die Entwicklung des neuen Antriebs weit hinter dem Bau der Zelle zurück. Späte stellte das

Am 25. August 1942 wurde die Me 163 einigen Herren der Luftwaffenführung vorgeführt. Vor der linken Tragfläche (nach links blickend) unterhält sich Rudolf Opitz mit General Adolf Galland (im Ledermantel) über die Flugeigenschaften der Me 163 A.

Erprobungskommando (EKdo) 16 auf, eine kleine Einheit, die die Me 163 B für den Einsatz vorbereiten und die Piloten fliegerisch schulen sollte – zunächst aber konnten die neuen Flugzeugführer ihre Raketenerfahrung nur auf der Me 163 A sammeln.

Erst im Juni 1943 wurde der erste R-II-211-Raketenmotor – nunmehr mit der Bezeichnung Walter 109-509 – an Peenemünde ausgeliefert und in den zweiten Prototyp der Me 163 B eingebaut. Am 23. Juni ging Rudolf Opitz mit dem neuen Jäger zum Erstflug mit dem neuen Raketenmotor an den Start. Zunächst verlief alles nach Plan: Die Rakete startete normal, und nach einer schnellen Überprüfung, ob alles so funktionierte, wie es sollte, schob Opitz den Schubhebel durch seine drei Stellungen nach vorn. Mit donnerndem Gedröhn beschleunigte das Flugzeug auf der Graspiste, aber dann – kurz bevor es die Abhebegeschwindigkeit erreicht hatte – brach das Untersetzfahrwerk vom Rumpf. Opitz war bereits zu dicht an der Flugplatzgrenze, um noch anhalten zu können, also biß er die Zähne zusammen, ließ den Schubhebel vorn und beschleunigte holpernd auf seiner Landekufe weiter. Schließlich hob das Flugzeug dann zu seiner großen Erleichterung vom Boden ab. Aber damit hatte Opitz noch nicht alle Probleme ausgestanden. Als er den Knüppel zog, um den Steigflug einzuleiten, begann sich seine Kabine mit stechenden Wasserstoffsuperoxyd-Dämpfen zu füllen: Beim Wegbrechen hatte der Startwagen eine Treibstoffleitung beschädigt. Opitz' Augen begannen zu brennen und dann – noch beunruhigender – legte sich ein immer dicker werdender weißer Film innen auf das Glas seiner Kabinenhaube und seine Fliegerbrille. Gerade als es schien, daß er wohl aussteigen müsse, verbrannte der Motor den letzten Treibstoff, die Dämpfe verschwanden langsam, und mit ihnen auch der weiße Film auf dem Glas. Aufgewühlt von der Tatsache, daß er zweimal gerade noch davongekommen war, kehrte Opitz zum Platz zurück und machte eine glatte Landung.

In den folgenden Wochen wurden weitere Walter-109-509-Motoren ausgeliefert und in Me 163 B eingebaut. Bei den Erprobungsflügen mit diesen fertiggestellten Me 163 B hatte Opitz dann noch weitere Abenteuer zu bestehen. Am 30. Juli 1943, nach einem rasanten Steigflug mit Vollschub auf 8000 m, bemerkte er plötzlich, daß der Schub stark schwankte, zudem blinkte das Feuerwarnlicht auf. Als Opitz den Raketenmotor abschaltete, ging das Warnlicht wieder aus. Während des anschließenden Sinkfluges versuchte er, den Raketenmotor wieder anzulassen, aber der widersetzte sich all seinen Bemühungen. Mit einer grossen Menge nicht verbrannten Treibstoffs in den Tanks befand er sich in einer wenig beneidenswerten Lage: Die schwerere Me 163 würde jetzt schneller landen als üblich, und jeder Unfall, der die Tanks beschädigte und die beiden chemischen Stoffe zusammenführte, würde mit einer heftigen Explosion enden. Opitz' einzige Alternative war auszusteigen – aber das hätte den Verlust einer seiner wenigen Me 163 B bedeutet: Also beschloß er, mit dem Flugzeug zu landen, was ihm dann auch ohne Zwischenfälle gelang.

Am nächsten Tag hatte Opitz erneut Probleme. Die Erprobung verlangte die genaue Bestimmung einiger Parameter des Raketenmotors, und um Platz für die benötigten zusätzlichen Testinstrumente zu schaffen, hatte er dem Ausbau des künstlichen Horizonts und des Wendezeigers aus seinem Instrumentenbrett zugestimmt. Bei die-

Generalfeldmarschall Erhard Milch (Mitte) gratuliert Dittmar (in weißer Fliegerkombi) zu seinem eindrucksvollen Flug. Ganz rechts (mit Hut) steht Helmuth Walter, der den Raketenmotor entwickelte.

sem Versuch trug Opitz eine kleine Kamera an einem Band um den Kopf, mit der er die Instrumente in regelmäßigen Abständen fotografieren sollte. In seinem Brief an einen der Verfasser beschreibt er den dann folgenden Flug – er war selbst nach Me-163-Maßstäben eindrucksvoll:

»An diesem Tag war es zwar wolkenlos, aber dunstig – das Programm verlangte einen Start nach Nordosten, und danach sollte ich mit 510 km/h angezeigter Fahrt einen maximalen Steigflug auf einer geraden Linie hinaus auf die Ostsee fliegen, wobei ich alle 500 Höhenmeter bis zu einer Höhe von 12.000 m Aufnahmen vom Instrumentenbrett machen sollte. Das klang eigentlich recht einfach – aber der Zeitplan für diese Aufnahmen war gar nicht so leicht einzuhalten, denn schließlich brauchte das Flugzeug nur zehn Sekunden, um 500 m Höhe zu erreichen, wenn es die gewünschte Geschwindigkeit erreicht hatte, und nur noch jeweils sechs Sekunden für die folgenden 500-m-Intervalle in größeren Höhen.
Start, Abwerfen des Fahrwerks, Einziehen der Klappen, Beschleunigung auf die gewünschte Geschwindigkeit und Austrimmen des Flugzeugs auf den geforderten Steigwinkel hielten mich ganz schön in Atem, bis ich den ersten Bezugspunkt erreicht hatte. Die acht bis zehn Sekunden, die ich zwischen den dann folgenden Bezugspunkten zur Verfügung hatte, reichten gerade aus, das Instrumentenbrett zu überwachen und die notwendigen Steuerausschläge zu machen, um das Flugzeug innerhalb der engen Flugkriterien zu halten, die für die Erprobung festgelegt worden waren. Eine Weile verlief alles glatt, und ich traf die Bezugspunkte für meine Aufnahmen haargenau.
Während des Steigflugs auf den Bezugspunkt in 5000 m begann jedoch meine Fluggeschwindigkeit zu steigen, und obwohl ich das zu korrigieren versuchte, flog ich nicht die geforderte Geschwindigkeit. Ich hob den Kopf, um die Fluglage des Flugzeugs schnell gegen den Horizont zu überprüfen, mußte dabei aber feststellen, daß der gar nicht zu sehen war, weil ich in dichtem Dunst flog, der nahtlos in die See unter mir überging.«

Zu spät mußte Opitz erkennen, daß er in dem Bemühen, zu viele Dinge gleichzeitig zu erledigen, in gefährlicher Weise die Orientierung verloren hatte: Da zwei seiner wichtigsten Fluginstrumente

Heini Dittmar in einer der ersten Me 163 B.

Eine Me 163 B wird mit C-Stoff betankt, einem Hydrazin-Hydrat mit Methylalkohol. Wenn die Tanks voll waren, ruhte das Flugzeug mit den Tragflächen auf den Holzpfosten, die verhinderten, daß es zur Seite kippte, während daran gearbeitet wurde.

Das abwerfbare Untersetzfahrwerk wird unter die Landekufe gerollt, anschließend liegt es mit dieser Kufe auf dem Fahrwerk.

Eine Me 163 B wirft direkt nach dem Start ihr Untersetzfahrwerk aus einer Höhe von etwa 10 m ab.

Anfangs wurde die Me 163 nach ihrer Landung mit Preßluftsäcken auf ihr Fahrwerk gehoben; man erkennt die Preßluftflaschen auf der V-förmigen Deichsel des Zugwagens.

ausgebaut waren, konnte er nicht feststellen, was sein Flugzeug wirklich tat. Gleich darauf kippte die Nase plötzlich nach unten, und der Raketenmotor fiel aus – ein sicheres Anzeichen, daß er die kritische Machzahl überschritten hatte und sich jetzt im unkontrollierten Sturzflug befand. Verzweifelt suchte er draußen nach einem Bezugspunkt und fand eine kleine Insel ziemlich weit oben an seinem Kabinendach: Er befand sich in einer steilen Sturzflugkurve nach links. Opitz reagierte instinktiv und konnte so seine Messerschmitt aus dem Sturzflug abfangen – nur wenige hundert Meter über der reglos daliegenden Ostsee.

»Ich nahm Kurs auf die Küste, die sich in einiger Entfernung aus dem Dunst abzeichnete, startete den Raketenmotor erneut und war Minuten später über dem Flugplatz, wo ich sicher landete – sehr zur Erleichterung unsrer besorgten Mannschaft: Sie hatte schon alle Hoffnungen auf eine sichere Rückkehr aufgegeben, nachdem sie beobachtet hatte, wie das Flugzeug im steilen Steigflug einen Bogen nach links geflogen und dann plötzlich steil nach unten in Richtung auf die See gestürzt war; dann war es – von ihrem Beobachtungspunkt aus gesehen – unter dem Horizont verschwunden.
Ein Rundgang um die Maschine gleich nach der Landung ließ schnell Anzeichen der hohen Geschwindigkeiten und Belastungen erkennen, denen ich das Flugzeug ungewollt ausgesetzt hatte. Das Seitenruder hatte sich völlig zerlegt, nur sein Holm hing noch an der Seitenflosse, und die Verkleidungen an Rumpf und Flächen hatten sich aus ihren Verankerungen gelöst.«

Allmählich jedoch gewöhnten sich Piloten wie Wartungspersonal an die Me 163 B, und das Erprobungsprogramm verlor an Abenteuerlichkeit – wachsam mußte man allerdings immer sein. Piloten und Bodenpersonal, die in Gefahr waren, mit dem Wasserstoffsuperoxyd in Berührung zu kommen, trugen spezielle Schutzanzüge aus Asbest und Kunstfasern. Dieses Material gewährte zwar einen gewissen Schutz gegen geringe Mengen des Raketentreibstoffs, bei größeren Mengen jedoch drang die Flüssigkeit durch die Nähte der Schutzanzüge und verätzte den Menschen darin.
Die Startmasse der Me 163 B betrug 3940 kg, und gut die Hälfte davon – 2010 kg – wog der Treibstoff für den Raketenmotor. Der allerdings reichte nur für etwa vier Minuten Flug mit Vollschub, denn der Walter-109-509-Motor verbrauchte mit dem Schubhebel in Vollastposition 8,3 kg der beiden chemischen Treibstoffe pro Sekunde. Wenn der Treibstoff verbraucht war, wurde die nun viel leichtere Me 163 B zum Gleiter, allerdings mit hervorragenden Flugeigenschaften. Rudolf Opitz erinnert sich, daß die Steuerung sehr leicht ging und auch das Flugverhalten bei geringer Geschwindigkeit erstklassig war – sie war, berichtet er, »absolut trudelsicher«.
Ab August 1943 kam die Fertigung des Vorserienloses von 70 Me 163 B im Messerschmittwerk Obertraubling südöstlich von Regensburg gut voran. Zur gleichen Zeit bereitete sich die Firma Klemm in Böblingen bei Stuttgart darauf vor, die Flugzeuge der Serienproduktion unter Führung der Firma Messerschmitt herzustellen. Dann jedoch, am 17. August, erlitt das Programm gleich zwei Rückschläge: Tagsüber griffen schwere Bomber der USAAF das Messerschmittwerk bei Regensburg an, zerstörten dabei elf brandneue Me 163 B und fügten der Me-109-Produktion schwere Schäden zu, und in der Nacht schlug das Bomber Command der Royal Air Force in Peenemünde zu, wo Spätes Erprobungskommando 16 lag.
Nach dem Angriff auf Regensburg konzentrierte man sich völlig auf die Wiederaufnahme der Produktion der Me 109 – die Verantwortung für die Produktion der Me 163 B ging ganz auf Klemm über, wobei die Muttergesellschaft nur wenig Unterstützung leisten konnte. Und Klemm – eine kleine Firma, die bislang nur Leichtflugzeuge hergestellt hatte – erwies sich bald als überfordert von der Aufgabe, ein derartiges Hochleistungs-Kampfflugzeug in diesen Mengen herzustellen.
Nach dem Angriff auf Peenemünde verlegte das Erprobungskommando 16 auf den nahegelegenen Fliegerhorst Anklam und setzte dort die Ausbildung seiner Flugzeugführer fort.
Dieses Ausbildungsprogramm für neue Piloten begann mit einigen wenigen Flügen auf Segelflugzeugen geringer Spannweite, um die Flugschüler damit vertraut zu machen, wie Gleiter geflogen werden. Dann folgten Schleppflüge mit Me 163 A – zunächst mit leeren Tanks, und dann mit stetig zunehmendem Wasserballast in den Treib-

stoffbehältern, der die Landegeschwindigkeit entsprechend erhöhte. Diese Ausbildungsphase schloß mit drei Raketenmotorflügen auf Me 163 A mit jeweils zunehmender Treibstoffmenge ab.
Damit waren die Piloten auf Flüge mit der Me 163 B vorbereitet, die etwas schwerer war als ihre Vorgängerin. Das Starten des Raketenmotors Walter 109-509 war relativ einfach. Der Schubhebel hatte fünf gekerbte Positionen: »Aus« – »Leerlauf« – »1. Stufe« – »2. Stufe« – »3. Stufe«. Wenn man den Schubhebel von »Aus« auf »Leerlauf« schob, wurde die Anlasser-Drucktaste freigelegt. Wenn man sie betätigte, liefen kleine Mengen der beiden Treibstoffe in die Hilfsbrennkammer und trieben, sobald sie reagiert hatten, eine Turbine an, die die beiden Chemikalien in die Hauptbrennkammer pumpte: im Verhältnis von 3,25 Teilen Wasserstoffsuperoxyd zu einem Teil Hydrazin-Hydrat/Methylalkohol. Der Schub des Raketenmotors stieg dabei rasch auf etwa 100 kp. Dann überprüfte der Pilot seine beiden Motor-Überwachungsinstrumente – einen Drehzahlmesser (Tachometer) für die Treibstoffpumpen und eine Druckanzeige (Manometer) für die Hauptbrennkammer –, und wenn Tacho wie Manometer normale Werte anzeigten, schob er den Schubhebel auf die 1. und dann auf die 2. Stufe, wobei der Schub stetig anstieg. Schließlich – wenn alles in Ordnung blieb – schob er den Hebel auf die 3. Stufe, und der Raketenmotor ging auf Vollschub. Der kleine Jäger überrollte jetzt die flachen Bremskeile unter dem Untersetzfahrwerk und gewann rasch an Geschwindigkeit.
Wenn sie etwa 280 km/h erreicht hatte, hob die vollbeladene Me 163 B von selbst vom Boden ab, und wenige Sekunden später – in etwa 10 m Höhe – klinkte der Pilot das Fahrwerk aus. Da dessen Luftwiderstand jetzt entfiel, beschleunigte der Raketenjäger noch schneller. Sobald er im Horizontalflug 700 km/h erreicht hatte und immer noch weiter beschleunigte, zog der Pilot leicht am Steuerknüppel und zwang die Me 163 in einen Steigflug von etwa 45° Steigwinkel, wobei die Vorwärtsgeschwindigkeit kaum abnahm. Mit die-

Am Ende ihrer Kufenlandung kippt diese Me 163 auf die rechte Tragfläche.

Wenn C- und T-Stoff miteinander in Berührung kamen, entwickelten sie die Energie brennenden Schwarzpulvers. Das hier war alles, was von einer Me 163 B übrig blieb, nachdem die beiden Flüssigkeiten versehentlich in Kontakt kamen.

sem Steigflug unter Vollschub erreichte der Raketenjäger eine Höhe von 6000 m in etwa zwei Minuten und 15 Sekunden.

Das verlief aber nicht immer so: Anfangs zeigte der Raketenmotor HWK (Helmuth Walter, Kiel) 109-509 die verhängnisvolle Neigung, genau in dem Moment auszufallen, wenn der Pilot am Ende des Steigflugs den Knüppel nach vorn drückte, um in den Horizontalflug überzugehen, und aus technischen Gründen konnte der Raketenmotor nach einem Ausfall mindestens zwei Minuten lang nicht wieder angelassen werden. Das war ein entscheidender taktischer Mangel, denn der Raketenmotor fiel genau in dem Moment aus, wenn – bei einem richtigen Kampfeinsatz – der Pilot der Me 163 Feindberührung hatte und seinen Angriff begann. Die Ursache dieses Problems herauszufinden beschäftigte die Ingenieure von Walter einige Monate lang, da es sich als unmöglich erwies, die negative Beschleunigung oder Schwerelosigkeit am Ende des Steigflugs auf dem Prüfstand am Boden zu simulieren.

Wenn man bedenkt, welche Gefahren in diesem Raketenjägerprogramm lauerten, dann ist es schon beinahe verwunderlich, daß es so lange ohne einen tödlichen Flugunfall abging. Der erste, der sein Leben mit der Me 163 verlor, war der Flugschüler Oberfeldwebel Alois Wörndl, der am 30. November 1943 einen Raketenstart mit der Me 163 A durchführte. Beim Landeanflug mit leeren Treibstofftanks verschätzte er sich arg und verunglückte tödlich, als sein Flugzeug sich nach einer sehr harten Landung überschlug: Wie so oft bei Flugunfällen hatte dieser Unfall überhaupt nichts mit den wirklichen Gefahren der Me 163 zu tun.

Genau einen Monat später, am 30. Dezember, kam Oberleutnant Joachim »Joschi« Pöhs ums Leben, ebenfalls mit einer Me 163 A: Nach dem Abheben warf er sein Fahrwerk zu früh ab – es prallte vom Boden zurück und schlug gegen den Rumpf, wodurch der Raketenmotor ausfiel. Pöhs drehte zum Platz ein, um wieder zu landen, streifte dabei aber einen Flakturm und stürzte ab.

Der Beginn des Jahres 1944 brachte für die Luftverteidigungsverbände der Luftwaffe, die die amerikanischen Tages-Luftangriffsverbände zu bekämpfen hatten, eine erhebliche Verschlechterung der militärischen Lage am Himmel über Deutschland mit sich: Jetzt bewiesen die neuesten Versionen der Begleitjäger P-47 Thunderbolt und P-51 Mustang, daß sie immer tiefer ins Reich vordringen und damit die Bomberverbände auch dort schützen konnten. Daraus ergab sich nun aber auch die klare Forderung nach einem Hochleistungsjäger wie der Me 163 zum Objektschutz der Bodenziele – auch wenn er nur einen begrenzten Aktionsradius hatte. Da die Bewaffnung mit zwei 20-mm-Kanonen gegen die robusten amerikanischen Bomber zu leicht war, wurden die neuen Me 163 B mit zwei 30-mm-Maschinenkanonen des Typs MK 108 ausgerüstet.

Damit war die Me 163 wieder ins Rampenlicht gerückt, und in dem Bemühen, sie so schnell wie möglich in Dienst zu stellen, befahl die Luftwaffe im Januar 1944 die Aufstellung der 20. Staffel des Jagdgeschwaders 1 mit zwölf Me 163 B in Bad Zwischenahn bei Oldenburg. Im Monat darauf wurde die Einheit – sie wurde von Oberleutnant Robert Olejnik geführt, hatte aber noch längst nicht die erforderliche Anzahl an ausgebildeten Piloten und Maschinen erreicht – umbenannt in 1. Staffel des Jagdgeschwaders 400. Mit einer der ersten einsatzmäßig ausgerüsteten Me 163 B flog Rudolf Opitz dann eine Reihe von Abfangansät-

Rudolf Opitz bereitet sich in Bad Zwischenahn auf einen Start mit der Me 163 B vor. Wegen der Gefahr, bei Undichtigkeiten Wasserstoffsuperoxyd-Dämpfe einzuatmen, aber auch wegen der rasanten Steigleistung des Flugzeugs wurde die Sauerstoffmaske bereits beim Start getragen.

zen gegen simulierte feindliche Bomberpulks in 6000 bis 7800 m Höhe: Und bei jedem Ansatz fiel der Raketenmotor aus, wenn er am Ende des Steigflugs in den Horizontalflug überging – sein altes Problem war dem Raketenjäger treu geblieben. Anfang März verlegte die Staffel dann nach Wittmundhaven: mit nunmehr fünf Flugzeugen und einem Dutzend Flugzeugführern unterschiedlichen Ausbildungsstandes.

Trotz aller Anstrengungen, die Me 163 so schnell wie möglich in den Einsatz zu bringen, verlief die Zuführung neuer Flugzeuge durch die Firma Klemm noch immer quälend langsam. Erst am 13. Mai 1944 konnte Wolfgang Späte, mittlerweile zum Major befördert, den ersten echten Abfangeinsatz mit dem Raketenjäger fliegen. Nachdem er in Bad Zwischenahn gestartet war, wurde er zu zwei P-47 in der Nähe des Fliegerhorstes geführt. Gerade als er zum Angriff übergehen wollte, fiel jedoch sein Raketenmotor aus, und er mußte abdrehen – zum Glück hatten ihn seine Gegner nicht bemerkt. Späte wartete nun einige Minuten, bevor er den Motor wieder zünden konnte, und mußte dabei mit ansehen, wie seine Beute kleiner und kleiner wurde. Dann jedoch war die Wartezeit endlich vorbei, und nach dem Wiederanlassen jagte er hinter den P-47 her. Späte holte sie rasch ein und brachte sich in Schußposition. Als er jedoch eine der P-47 im Visier hatte und gerade feuern wollte, kippte plötzlich seine linke Tragfläche steil nach unten: Während er sich ganz auf sein Opfer konzentriert hatte, war seine Geschwindigkeit zu stark angestiegen, und die Me 163 hatte die kritische Machzahl überschritten. Als er dann seinen ausbrechenden Raketenjäger wieder unter Kontrolle hatte, ging sein Treibstoff zur Neige – es reichte nicht mehr für einen weiteren Angriff. Die beiden amerikanischen Jagdflieger, die gar nicht gemerkt hatten, was sich hinter ihnen abspielte, setzten ihren Flug unbeirrt fort, und Späte verbrauchte noch – doppelt frustriert – seinen restlichen Treibstoff und kehrte dann zum Platz zurück.

Auch in den nächsten Tagen blieben weitere Versuche, alliierte Flugzeuge abzufangen, ähnlich erfolglos. Und am 31. Mai brachte ein Spitfire-Aufklärer die erste verläßliche Meldung über eine Me 163, die er in der Nähe von Wilhelmshaven in der Luft gesehen hatte, nach Hause. Der offizielle Bericht darüber liest sich so:

»In 11.100 m Höhe sah der Pilot als erstes einen weißen Kondensstreifen, knapp 1000 m unter sich und etwa 2 km entfernt. Der Kondensstreifen drehte auf Abfangkurs und verschwand dann wieder. Der Spitfire-Pilot begann zu steigen und erfaßte in den nächsten drei Minuten den Kondensstreifen noch viermal, während das unbekannte Flugzeug zu ihm aufstieg. Er beobachtete, wie das Flugzeug anscheinend die dreifache Strecke des sichtbaren Kondensstreifens zurücklegte, bevor der nächste Kondensstreifen auftrat.

Als die Spitfire dann 12.300 m Höhe erreicht hatte, konnte ihr Pilot das offensichtlich feindliche Flugzeug erkennen, konnte es aber nicht identifizieren – er sah nur, daß es »fast nur aus Tragflächen« bestand und möglicherweise deutlich positiv gepfeilt war. Zu diesem Zeitpunkt war das unbekannte Flugzeug nur noch knapp 1000 m unter der Spitfire und nur noch 1 km entfernt. Offensichtlich war es – während die Spitfire gut 1000 m gestiegen war – 2400 m gestiegen und hatte dabei eine horizontale Strecke von 1 km zurückgelegt. Weitere Kondensstreifen konnte der Pilot nicht mehr ausmachen, dann verlor er das Flugzeug aus den Augen und kehrte kurz darauf zum Heimatplatz zurück.

Das geschilderte regelmäßige Auftreten des Kondensstreifens scheint frühere Berichte zu bestätigen, daß der Antrieb der Me 163 nur stoßweise eingesetzt wird, und scheint auch zu belegen, daß er automatisch ein- und ausgeschaltet wird. Andererseits kann die erkannte Regelmäßigkeit natürlich auch reiner Zufall sein.«*

Der Bericht schließt mit der Vermutung, daß die Me 163 wohl auf Ausbildungsflug gewesen sei, da der Vorfall sich nur etwa 35 km von Bad Zwischenahn ereignet habe, wo diese Flugzeuge schon am Boden fotografiert worden waren.

Mittlerweile hatte man auch die Hauptursache dafür gefunden, warum der Raketenmotor der Me 163 am Ende des Steigfluges so häufig ausfiel: Die beiden chemischen Treibstoffe mußten in exakt festgelegtem Verhältnis in der Brennkammer zusammenkommen – sonst konnte eine unkontrollierte Explosion entstehen. Als Sicherheitsmaßnahme war der Walter-Motor so konstruiert, daß er sich automatisch abschaltete, wenn die Zuführung eines der beiden Treibstoffe unterbrochen war. Wenn nun die Me 163 am Ende des Steigflugs in den Horizontalflug überging, bewirkte die auftretende Schwerelosigkeit, daß der Treibstoff in den Tanks hin- und herschwappte – und wenn dann ein Zuführungsrohr auch nur einen Moment lang keinen Treibstoff mehr bekam, meldete das Sicherheitssystem eine Unterbrechung der Treibstoffzufuhr und schaltete den Raketenmotor ab. Der Einbau zusätzlicher Schwappdämpfer in die Brennstofftanks verringerte jetzt zwar die Häufigkeit der Ausfälle, verhinderte sie aber nicht völlig.

Im Juni 1944 – die Staffel hatte noch immer keinen Luftsieg melden können – wurde die Einheit in I. Gruppe/JG 400 umbenannt, bekam einen

* Wenn der Pilot der Me 163 den Schubhebel von Vollschub auf weniger Schub zurücknahm, war kein Kondensstreifen mehr zu sehen – der Raketenmotor war natürlich nicht ausgeschaltet worden.

Eine Me 163 B des Erprobungskommandos 16 beim Raketenstart in Bad Zwischenahn.

Dampf strömt aus dem Auspuff der Treibstoffpumpen-Turbine, und der Wart bringt den elektrischen Wagen in Sicherheit, bevor die Hauptbrennkammer zündet.

Oberst Gordon Gollob, ein bekanntes Jagdflieger-As, übernahm im Juni 1944 das Jägerprojekt Me 163 von Wolfgang Späte.

Zwei der fünf Me 163 (im Kreis), die zum Erprobungskommado 16 gehörten, wurden am 11. Mai 1944 von einem alliierten Aufklärer in Bad Zwischenahn aufgenommen.

neuen Kommandeur und wurde verlegt. Nach seiner Beförderung zum Major hatte man Wolfgang Späte als Kommandeur einer konventionellen Jagdgruppe an die Ostfront versetzt, und seinen Platz als Me-163-Projektoffizier nahm das Jagdflieger-As Oberst Gordon Gollob ein. Spätes Plan für den Einsatz des Raketenjägers hatte vorgesehen, eine Reihe besonders ausgerüsteter Fliegerhorste in Abständen von etwa 100 km – also alle in Gleitentfernung der Me 163 – in einem Bogen durch Norddeutschland und Holland anzulegen, also auf den Anflugrouten der amerikanischen Bomber zu ihren Zielen. Anfang Juni 1944 jedoch wurde dieser Plan von den Ereignissen eingeholt.

Nachdem die alliierten Truppen ihren Brückenkopf in der Normandie ausgebaut hatten, hatte der Kommanierende General der amerikanischen strategischen Bomberverbände, General Carl Spaatz, befohlen, daß ab sofort das vorrangige strategische Ziel der Achten Luftflotte in England und der Fünfzehnten Luftflotte in Italien die Zerstörung der feindlichen Kraftstoffanlagen sein werde. Die daraufhin durchgeführten schweren Luftangriffe auf deutsche Raffinerien synthetischen Kraftstoffs waren verheerend und wirkten sich sofort aus: Die deutsche Produktion von Flugbenzin mit hoher Oktanzahl sank von 175.000 Tonnen im April 1944 auf weniger als ein Drittel – nur 55.000 Tonnen – im Juni.

Die wenigen in Norddeutschland verfügbaren Me 163 konnten von den amerikanischen Bombern, die von England kamen, leicht umflogen werden – und für die aus Italien einfliegenden Bomber

waren sie überhaupt keine Bedrohung. Also befahl Gollob der I./JG 400, ihre Flugzeuge auf dem Fliegerhorst Brandis bei Leipzig in Mitteldeutschland zusammenzuziehen: Die Me 163 sollte jetzt als Objektschutzjäger eingesetzt werden und die lebenswichtigen Raffinerien von Leuna-Merseburg, Bohlen, Zeitz und Leutzkendorf schützen, auf die man nachhaltige Angriffe erwartete.
Die Verlegung nach Brandis nahm etwa drei Wochen in Anspruch, und erst Ende Juli war JG 400 in der Lage, den Feindbombern ernsthaft entgegenzutreten: Am Morgen des 28. Juli 1944 bombardierten 596 amerikanische Bomber den Komplex von Leuna-Merseburg. Als die ersten Bomben fielen, hoben sechs Me 163 im Alarmstart nacheinander in Brandis ab und stiegen steil nach oben, um die Bomber abzufangen. Oberst Avelin Tacon, der die P-51 der 359. Jagdgruppe anführte, die die Bomber im Zielgebiet schützen sollten, berichtete hinterher:

»Ich hatte es mit zwei Me 163 zu tun. Meine acht P-51 flogen engen Begleitschutz für ein Kampfgeschwader von B-17 und waren in 7500 m Höhe auf Südkurs, als einer meiner Piloten über Sprechfunk zwei Kondensstreifen in der 6-Uhr-Position in 10 600 m Höhe etwa 8 km entfernt meldete. Ich erkannte sofort, daß es Flugzeuge mit Strahlantrieb waren: Ihre Kondensstreifen waren nicht zu übersehen und sahen sehr dicht und hell aus – wie eine ausgedehnte Kumuluswolke von mehr als einem Kilometer Länge. Wir drehten um 180° auf die Feindjäger ein; zwei von ihnen hatten ihre Triebwerke eingeschaltet, die drei anderen befanden sich in dem Moment ohne Triebwerke im Gleitflug.
Die zwei, die ich ausgemacht hatte, gingen in enger Formation mit einer Kurve nach links in den Sturzflug und täuschten einen Angriff auf die 6-Uhr-Position der Bomber vor; in der Kurve schalteten sie ihre Triebwerke aus. Unsere Jäger drehten auf Gegenkurs, um zwischen sie und die hinteren Bomber zu gelangen. Als sie jedoch nur

Eine Me 163 B der I./JG 400 steht startbereit in Brandis.

Das Instrumentenbrett der Me 163 B zeigt die relativ sparsame Instrumentierung, mit der der Raketenjäger auskam. Die Tanks zu beiden Seiten der Beine des Piloten enthielten T-Stoff (hochkonzentriertes Wasserstoffsuperoxyd).

noch etwa 3 km von den Bombern entfernt waren, drehten die Me 163 auf uns ein und ließen von den Bombern ab. Bei dieser Kurve gingen sie in eine Schräglage von 80°, aber ihr Kurs änderte sich um nur etwa 20°. Ihr Kurvenradius war sehr groß, aber ihre Rollgeschwindigkeit schien exzellent zu sein. Ihre Fluggeschwindigkeit schätzte ich auf 800 bis 950 km/h. Beide Maschinen flogen etwa 300 m unter uns hindurch, noch immer im Gleitflug und in enger Formation. Um ihnen folgen zu können, rollte ich auf den Rücken und stieß nach unten. Der eine ging in einen Sturzflug von 45°, und der andere zog steil hinauf in die Sonne, woraufhin ich ihn verlor. Als ich zu dem im Sturzflug zurückblickte, war er schon 8 km entfernt und nur noch etwa 3000 m hoch. Meine Piloten berichteten mir später, daß der, der in die Sonne geflogen war, sein Triebwerk stoßweise eingesetzt habe – als ob er Rauchringe blase. Diese Piloten erschienen uns sehr erfahren, aber nicht sonderlich angriffslustig.«

Tacons abschließende Bemerkung war durchaus scharfsichtig: Einige der deutschen Piloten hatten Schwierigkeiten mit ihren Raketenmotoren gehabt, die am Ende des Steigfluges aussetzten – und man war nicht gerade aggressiv, wenn das passierte. Diejenigen Me-163-Piloten, die bis zu den Bombern durchkamen, mußten feststellen, daß ihre Annäherungsgeschwindigkeit zu hoch war, um Treffer zu erzielen. Von der Mustang-Eskorte gejagt, ging schließlich ihr Treibstoff zur Neige, und sie mußten unverrichteter Dinge wieder nach Brandis zurückkehren. Und dort erwartete sie ein weiteres Problem: Sie glitten im Sinkflug hintereinander nach unten und setzten zur

ME 163

1 Antriebspropeller für Generator
2 Generator
3 Preßluftflasche
4 Batterie und Elektronik
5 Einlauf für Kabinenbelüftung
6 Bugpanzerung (15 mm)
7 Druckspeicher
8 Direkte Kabinenbelüftung
9 Sprechfunkgerät FuG 16
10 Seitenrudersteuerung
11 Hydraulik- und Druckluftanschlüsse
12 Kipphebel für kombiniertes Höhen- und Querruder (Elevon)
13 Steuerrelais
14 Flugsteuerungskasten
15 Seitenruderpedal (Plastik)
16 Funksprech-Bedienfeld
17 Torsionswelle
18 Linker Kabinen-T-Stoff-Behälter (60 l)
19 Steuerknüppel
20 Klappbares Instrumentenbrett
21 Halterung der Verbundglas-Frontscheibe
22 Reflexvisier Revi 16 B
23 Innere Verbundglas-Frontscheibe (90 mm)
24 Schalter für Bewaffnung und Radio (rechte Konsole)
25 Sitz des Piloten
26 Rückenpanzerung (8 mm)
27 Kopf- und Schulterpanzerung (13 mm)
28 Funksprech-Frequenzwahlanlage
29 Kopfstütze
30 Mechanisch abwerfbare, klappbare Kabinenhaube
31 Lüftungsfenster
32 Starrer Tragflächenschlitz
33 Trimmklappe
34 Stoffbezogenes rechtes Elevon
35 Position der Landeklappe unter der Tragfläche
36 Innere Trimmklappe
37 Antenne des FuG 16
38 T-Stoff-Einfüllstutzen
39 Ungeschützter T-Stoff-Hauptrumpftank (1040 l)
40 Hintere Kabinenverglasung
41 Linker Kanonen-Munitionsbehälter (60 Schuß)
42 Rechter Kanonen-Munitionsbehälter (60 Schuß)
43 Munitions-Zuführungsschacht
44 T-Stoff-Anlaßbehälter
45 Obere Seitenruder-Umlenkung
46 C-Stoff-Einfüllstutzen
47 Gehäuse des Raketenmotors HWK 509 A-1
48 Raketenmotor-Haupthalterung
49 Seitenruder-Stellstange
50 Trennstelle
51 Antennenanpassungs-Schaltelement
52 Befestigungspunkt für Seitenflossen-Vorderholm
53 Innere Konstruktion der Seitenflosse
54 Seitenruder-Ausgleichshorn
55 Oberes Seitenrudergelenk
56 Seitenruder

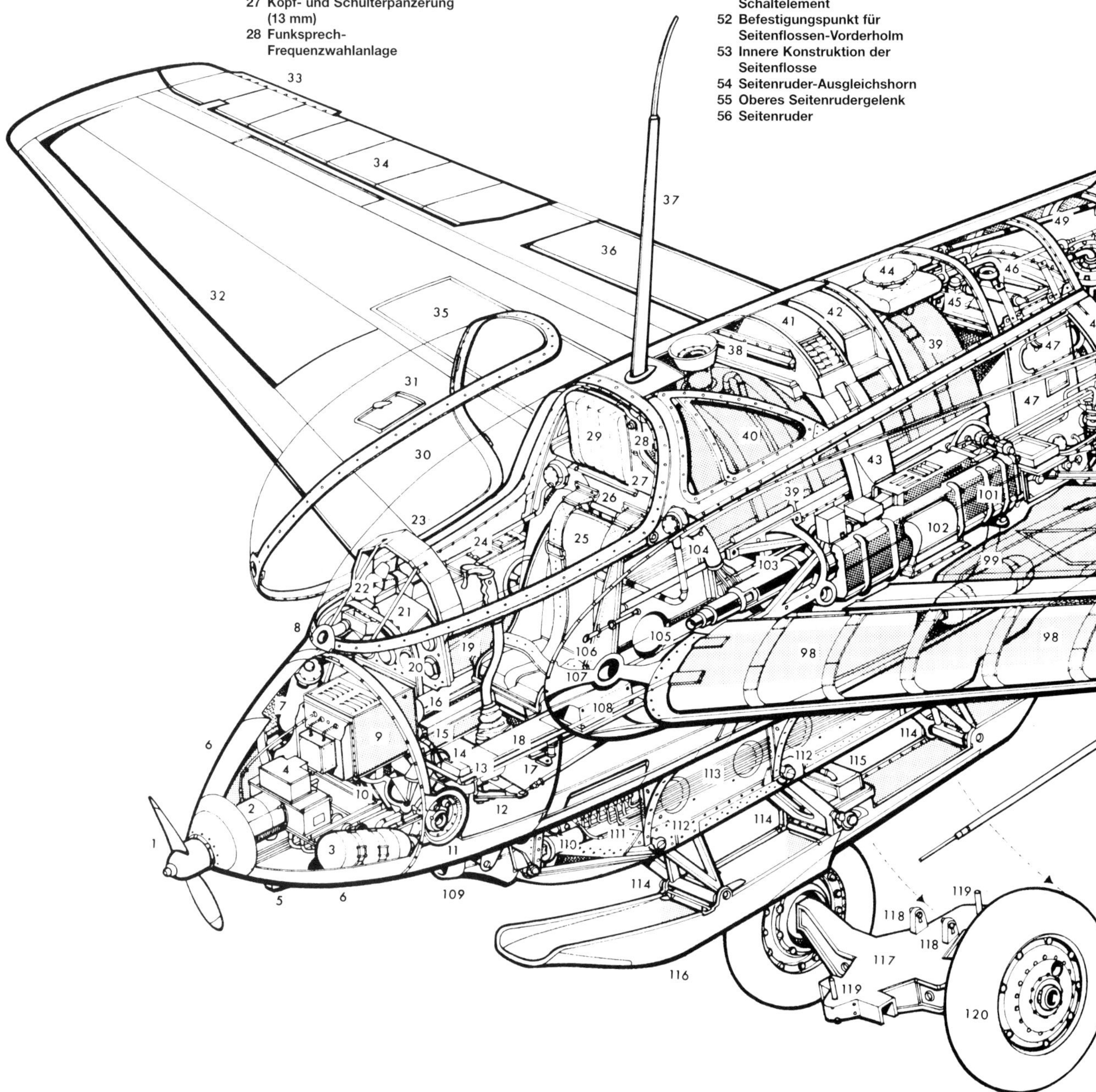

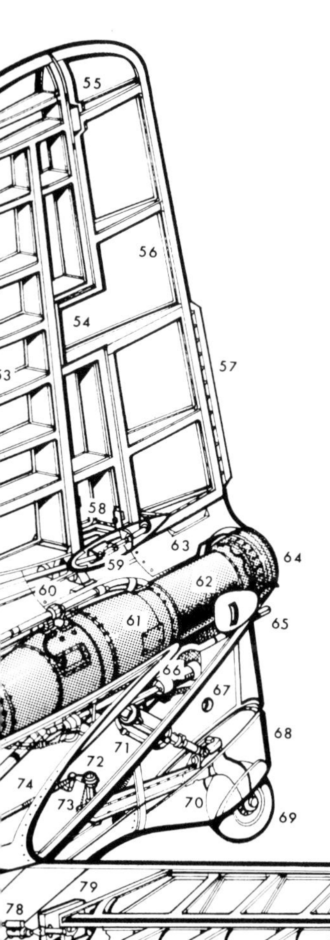

57 Seitenruder-Trimmklappe
58 Seitenruder-Kipphebel
59 Kipphebelverkleidung
60 Befestigungspunkt für Seitenflossen-Hinterholm
61 Brennkammer des Raketenmotors
62 Strahlrohr
63 Seitenflossen-Ansatzverkleidung
64 Schubdüse des Raketenmotors
65 Entlüftungsrohr
66 Hydraulikzylinder
67 Anhebe-Öse
68 Heckrad-Verkleidung
69 Lenkbares Heckrad
70 Heckradgabel
71 Heckrad-Ölfederbein
72 Heckrad-Steuergelenk
73 Senkrechter Verbindungsbolzen
74 Tragflächenansatz-Auskehlung
75 Brennkammer-Stützstrebe
76 Bordkanonen-Spannmechanismus
77 Trimmklappen-Stellmechanismus (am Rumpfspant befestigt)
78 Schneckengetriebe
79 Trimmklappen-Lagerung
80 Linke innere Trimmklappe
81 Elevon-Lagerung
82 Kipphebel
83 Elevon-Stellstange
84 Linkes kombiniertes Höhen- und Querruder (Elevon)
85 Hinterer Tragflächenholm
86 Trimmklappe
87 Äußeres Elevon-Scharnier
88 Flächenspitzen-Gleitkufe
89 Innere Konstruktion der Tragfläche
90 Starrer Tragflächenschlitz
91 Elevon-Umlenkung
92 Position der Landeklappe unter der Tragfläche
93 Stellstange im Vorderholm
94 Vorderholm
95 Antenne des FuG 25 A
96 Staurohr
97 Verkleidung des Tragflächen-Tankrohres
98 C-Stoff-Tragflächentank (73 l)
99 Preßluftflasche zum Spannen der Bordkanonen
100 C-Stoff-Haupttragflächentank
101 Linke 3-cm-MK-108 mit kurzem Rohr
102 Hülsenauswurfschacht
103 Vordere Bordkanonen-Halterung
104 Druckdichtes Kanonen Steuerrohr
105 Bordkanonen-Schußkanal
106 Bordkanonen-Justiermechanismus
107 Waffenscharte
108 Freund-Feind-Kennung FuG 25 A
109 Zugstangen-Befestigungspunkt
110 Druckluftkolben für die Landekufe
111 Rohre für Hydraulik und Druckluft
112 Landekufen-Aufhängung
113 Landekufen-Befestigungskiel
114 Landekufen-Halterung
115 Untersetzfahrwerk-Abwurfmechanismus
116 Landekufe
117 Rahmen des Untersetzfahrwerks
118 Untersetzfahrwerk-Halterungsösen
119 Untersetzfahrwerk-Ausrichtzapfen
120 Niederdruckreifen

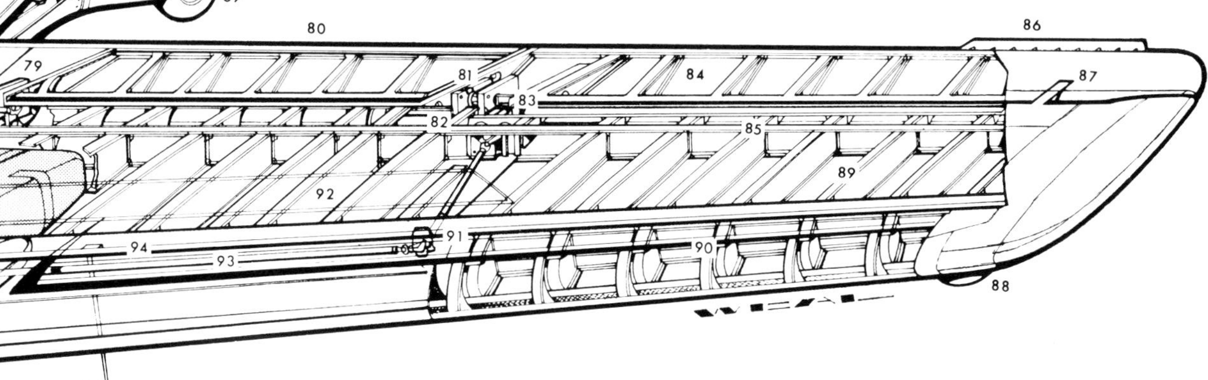

MESSERSCHMITT 163 B

Antrieb: Ein Raketenmotor des Typs HWK (Hellmuth Walter, Kiel) 509 mit 1700 kp Standschub.

Bewaffnung:
Frühe Versionen: Zwei 2-cm-Maschinenkanonen des Typs Mauser MG 151. Spätere Versionen: Zwei 3-cm-Maschinenkanonen des Typs Rheinmetall-Borsig MK 108 mit je 60 Schuß.

Leistungsdaten:
Höchstgeschwindigkeit 955 km/h in mehr als 3000 m Höhe. Einsatzradius etwa 40 km. Anfängliche Steigrate 81 m/s. Steigzeit auf 6000 m Höhe 2 min, 16 s.

Gewicht:
Leermasse 1908 kg, Startmasse 4310 kg.

Abmessungen:
Spannweite 9,33 m, Länge 5,85 m, tragende Fläche 18,5 m≈.

Landung an – aber in so rascher Folge, daß das Bodenpersonal keine Gelegenheit hatte, die Landebahn von bereits gelandeten Me 163 freizumachen. Zum Glück für die deutschen Piloten gab es keine Kollision zwischen landenden und schon gelandeten Maschinen – aber es gab einige Fast-Zusammenstöße. Damit zeichneten sich schon deutlich die Probleme ab, die auftreten konnten, wenn mehrere Me 163 gleichzeitig von einem Flugplatz aus eingesetzt wurden.

Nachdem er von Tacons Bericht Kenntnis erhalten hatte, gab Generalmajor William Kepner, dem das 8. Oberkommando der Jagdflieger unterstand, an seine Einsatzverbände folgende Weisung heraus:

»... Ich nehme an, daß wir bald noch weitere dieser Flugzeuge sehen werden, und dann müssen wir mit Angriffen auf die Bomber von hinten rechnen – in Formationen oder in Wellen. Um das abzuwehren und Zeit zu gewinnen, um auf sie einzudrehen, müssen unsere Jäger relativ dicht bei unseren Bombern bleiben, um jederzeit zwischen den Feindjägern und unseren Bombern sein zu können. Ich bin der festen Überzeugung, daß diese Taktik es ihnen verwehrt, erfolgreiche – ich wiederhole: erfolgreiche! – Angriffe auf unsere Bomber zu fliegen ...«

Die Furcht vor Massenangriffen durch deutsche Raketenjäger verließ das amerikanische Oberkommando den ganzen Krieg über nicht – obwohl, wie schon erwähnt, derartige Massierungen die I./JG 400 vor beträchtliche taktische Schwierigkeiten gestellt hätte. Kepners Befehl an die amerikanischen Begleitjäger, dichter bei den Bombern zu bleiben, war vernünftig: Wenn sie stets in der Nähe der Bomber blieben, stellten sie für die Me 163 eine ständige Bedrohung dar, und die deutschen Jäger waren gezwungen, ihre Angriffe mit hoher Geschwindigkeit zu fliegen – und damit konnten sie nicht mehr so sorgfältig zielen.

Am nächsten Tag, dem 29. Juli 1944, griffen 647 schwere amerikanische Bomber Merseburg an. Dieses Mal versuchten sechs Me 163 die Angreifer abzufangen, aber wie am Vortage waren die Bemühungen erfolglos, und keine Seite erlitt irgendwelche Verluste.

Am 31. Juli stieß ein Lightning-Aufklärer auf eine Me 163, aber es gelang ihm zu entkommen, ohne Schaden zu nehmen. Und am 5. August wurden nicht weniger als zehn Raketenjäger in der Nähe eines weiteren US-Bomberverbandes gemeldet, aber wiederum scheint es auf beiden Seiten keinerlei Verluste gegeben zu haben.

Erst am 16. August 1944 gab es einen regelrechten Kampf zwischen der I. Gruppe des Jagdgeschwaders 400 und einer angreifenden Formation von US-Bombern. An diesem Tag waren 1096 B-17 Flying Fortress und B-24 Liberator mit starkem Jagdschutz unterwegs, um Ziele in Zeitz, Rositz, Leuna, Böhlen, Halle, Dresden und Köthen zu bombardieren. Fünf Me 163 hatten in Bereitschaft gewartet und hoben jetzt im Alarmstart ab. Einer der ersten, der die Bomber erreichte, war Feldwebel Herbert Straznicky, der im Sturzflug eine B-17 der 305. Bombergruppe angriff. Feldwebel H. Kaysen, der Heckschütze des Bombers, hielt sein Feuer direkt auf den anfliegenden Raketenjäger, und als der dicht hinter dem Bomber abdrehte, sah er, daß die Me 163 schwarzen Rauch hinter sich herzog. Straznicky hatte Splitterwunden am linken Arm und an der linken Hüfte und entschloß sich, aus seinem stark beschädigten Flugzeug auszusteigen. Er erreichte den Boden ohne weitere Verletzungen.

Kurz darauf griff Leutnant Hartmut Ryll eine andere B-17 der 305. Bombergruppe an, die von Leutnant C. Laverdiere geflogen wurde. Als er dem Bomber näherkam, gab Ryll eine präzise Garbe ab und erzielte an beiden inneren Motoren und den Klappen Treffer, zudem tötete er den Heckschützen und einen weiteren Bordschützen. Als er von der Bomberformation abdrehte, erspähte Ryll die B-17 *Outhouse Mouse* der 91. Bombergruppe, die von Fw 190 angegriffen und beschädigt worden war – sie konnte mit der Hauptformation nicht mehr mithalten. Als seine Me 163 sich ihr aber näherte, um ihr den *coup de grâce* – den Gnadenstoß – zu versetzen, wurde er in der Kurve von Oberstleutnant John Murphy gesehen, der eine Rotte P-51 der 359. Jagdgruppe anführte. Murphy berichtete hinterher:

»Ich begleitete unsere Bomber südöstlich von Leipzig in 9000 m Höhe, als ich plötzlich einen Kondensstreifen entdeckte, der von hinten links rasch zu den Bombern aufstieg. Aufgrund der Geschwindigkeit war mir klar, daß die Kondensstreifen von einem Strahlflugzeug stammen mußten. Wegen dieser Geschwindigkeit und des Höhenvorteils wußte ich aber auch, daß ich ihn nicht einholen konnte, und als ich jetzt auf meiner rechten Seite eine versprengte B-17 in 8300 m Höhe bemerkte, die nordöstlich von Leipzig ganz allein dahinflog, nahm ich Kurs auf sie, weil ich annahm, daß sie wahrscheinlich angegriffen würde. Der Kondensstreifen des Strahljägers verschwand, als er auf etwa 500 m an den Bomberpulk herangekommen war, und von dem Punkt an behielt ich ihn im Auge, wie ich das mit jedem anderen Flugzeug auch getan hätte. Er durchquerte den Bomberpulk und nahm Kurs auf die einsame B-17, die er erreichte, bevor ich bei ihr sein konnte – ich war aber nicht weit hinter ihr und holte auf. Hinter der B-17 schien er in den Horizontalflug überzugehen, und ich schloß auf ihn auf und eröffnete aus etwa 300 m Entfernung Dauerfeuer, das ich hielt, bis ich ihn überholte – ich traf ihn mehrfach an der linken Seite seines Rumpfs. So scharf ich konnte, zog ich dann nach links, um ihn nicht zu überholen und vor ihn zu geraten, und dabei verlor ich ihn und meinen Rottenflieger aus den Augen. Mein Rottenkamerad, Leutnant Jones, berichtete aber, daß der Strahljäger ruckartig auf den Rücken gerollt sei, und da konnte er eine ausreichende Anzahl von Treffern in der Kabine landen und ihn so zerstören. Als Jones ihm im Sturzflug folgen wollte, verlor er kurzzeitig das Bewußtsein. Als ich aus meiner hochgezogenen Kehrtkurve nach links wieder herauskam, sah ich einen anderen Strahljäger links von mir und Jones weiter weg und etwas tiefer auf der rechten Seite. Ich hielt auf ihn zu, und er begann einen flachen Sturzflug nach links. Ich bin ihm vermutlich durch zwei Kurven gefolgt, bevor ich näher an ihn rankam. Dann wurde mir klar, daß ich ihn recht schnell überholen würde – aber ich gab bei etwa 250 m Dauerfeuer und erkannte Treffer über die volle Länge des Rumpfs. Die Maschine begann zu demontieren, dann folgte eine grosse Explosion, und weitere Teile lösten sich. Ich roch sogar in meiner Kabine die fremdartigen chemischen Dämpfe, als ich ihm durch den Rauch der Explosion folgte. Soweit ich erkennen konnte, war der gesamte hintere Teil des Rumpfs hinter der Kabine von der Explosion weggerissen worden.«

Murphy folgte dem abstürzenden Flugzeug noch etwas, sah dann aber ein anderes Feindflugzeug in etwa 3fi km Entfernung und brach die Verfolgung ab. Jetzt wurde auch sein Kraftstoff knapp, und er entschied sich für den Heimflug. Am Ende seines Berichts stellt er fest:

Eine Me 163 B des Jagdgeschwaders 400 beim Raketenstart in Brandis.

»Als ich den Strahljäger erstmalig entdeckte, hatte ich den Eindruck, in der Luft stillzustehen. Es erschien sinnlos, auch nur versuchen zu wollen, solch ein Flugzeug einzuholen – aber dann zwang mich meine Neugier, so dicht wie möglich an ihn heranzukommen: Wahrscheinlich würde jeder Pilot so reagieren, der mit ihnen in Berührung kommt. Irritiert hat mich, daß er seine Geschwindigkeit ständig erheblich änderte – das erkennt man aber erst, wenn man plötzlich merkt, wie schnell man an ihm vorbeizieht.«

Eine Me 163 B wird nach der Landung eingeholt, wie es später üblich war: Der Scheu-Schlepper zog einen Anhänger mit zwei hydraulischen Armen, die das Flugzeug weit genug vom Boden abhoben.

Aus den deutschen Unterlagen kann man schließen, daß es wohl Rylls Me 163 war, die als erste von Murphy und Jones abgeschossen wurde – Ryll kam dabei ums Leben. Die zweite Maschine war dann vermutlich Straznickys, nachdem er ausgestiegen war; fest steht, daß dieses Flugzeug explodierte, bevor es am Boden aufschlug. Noch ohne selbst einen Abschuß erzielt zu haben, hatte der Raketenjäger-Verband seine ersten beiden Flugzeuge im Luftkampf verloren.

Acht Tage später aber, am 24. August 1944, konnte die I./JG 400 ihren ersten Erfolg melden. Acht Me 163 B stiegen von Brandis aus auf, um eine große Bomberformation aus B-17 im Anflug auf Leuna anzugreifen, und kurz darauf meldeten die Besatzungen der 92., 305., 381. und 457. Bombergruppe den Anflug der kleinen Strahljäger. Von ihrem Jägerleitoffizier schlecht geführt, stiegen Feldwebel Siegfried Schubert und sein Rottenflieger auf etwa 10.800 m Höhe, konnten ihre Bomber aber nicht finden. Beide Me 163 nahmen ihre Schubhebel auf Leerlauf zurück, um Treibstoff zu sparen, und begannen, während sie nach den Bombern suchten, den Sinkflug. Sie waren schon unterhalb des Bomberpulks, als sie schließlich ihre Beute erspähten: B-17 der 92. Bombergruppe. Beide Me 163 gaben unverzüglich Vollschub und drehten zum Angriff ein. Schubert nahm sich die führende B-17 mit Leutnant Hoehler als Piloten vor, und sein kurzer Feuerstoß verursachte schwere Schäden an ihrer linken Tragfläche: Die B-17 scherte aus der Formation aus, verlor an Höhe und stürzte kurz danach ab. Mit seinem Raketenmotor noch immer auf Vollschub flog Schubert unter seinem Opfer hindurch und aus dem Feuer der Bordwaffen heraus – aber in der Hast, dem Pulk zu entkommen, überschritt er die kritische Machzahl und fand sich plötzlich im unkontrollierten Sturzflug wieder. Während Schubert noch mit seinem Steuerknüppel kämpfte, führte sein Rottenflieger einen ähnlich präzisen Angriff auf Leutnant Steve Nagys B-17 durch: Ihr Motor Nr. 4 geriet in Brand, der Bomber begann zu trudeln und explodierte in etwa 6300 m Höhe.

Zwei weitere Me 163, geführt von Oberfeldwebel Peter Husser und Unteroffizier Manfred Eisenmann, stürzten sich jetzt auf dieselbe Bomberformation; während sie mit Feuerstößen angriffen, wurde aber kein amerikanischer Bomber getroffen – Eisenmanns Messerschmitt hingegen wurde vom Abwehrfeuer der Bomber am Leitwerk beschädigt.

Mittlerweile hatte Schubert sein Flugzeug wieder unter Kontrolle gebracht und stieg – nachdem er seinen Raketenmotor wieder angelassen hatte – auf Höhe, um seiner Beute nachzujagen. Dieses Mal stieß er auf B-17 der 457. Bombergruppe und griff, den Schubhebel auf Leerlauf, in flachem Sturzflug fast direkt von vorne an. Dabei trafen Schuberts Geschosse die B-17 von Leutnant Winfred Pugh, die daraufhin aus der Formation ausbrach, zu trudeln begann und schließlich in etwa 3000 m Höhe explodierte.

Etwa zur gleichen Zeit wurden B-17 der 305. Bombergruppe von zwei Me 163 angegriffen, und

Feldwebel Rudolf Zimmermanns Me 163, während des Einsatzes vom 7. Oktober von Leutnant Willard Erkamps P-51 aus aufgenommen. Der deutsche Pilot machte mit seiner beschädigten Maschine eine Bruchlandung, konnte sich aber in Sicherheit bringen, bevor Mustang die am Boden liegende Messerschmitt mit ihren Bordwaffen zusammenschossen.

Unten links:
Zwei der Raketenjägerpiloten des JG 400, die an den Einsätzen im August teilnahmen: Feldwebel Manfred Eisenmann (links) und Rudolf Glogner. Eisenmann verlor beim Absturz seiner Me 163 am 24. August 1944 sein Leben.

Feldwebel Rudolf Zimmermann mit »Harras«, dem Staffelmaskottchen der 1./JG 400.

einer der Bomber – geflogen von Leutnant P. Dabney – wurde dabei auch abgeschossen. In jedem dieser Fälle konnten die Piloten der Raketenjäger ihre Angriffe so überfallartig durchführen, daß sie den Bomberpulk schon wieder verlassen hatten, bevor die Mustang überhaupt eingreifen konnten. Aber noch immer gab es technische Schwierigkeiten mit der Me 163 – es schien, als ob jedesmal, wenn einige ihrer Probleme gelöst waren, neue auftraten, um sie zu ersetzen: Als Feldwebel Rudolf Zimmermann zum Abfangansatz aufstieg, setzte sein Raketenmotor bald darauf aus. Da er ihn nicht wieder zünden konnte, zog er den Griff zum Ablassen des gefährlichen Wasserstoffsuperoxyds* und drehte ein, um in Brandis zu landen. Da ihm für einen normalen Landeanflug die Höhe fehlte, fuhr er seine Landekufe aus und setzte zu einer Rückenwindlandung an. Später schrieb er darüber:

»Ich kam tief und zu schnell rein und setzte zu früh und auch zu hart auf. Genau in diesem Moment gab es eine starke Explosion: mit Flammen, Rauch und Flugzeugteilen, die um das Cockpit herumflogen. Als die Maschine zum Stillstand kam, konnte ich die Graspiste durch ein Loch im Kabinenboden betrachten: Um die Kufe herum war die gesamte Metallverkleidung weggerissen worden, und das Sperrholz der Tragflächenunterseite war ebenfalls lädiert.«

Zimmermann erhielt von seinem Staffelchef einen Strengen Verweis, weil er die Me 163 angeblich durch eine zu harte Landung beschädigt hatte. Nur wenig später jedoch, nach einem ähnlichen – aber viel ernsteren – Unfall, bei dem der Flugzeugführer schwere Verbrennungen davontrug, wurde der wahre Grund dieser Explosionen entdeckt: Beim Ablassen war etwas von dem Wasserstoffsuperoxyd in den Kufenschacht gelaufen und hatte sich dort gesammelt. Zwar war das meiste davon, als Zimmermann aufsetzte, nach dem Ausfahren der Landekufe bereits vom Fahrtwind fortgeblasen worden – ein Rest jedoch war dort verblieben. Als die Stoßdämpfer der Landekufe den Aufsetzstoß auffingen, waren einige Spritzer von dessen Hydrauliköl mit dem Wasserstoffsuperoxyd zusammengekommen, und die Reaktion der beiden Chemikalien hatte die Explosion ausgelöst. Nachdem man das festgestellt hatte, wurden die Me-163-Piloten angewiesen, die Kufe sofort nach dem Ablassen des Wasserstoffsuperoxyds auszufahren, damit der Fahrtwind so lange und so viel wie möglich davon mitnehmen konnte.

In den Kämpfen dieses Tages hatten die Raketenjäger vier Feindbomber vernichten können, dagegen waren nur eine Me 163 – Eisenmanns – im Kampf und eine weitere – Zimmermanns – bei der Landung beschädigt worden. Nach allem, was vorausgegangen war, hatte die I./JG 400 ihre ersten Erfolge verbuchen können; die Luftsiege dieses Tages sollten sich allerdings in Zukunft nicht mehr wiederholen.

Im September 1944 wurde das JG 400 fünfmal eingesetzt, am 10., 11., 12., 13. und am 28. Die Stärke der beteiligten Maschinen schwankte dabei; beim letzten der genannten Einsätze stiegen neun Me 163 in die Luft. Stets aber gab es Probleme mit den Jägerleitoffizieren, und nur ein kleiner Teil der Raketenjäger fand seine Ziele. Am 28. September beispielsweise wurde Zimmermann auf eine Formation amerikanischer Bomber angesetzt, die an Brandis vorbeiflogen. Da er die Bomber an der Grenze seines Aktionsradius abfangen sollte, flog er – um Treibstoff zu sparen – nicht mit Vollschub und stieg auch nur mit flachem Steigwinkel. Er berichtet weiter:

»Vier Minuten nach dem Start sah ich die B-17 – etwa 45 Maschinen in 10 Uhr und rund 8300 m Höhe. Ich selbst befand mich in 10.000 m Höhe mit etwa 800 km/h im Horizontalflug: eine hervorragende Ausgangsposition. Aber etwa 1fi km hinter den Bombern fiel mein Motor aus – mein Sprit war zu Ende. Im flachen Sturzflug kurvte ich nach links auf die letzte B-17 im Pulk ein und feuerte aus 500 m Entfernung eine Salve – ohne sichtbares Ergebnis.«

Ohne Antrieb fiel Zimmermanns Messerschmitt nun hinter den Bombern zurück. In einem letzten verzweifelten Versuch drückte er daher die Nase nach unten, um etwas mehr Fahrt aufzunehmen, und zog dann nach oben, um dieselbe B-17 von unten anzugreifen – doch jetzt klemmten seine Bordkanonen im entscheidenden Moment. Wü-

* Spätere Serien-Me-163-B waren mit einem Schnellablaßsystem für den T-Stoff ausgerüstet.

Me-163-Flugzeugführer des Jagdgeschwaders 400 in Brandis, aufgenommen Ende 1944 (von links): Schorsch Neher, ein Unbekannter, und Jupp Mühlstroh. Die beiden im Hintergrund tragen die speziellen Schutzanzüge für Raketenjägerpiloten.

tend vor Enttäuschung brach der deutsche Pilot seinen Angriff ab und begann seinen langen Gleitflug zurück nach Brandis.

Am 24. September hatte JG 400 eine Stärke von 19 Me 163, von denen elf einsatzklar waren. Da bis dahin aber bereits mehr als 100 Me 163 gebaut worden waren, kann man daraus – wie bei anderen deutschen Strahlflugzeugen auch – ableiten, daß nur relativ wenige der fertiggestellten Me 163 die Einsatzverbände erreichten.

Ebenfalls im September erlitt das Raketenjägerprojekt einen herben Rückschlag: Nach alliierten Bombenangriffen auf Leverkusen und Ludwigshafen, wo die Werke der Industriegewerkschaft (IG) Farben den Großteil des Hydrazin-Hydrats herstellten, das in Deutschland benötigt wurde, fiel die Produktion dieses wichtigen Raketentreibstoffs erheblich zurück. Die sich daraus ergebenden Engpässe behinderten das Me-163-Projekt dann bis Kriegsende – und eine scharfe Konkurrenz im Kampf um den knappen Treibstoff war schließlich auch noch die Vergeltungswaffe V1, die ihr Startkatapult mit Hydrazin-Hydrat betrieb.

Im Oktober gab es weitere sporadische Einsätze der Raketenjäger. Nach einem erfolglosen Versuch vom 5. September, amerikanische Bomber anzugreifen, hatten sie am 7. mehr Glück: Fünf Me 163 starteten in der ersten Welle, und bevor die begleitenden P-51 irgend etwas unternehmen konnten, hatte Feldwebel Siegfried Schubert eine B-17 der 95. Bombergruppe abgeschossen. Nach der Landung in Brandis sprang Schubert in eine andere Me 163, um die B-17 erneut anzugreifen. Dann jedoch passierte etwas, was Rudolf Zimmermann als Augenzeuge so schildert:

»Er ließ den Motor an und rollte schneller und schneller. Gegen Ende der Graspiste scherte er jedoch nach links aus – irgend etwas stimmte mit seinem Untersetzfahrwerk nicht. Er schlug mit Abhebegeschwindigkeit auf das Gras auf, kippte nach links, als habe er sein linkes Rad verloren, und dann gab es eine Explosion, und alles war in einer großen, pilzförmigen Rauchsäule verschwunden: Unser guter Freund Siegfried Schubert war nicht mehr.«

Obwohl sie vom plötzlichen Unfalltod eines ihrer Kameraden erschüttert waren, starteten die Me-163-Piloten einzeln oder zu zweit, um die Feindbomber erneut anzugreifen. Zimmermann fährt fort:

»Leutnant Bott und ich starteten um 12.30 Uhr nach Westen, drehten dann nach links und nahmen Kurs auf ein Gebiet etwa 50 km südöstlich von Leipzig. Im Steigflug fächerten wir uns auf und begannen, nach Zielen zu suchen. Ich stieg in einem Winkel von etwa 60° mit rund 930 km/h, als ich aus 12.000 m Höhe plötzlich unter meiner rechten Fläche eine einsame B-17 in etwa 8000 m Höhe ausmachte. Da ich über ihr war, flog ich einen weiten Kreis nach links, bis ich sie in 1fi km Entfernung in 1-Uhr-Position – etwas unter mir – vor mir hatte. In dem Moment setzte mein Raketenmotor aus: Der Sprit war zu Ende. Also ging ich im Sturzflug in Schußposition, gab einen Feuerstoß ab und beobachtete, wie vom Bomber Teile abmontierten.«

Da Zimmermann weiter an Fahrt verlor, brach er den Angriff ab und drehte in die generelle Richtung auf Brandis ein. Noch weit vom Fliegerhorst entfernt und über einer nahezu geschlossenen Wolkendecke fliegend, wollte er sich gerade eine Peilung geben lassen, als ...

»... in diesem Moment das Kabinendach zerbarst. Meine Maschine war am Rumpf und an der linken Tragfläche getroffen worden. Etwa 80 m von meiner linken Fläche entfernt überschoß mich eine Mustang, die Abwurftanks noch in Position. Ich selbst hatte noch etwa 240 km/h drauf und zog hart nach links, um hinter ihn zu gelangen. In dem Moment schoß seine Nr. 2 rechts an mir vorbei. Ich drehte weiter, geriet zu seiner Nr. 3 auf Gegenkurs und drückte auf den Waffenschalter. Aber aufgrund der harten Kurven blockierten meine Bordkanonen.«

Führer der Mustang war Leutnant Elmer Taylor von der 364. Jagdgruppe. Als er überschoß, drückte Zimmermann die Nase seines kleinen Jägers nach unten, bis er fast senkrecht nach unten stürzte; damit nahm er rasch Fahrt auf. Die Wolkendecke unter ihm war fast geschlossen – bis auf ein einziges Loch, durch das er ein ausreichend großes Feld erkennen konnte, umgeben von Bäumen. Er berichtet weiter:

»Im Sturzflug war ich den Mustang natürlich überlegen: Ich hatte etwa 880 km/h drauf und umkreiste dann die Wiese. Dann – beim Landeanflug – hing plötzlich meine linke Tragfläche nach unten, als die Geschwindigkeit abnahm: Die Sperrholzbeplankung an der Flächenunterseite hatte sich durch den Beschuß und den anschließenden Sturzflug gelöst. Ich streifte die Baumwipfel, wobei ich Kleinholz machte, und dann bohrte sich meine linke Tragfläche in den Boden, wodurch meine Ausrollstrecke ziemlich kurz geriet: Ich kam in der Mitte des Feldes zum Stehen. Da ich die Mustang bereits hören konnte, sprang ich aus der Maschine und rannte im rechten Winkel – als die erste bereits zum Angriff ansetzte – davon, dann warf ich mich hin. Bei mehreren Angriffen mit ihren Bordwaffen haben sie dann mein Flugzeug durchlöchert wie ein Sieb.«

Trotz all der Geschosse, die um ihn herum einschlugen – die größte Gefahr für Zimmermann stellte eine nahegelegene Flak-Batterie dar: Ihre Kanoniere hatten voller Enthusiasmus das Feuer auf die tief fliegenden Mustang eröffnet, und einige ihrer Geschosse explodierten unangenehm nah in seiner Umgebung.

Als die Mustang ihren Angriff abbrachen und in Richtung Heimat abdrehten, kehrte Zimmermann zu seinem zerschossenen Flugzeug zurück, um den Schaden abzuschätzen. Dabei sah er zu seiner Überraschung, wie sein Freund Feldwebel Herbert Straznicky, der kurz vor ihm mit einer Me 163 gestartet war, auf ihn zukam – wie war es Straznicky nur gelungen, so schnell zum Platz seiner Bruchlandung zu kommen? Straznicky er-

Hauptmann Fred Glover in einer P-51 der 4. Jagdgruppe. Er schoß am 2. November 1944 Oberfeldwebel Günther Andreas' Me 163 ab; Andreas selbst konnte sich mit dem Fallschirm retten.

zählte, er sei ebenfalls von Mustang verfolgt worden und durch dasselbe Wolkenloch nach unten gestoßen, aber seine Me 163 sei erst unter den Bäumen zum Stillstand gekommen. Während die Mustang Zimmermanns Flugzeug beschossen, hatte er sich zwischen den Bäumen verkrochen. Als der Angriff dann vorbei war, war er zu seiner Maschine zurückgekehrt – er fand sie unberührt vor, und sein erster Gedanke war, was die amerikanischen Piloten doch für erbärmliche Schützen sein müßten. Dann allerdings entdeckte er Zimmermanns zusammengeschossene Maschine, und ihm wurde alles klar. Straznickys unbeschädigter Jäger wurde später abgeholt und nach Brandis zurückgebracht; Zimmermanns Messerschmitt hingegen war ein Totalverlust.

Zimmermann und Straznicky waren unverletzt davongekommen, aber in Brandis hatte das Unheil erneut zugeschlagen. Unteroffizier Manfred Eisenmann kehrte mit einer Maschine zurück, die möglicherweise im Luftkampf beschädigt worden war: Sie ging beim Landeanflug in den unkontrollierten Schiebeflug. Unteroffizier Rudolf Glogner, der in einem vollgetankten Raketenjäger auf seinen Alarmstart wartete, beobachtete voller Entsetzen, wie Eisenmanns Me 163 in seine Richtung schlingerte. Sie schlug hart auf dem Boden auf, sprang noch einmal hoch in die Luft, ließ dann eine Fläche hängen und torkelte über die Graspiste – als sie an Glogners und anderen wartenden Raketenjägern vorbeirutschte, brach sie auseinander. Bergungstrupps fanden Eisenmanns Körper noch immer in dem angeschnallt, was zuvor eine Kabine gewesen war.

Zwar hatte Leutnant Bott eine B-17 beschädigt, und Siegfried Schubert war vor seinem tödlichen Versuch eines zweiten Einsatzes der Abschuß einer weiteren gelungen – aber diese Luftsiege wurden überschattet vom Tod zweier Flugzeugführer und dem Verlust dreier Me 163 an diesem 7. Oktober.

Bis Ende Oktober hatte JG 400 dann nur noch wenig zu tun, hauptsächlich wegen des schlechten Wetters und der Treibstoffverknappung, die sich jetzt auszuwirken begann. Am 2. November 1944 jedoch gab es eine deutliche Reaktion auf einen schweren Luftangriff durch B-17 der 3. US-Luftwaffendivision. Leutnant Hans Bott, Oberfeldwebel Jacob Bollenrath, Oberfeldwebel Günther Andreas sowie Straznicky und Glogner hoben ab und wurden genau in die Nähe der Feindbomber geführt. Andreas griff zuerst an, aber seine Me 163 geriet sofort in gezieltes Abwehrfeuer, und ihn traf ein Splitter über dem rechten Auge. Da sein Flugzeug beschädigt war, versuchte er, aus der fallenden Messerschmitt aus-

Leutnant Fritz Kelb, der am 10. April als einziger einen Luftsieg mit der nach oben schießenden Jägerfaust erringen konnte. Er kam in den letzten Kriegstagen ums Leben.

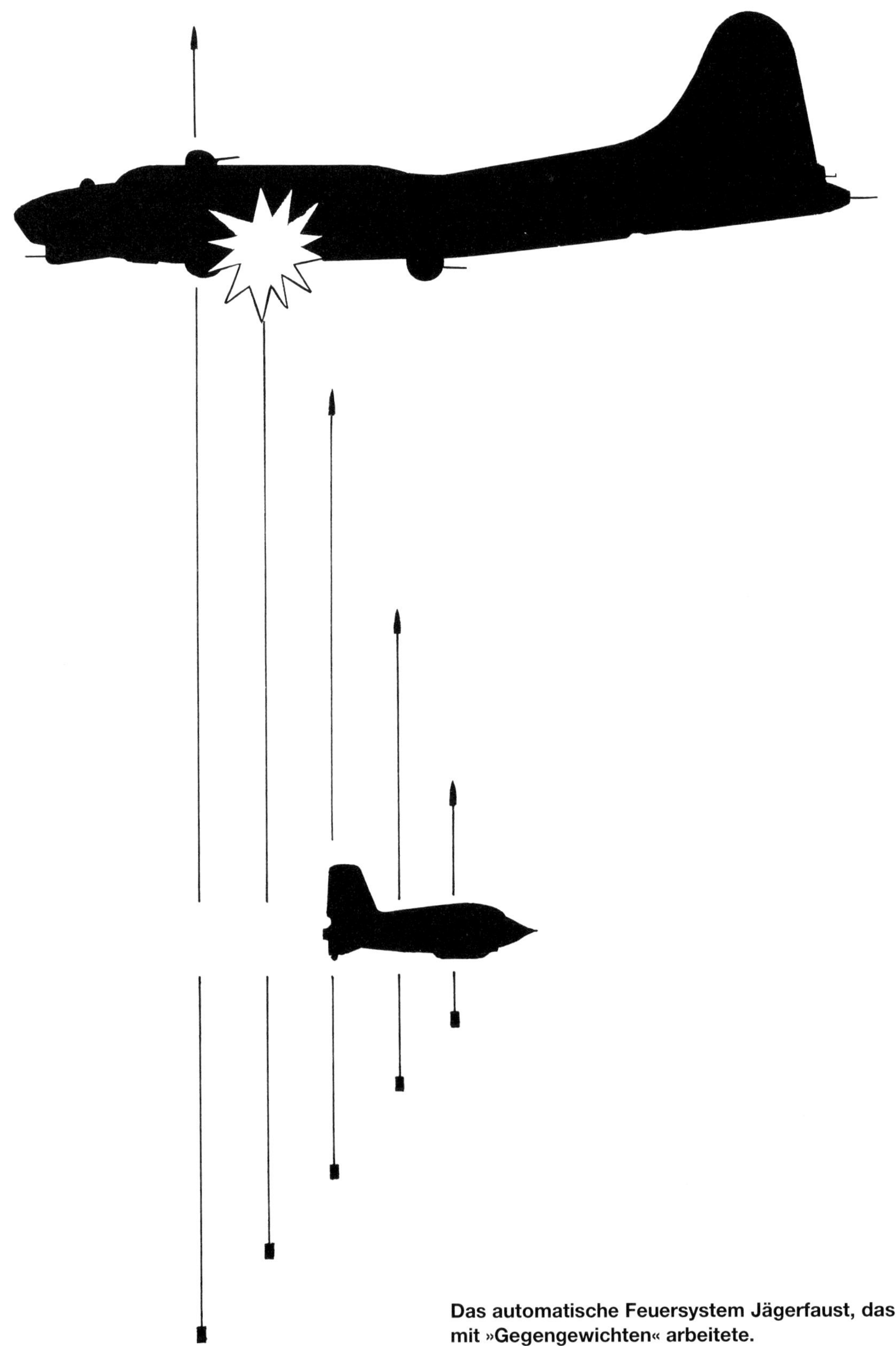

Das automatische Feuersystem Jägerfaust, das mit »Gegengewichten« arbeitete.

zusteigen, aber seine Kabinenhaube wollte sich zunächst nicht lösen. Andreas schnallte sich los und drückte mit aller Kraft gegen das Plexiglas, bis es schließlich – zu seiner großen Erleichterung – fortgerissen wurde. In der Zwischenzeit hatten allerdings die begleitenden Mustang auf den gleitenden Raketenjäger aufgeschlossen. US-Hauptmann Fred Glover, der an diesem Tag die 4. Jagdgruppe führte, berichtete hinterher:

»Das Flugzeug flog eine 180°-Kurve nach rechts und ging mit Ostkurs in einen flachen Sturzflug. Ich warf meine Zusatztanks ab und versuchte, mich ihm zu nähern. Die Me 163 flog nach Osten und ich nach Norden. Als das Feindflugzeug vor mir meinen Kurs kreuzte, erkannte ich, daß es ein Me-163-Raketenjäger war. Ich drehte rasch um 90° nach Osten ein und setzte mich hinter ihn in Schußposition. Aus etwa 400 m Entfernung eröffnete ich dann das Feuer. Ich traf ihn in Leitwerk, Tragflächen und Kabine. Der Bauch der Me 163 fing Feuer und explodierte. Flugzeugteile flogen an mir vorbei, und ich kam ihm – nach der Explosion – rasch näher. Ich überschoß ihn und kippte meine Tragfläche nach unten, um ihn zu beobachten. Sein Leitwerk war weggeschossen und seine Kabine übel zugerichtet (in Wirklichkeit hatte Andreas zu diesem Zeitpunkt die Kabinenhaube schon abgeworfen). Die Me 163 begann zu rollen und geriet dann – immer noch brennend – ins Trudeln.«

Andreas hatte seinen Verfolger erst bemerkt, als dessen Geschosse sein Flugzeug trafen – und während des gesamten Angriffs hatte er sich in seinen Sitz gekauert, weil er nicht wagte, sich zu bewegen. Danach konnte er unverletzt aus seinem ramponierten Flugzeug aussteigen.
Andreas hatte viel Glück gehabt, aber Oberfeldwebel Jacob Bollenrath, der nach ihm angriff, hatte es nicht. Hauptmann Louis Norley, ebenfalls von der 4. Jagdgruppe, erfaßte Bollenrath, als er die Bomber anzugreifen begann:

»Wir hatten gerade eine Linkskurve beendet und warteten darauf, daß die Raketenjäger zu uns herabstießen, als ich einen in meiner 6-Uhr-Position erfaßte. Ich warf sofort meine Tanks ab und gab Vollast. Ich setzte mein Kreiselvisier auf 10 m, die Spannweite der Feindflugzeuge, und stellte das Fadenkreuz auf maximale Entfernung. Ich hatte keine Schwierigkeiten, den Punkt auf dem Jäger zu halten, war aber noch etwas zu weit weg – etwa 1000 m. Ich hängte mich hinter ihn und folgte ihm nach unten. Der Raketenjäger begann sich dann aber von mir zu entfernen – also gab ich ein paar Feuerstöße ab in der Hoffnung, er werde vielleicht eine Kurve fliegen: Dann konnte ich ihm den Weg abschneiden und in Schußweite gelangen. Tatsächlich ging er in den Horizontalflug über und begann eine Linkskurve – dabei fiel seine Fahrt erheblich ab, als die Kurve länger wurde. Ich holte ihn jetzt rasch ein. Ich benutzte das K-14-Visier zum ersten Mal und kann mich nicht erinnern, das Fadenkreuz verstellt zu haben, als ich näherkam; allerdings konnte ich am Leitwerk eine Reihe von Treffern anbringen, als ich von 280 bis 50 m aus 10° seitlicher Versetzung feuerte. Meine Geschwindigkeit lag bei etwa 720 km/h, als ich in Schußweite war. Ich nahm das Gas raus, konnte aber nicht hinter ihm bleiben, weil ich viel zu schnell war. Ich überholte ihn, zog hoch und landete wieder hinter ihm. Bislang hatte der Raketenjäger seinen Motor noch nicht eingesetzt, zumindest konnte ich keinen schwarzen Rauch erkennen. Als ich mich ihm jetzt aber zum zweiten Mal näherte, benutzte er den Motor einige Sekunden lang; dann schaltete er ihn wieder ab. Ich kam bis auf 400 m mit 20° seitlicher Versetzung an ihn ran, feuerte erneut und registrierte Treffer am Leitwerk. Er rollte auf den Rücken und stürzte aus 2600 m Höhe senkrecht nach unten, wobei immer wieder Flammen aus der linken Rumpfseite und dem Strahlrohr schlugen. Er fiel in ein kleines Dorf und explodierte.«

Bollenrath war noch immer in der Kabine, als seine Me 163 am Boden aufschlug.
Mittlerweile waren weitere Me 163 im Anflug auf die B-17, und die Bombergruppen 91, 94, 388, 452 und 493 meldeten jeweils Feindberührung, wobei die Angriffe aber nicht energisch genug geführt würden. Keiner der schweren Bomber wurde von den Raketenjägern getroffen – und obwohl etliche amerikanische Bordschützen meldeten, sie hätten die Me 163 beschossen, sobald sie in Schußentfernung waren, nahm keiner einen Abschuß für sich in Anspruch. Es gibt aber Gründe anzunehmen, daß das Abwehrfeuer der Bomber die Zerstörung von Feldwebel Herbert Straznickys Messerschmitt bewirkt haben könnte, die sich – mit dem Piloten noch an Bord – in den Boden bohrte. Mit dem Verlust von Oberfeldwebel Horst Rolly, der bei diesem Einsatz ums Leben kam, war das ein weiterer schwarzer Tag für die I./JG 400: drei Piloten tot und vier Me 163 vernichtet – aber kein Luftsieg über ein Feindflugzeug.
Der Einsatz vom 2. November sollte für die I./JG 400 mehr als vier Monate lang der letzte dieses Umfanges bleiben: Der stete Mangel an Raketentreibstoff und ausgebildeten Piloten sowie das schlechte Wetter des letzten Kriegswinters sorgten dafür, daß die Einsätze der Me 163 wirkungs-

los blieben. Bei diesen Schwierigkeiten trug die Aufstellung einer zweiten Gruppe von Me 163 – der II./JG 400 in Stargard bei Stettin – nur noch wenig zur Einsatzeffektivität dieses Flugzeugtyps bei. Am 10. Januar 1945 verfügte die I./JG 400 – der einzige Einsatzverband – über 46 Raketenjäger, von denen 16 als einsatzklar gemeldet waren; die II./JG 400 hatte wahrscheinlich eine ähnliche Anzahl von Maschinen. Die Herstellung der Me 163 endete im Februar 1945, nachdem vermutlich 364 Flugzeuge dieses Typs gebaut worden waren.

Im März 1945 lebten die Aktivitäten des JG 400 noch einmal auf und erreichten am 15. mit fünf Einsätzen einen letzten Höhepunkt – keiner der Raketenjäger kam an diesem Tag jedoch zu den Bombern durch, und eine Mustang meldete den Abschuß einer Me 163.

Eine der Ursachen, die verhindert hatten, daß die Me 163 ein schlagkräftiger Jäger zur Zerstörung von Feindbombern wurde, war das Fehlen einer Bordbewaffnung, die alle Piloten – und nicht nur die fähigsten – in die Lage versetzte, während der kurzen Angriffe genaue und vernichtende Feuerstöße abzugeben. Wenn sie sich ihren Zielen mit einem Geschwindigkeitsüberschuß von rund 150 m pro Sekunde näherten, hatten viele Piloten das Gefühl, daß sie zu dem Zeitpunkt, wenn sie einen Bomber im Visier hatten, eigentlich bereits wieder abdrehen sollten, um nicht mit ihm zu kollidieren. Um dieses Problem zu lösen, entwickelte die Firma Hasag in Leipzig die Jägerfaust, ein automatisches Feuersystem. Bei der Me 163 bestand sie aus zehn senkrecht angebrachten 50-mm-Rohren, die in die Flächenwurzeln eingebaut waren, fünf auf jeder Seite. Jedes Rohr war mit einer Brisanzgranate von einem Kilogramm Gewicht geladen, und um den Rückstoß auszugleichen, wurden – wenn die Granaten nach oben auf den Bomber abgefeuert wurden – gleich schwere Gegengewichte nach unten abgefeuert. Die Rohre feuerten schnell hintereinander, ausgelöst von einer fotoelektrischen Zelle, die auf den Schatten des Bombers über der Me 163 reagierte. Alles, was der Pilot jetzt noch zu tun hatte, war, seine Jägerfaust scharf zu machen und mit seinem Jäger etwa 110 m unter dem Bomber durchzufliegen – von hinten oder, wenn er das wollte, auch von vorne. Die Rohre feuerten dabei in zwei Gruppen von jeweils fünf, was dem Piloten zwei Angriffe ermöglichte, bevor er landen und nachladen mußte. Mit der Jägerfaust konnte auch ein hastig ausgebildeter Flugzeugführer präzise Angriffe auf Feindbomber fliegen, und man erwartete große Dinge von ihr. Bei Versuchen gegen ein Stoffziel von der Größe einer Bombertragfläche, das man zwischen zwei Fesselballonen aufgespannt hatte, bewährte sich das System ausgesprochen gut. Vor Kriegsende wurden noch etwa ein Dutzend Me 163 auf die Jägerfaust umgerüstet, in den Einsatz gelangte sie aber nur ein einziges Mal: Am 10. April 1945 startete Leutnant Fritz Kelb zu einem Erprobungsflug mit der Jägerfaust und fing eine einsame B-17 ab, die in der Nähe von Leipzig hinter ihrer Formation herhinkte. Er flog einen einzigen – vernichtenden – Hochgeschwindigkeitsangriff mit der neuen Waffe: Der amerikanische Bomber zerlegte sich und stürzte ab.

Kelbs Angriff kennzeichnete das endgültige Aus der Einsatzkarriere der Me 163. Obwohl ihre Geschwindigkeit und ihre Steigleistungen zweifellos beeindruckend waren, operierten die Messerschmitt zu dicht an den Grenzen des Möglichen, um im Krieg viel bewirken zu können: Es muß bezweifelt werden, daß den Raketenjägern – nach fast einem Jahr im Einsatz – die Vernichtung von mehr als 16 Feindflugzeugen zugeschrieben werden kann. Die chemischen Raketentreibstoffe waren für den Einsatzbetrieb einfach zu exotisch – die Luftangriffe auf nur zwei Schlüsselwerke, verbunden mit dem Durcheinander der letzten sechs Kriegsmonate, brachten es fertig, die Produktion eines dieser Treibstoffe, Hydrazin-Hydrat, fast lahmzulegen. Das abwerfbare Untersetzfahrwerk, das Größe und Gewicht der Zelle kleinhielt, bedeutete aber auch, daß das Flugzeug vor dem Start kaum mobil war, und nach der Landung war es völlig unbeweglich, bis einer der speziell angefertigten Abschleppwagen es erreichte. War der Treibstoff erst einmal verbraucht, mußte der Pilot das Flugzeug beim ersten Landeanflug aufsetzen – und der T-Stoff-Tank mußte vor der Landung leer sein, sonst mußte man mit einer Explosion rechnen, wenn bei der Landung irgend etwas schiefging. Im Zweiten Weltkrieg mußte ein effektives Kampfflugzeug auch unerfahrene Piloten ertragen können: In allen Luftstreitkräften sank der Ausbildungsstand während des Krieges weit unter den Friedensstandard. Die Me 163 vergab nur wenige Fehler, und die eigenen Verluste durch Unfälle lagen weit über den Verlusten, die man dem Feind zufügen konnte.

Obwohl jede der großen alliierten Mächte nach Kriegsende über erbeutete Me 163 verfügte und die USA, die UdSSR, Großbritannien und Frankreich später ihre eigenen Hochleistungs-Raketenjäger entwickelten: Keiner dieser Staaten führte sie in die Einsatzverbände ein. Rückblickend muß man wohl feststellen, daß der Raketenjäger – bei all seinen spektakulären Leistungsdaten – in Wirklichkeit eine Sackgasse auf dem Weg der Jägerentwicklung war.

Eine erbeutete Me 163, die in der Sowjetunion zum zweisitzigen Segelflugzeug für Ausbildungsflüge umgebaut wurde. Der zweite Sitz belegt den Platz von Raketenmotor und T-Stoff-Tank.

Kapitel 3

Gloster Meteor

Gloster Meteor Mk I, EE 214, das fünfte Serienflugzeug, hier mit einem 480-l-Abwurftank unter dem Rumpf.

Die Gloster Meteor war das erste Strahlflugzeug, das bei der Royal Air Force (RAF) in Dienst gestellt wurde, und es war das einzige Strahlflugzeug der Alliierten, das im Zweiten Weltkrieg noch zum Einsatz kam. Wie bei der Messerschmitt Me 262 – und in vielen anderen Fällen – verlief die Entwicklung des britischen Jägers holprig. Wie bei dem deutschen Flugzeug hatte man anfangs viel zu optimistisch auf einen Hochleistungsjäger gehofft, der anscheinend bereits in greifbarer Nähe war. Als dann allerdings die Konstruktionsarbeiten begannen, um dieses Ziel zu erreichen, gab es die unausweichlichen Probleme mit dem Bau flugtauglicher Strahltriebwerke, die die vorausgesagten Leistungen und auch die Zuverlässigkeit erreichten.

Im Sommer 1940 kannte das Luftfahrtministerium in London natürlich das Potential neuer Strahltriebwerke, die in Großbritannien auf den Prüfständen liefen. Die Konstruktion des Whittle W.1., des ersten leichten britischen Turbinen-Luftstrahl-Triebwerks (TL-Triebwerks), war weit vorangeschritten; es sollte in das Forschungsflugzeug Gloster E.28/39 eingebaut werden. Zudem war ein Konstruktionsvorschlag für das größere und stärkere W.2.-Triebwerk eingereicht worden, das viele der Verbesserungen enthielt, die man beim Bau des kleineren Triebwerks entwickelt hatte. Vor diesem Hintergrund wurde die Gloster Aircraft Company vom Luftfahrtministerium aufgefordert, den Konstruktionsvorschlag für ein Jagdflugzeug vorzulegen, das vom W.2. angetrieben wurde.

Als Glosters Chefkonstrukteur George Carter Einzelheiten der Leistungen dieses frühen TL-Triebwerks erfuhr, erkannte er, daß man zwei dieser Triebwerke benötigen würde, um den Schub zu erzeugen, der für den Antrieb dieses Jägers erforderlich war. Sein Entwurf konzentrierte sich daher auf ein nahezu konventionelles Flugzeug mit zwei Strahltriebwerken, dessen Höhenflosse hoch am Leitwerk angesetzt war, um es aus den Turbulenzen der Triebwerke herauszuhalten. Für gute Manövrierfähigkeit in großen Höhen besaß es eine großzügig bemessene tragende Fläche von 33,45 m^2 und – ungewöhnlich für ein britisches Flugzeug dieser Epoche – ein Dreipunktfahrwerk. Der neue Jäger erhielt die Firmenbezeichnung G.41.

Die Bremsklappen der Meteor sollten verhindern, daß das Flugzeug seine kritische Machzahl im Luftkampf oder im Sturzflug überschritt.

Ende September 1940, während sich die Luftschlacht um England dem Ende zuneigte, legte Carter seinen Vorschlag für die G.41 dem Luftfahrtministerium vor. Lastenheft F.9/40 wurde auf diesen Entwurf zugeschnitten, und zu Beginn des folgenden Jahres erhielt Gloster einen Vertrag über den Bau von zwölf Prototypen des Strahljägers sowie genügend Werkzeugausrüstung, um 80 dieser Flugzeuge pro Monat herstellen zu können. Ursprünglich sollte der Jäger eine Bewaffnung von sechs 20-mm-MGs bekommen; diese Forderung wurde später jedoch auf vier Bordwaffen beschränkt.

Im September 1941 bekam die G.41 offiziell den Namen Thunderbolt. Das Luftfahrtministerium bestellte 20 Vorserienmaschinen, die den zwölf Prototypen folgen sollten. Als Anfang 1942 bekannt wurde, daß der neue Jäger Republic P-47 der US Army Air Force (USAAF) ebenfalls diesen Namen trug, wurde der britische Strahljäger in Meteor umbenannt.

Im Sommer 1942 konnte der erste Prototyp der Meteor seine Flugerprobung von der 3000 m langen Startbahn von Newmarket Heath aus aufnehmen. Wie alle frühen TL-Triebwerke waren auch die ersten flugfähigen W.2B-Triebwerke von Rover noch relativ schwach: Die der Meteor erzeugten nur magere 450 kp Schub. Am 10. Juli 1942 hob Hauptmann »Gerry« Sayer, Glosters Chefeinflieger, mit dem Prototyp der Meteor für einen kurzen Sprung in die Luft ab. Sofort stellte sich dabei heraus, daß dem Jäger für einen sicheren Steigflug genügend Schub fehlte, und Sayer empfahl danach, den Erstflug zurückzustellen, bis das Flugzeug über Triebwerke mit mehr Schub verfügte.

Die Probleme mit dem W.2B-Triebwerk ließen sich weder schnell noch leicht lösen, wodurch das Meteor-Projekt vorübergehend zum Stillstand kam, da stärkere Triebwerke für den Antrieb des Flugzeugs fehlten. Zum Glück entwickelten zu dieser Zeit aber auch andere Luftfahrtunternehmen Strahltriebwerke, und Anfang 1943 wurde das Halford H.1 – das spätere de Havilland Goblin – zugelassen: Das neue Triebwerk entwickelte 635 kp Schub, in Notfällen sogar 815 kp. Mit dem Schub zweier H.1 stieg Michael Daunt am 5. März 1943 von Cranwell aus im fünften Prototyp in die Luft – es war der erste echte Jungfernflug der Meteor.

Nur acht der ursprünglich geplanten zwölf Meteor-Prototypen wurden auch gebaut und geflogen, die restlichen vier wurden gestrichen. Die Prototypen flogen mit den verschiedensten Triebwerken, so dem Halford H.1, dem Metrovic F.2. und den W.2/500-, W.2B/23- und W.2B/37-Triebwerken von Whittle, die zunächst von Rover hergestellt, Anfang 1943 aber von Rolls-Royce übernommen wurden. Abgesehen vom Metrovic-Triebwerk, das einen Axialverdichter hatte, arbeiteten alle anderen Triebwerke mit Radialverdichtern.

Anfang 1943 verglich das Ministerium für Flugzeugbau die Leistungskurven der beiden besten Meteorversionen, die 1944 mit H.1- beziehungsweise mit W.2/500-Triebwerk herauskommen sollten, mit der neuesten Version der Spitfire, die zur gleichen Zeit gebaut werden sollte. Die Untersuchung ergab, daß der Strahljäger zwar deutliche Vorteile hinsichtlich Höchstgeschwindigkeit in geringen und in großen Höhen aufwies, in der Steigleistung aber klar unterlegen war. Zudem war der Kraftstoffverbrauch der ersten Strahltriebwerke merklich höher als der vergleichbarer Kolbenmotoren, was bedeutete, daß der Einsatzradius der Meteor vergleichsweise klein war. Die einzige Einsatzrolle, in der die Meteor den besten kolbengetriebenen Jägern überlegen zu sein schien, war die eines Kurzstrecken-Tagjägers für die Heimatluftverteidigung in geringen und sehr großen Höhen.

Zwischen dem Ende der Luftschlacht um England und dem Sommer 1943 hatte die RAF keine klare militärische Forderung für ein Flugzeug mit diesen Fähigkeiten entwickelt. Die Argumente für oder gegen die Massenproduktion der Meteor glichen in Großbritannien denen, die in Deutschland ein Jahr zuvor geäußert worden waren. Denn im Frühjahr 1943 erschienen die geschwächten Bomberkräfte der deutschen Luftwaffe kaum noch über Großbritannien – und schon gar nicht am Tage. Wenn also der Gegner jemals wieder seine Tagesangriffe in größerer Zahl aufnahm, war sich die RAF sicher, ihnen mit den Jägern entgegentreten zu können, die sie bereits hatte. Und für

Diese Flugaufnahmen der Meteor I zeigen die dick verstrebte Kabinenhaube dieser Version und die mächtigen Tragflächen, mit denen Mark I und Mark III ausgerüstet waren.

die Zukunft benötigte man Jäger, die weit in den feindlichen Luftraum eindringen konnten, also mit mehr Reichweite als die derzeitigen Typen sie aufwiesen – und nicht weniger.
Wie in Deutschland auch bezweifelte natürlich niemand, daß die Strahlflugzeuge noch erheblich weiterentwickelt werden konnten. Daher entschied man sich für die Weiterentwicklung der Meteor, so daß sie in Serie gehen konnte, falls der Krieg eine unerwartete Wende nahm. Mit begrenzten Ressourcen für die Flugzeugproduktion, die auf viele Abnehmer verteilt werden mußten, zögerte die Führung der RAF, die Massenproduktion der Meteor anzuordnen, bevor sie zuverlässig funktionierte und bestimmte Einsatzkriterien erfüllte.
Die Stimmung schlug allerdings im Sommer 1943 schlagartig um, als die Nachrichtendienste von neuartigen Flugzeugtypen berichteten, die in Deutschland entwickelt wurden – einige sogar mit Strahltriebwerken. Auf Weisung des Premierministers wurde die Fertigung von 120 Meteor befohlen; später erhöhte das Luftfahrtministerium diese Zahl sogar auf 300.

Ende 1943 verließen die ersten Serien-Meteor die Fertigungsstraßen. Diese Maschinen wurden von W.2B/23-Triebwerken angetrieben, die jetzt Rolls-Royce Welland hießen und 770 kp Schub erzeugten. Nach ihrer Flugerprobung wurde die erste Serienmaschine in die USA verschifft – im Austausch gegen einen Strahljäger des Typs XP-59A Airacomet von Bell, der bei Vergleichsflügen in Farnborough getestet werden sollte.
Die 616. Staffel, eine Spitfire-Einheit, wurde dazu ausersehen, als erste die neuen Jäger zu bekommen. Einer ihrer Piloten, Hauptmann D. Barry, wurde im Juni nach Farnborough kommandiert, um auf die Meteor umzuschulen. Später beschrieb er die oberflächliche Flugvorbesprechung, die man ihm dort zukommen ließ:

»Wir gruppierten uns um die Meteor und schauten ins Cockpit, während der Oberst die Cockpitauslegung ansprach, die Instrumente erklärte und die Flugeigenschaften erläuterte. Als nächstes sagte man uns, wir könnten jetzt zu unseren ersten Übungsflügen starten. Diese Einweisung erschien uns ziemlich dürftig, zumal es nur sehr wenige Meteor gab und jeder Verlust eine Lücke riß – und für den Piloten tödlich war, da es ja noch keine Schleudersitze gab. Unterlagen waren nicht vorhanden,

Diese Meteor III trägt die YQ-Kennung der 616. Staffel, der einzigen Einheit, die diesen Typ zum Kriegseinsatz brachte.

aber wir waren zuversichtlich – wenn auch etwas eingeschüchtert von der Vorstellung, ein so neuartiges Flugzeug zu fliegen.«

Barry absolvierte seinen ersten Strahlflug mit der fünften Serien-Meteor:

»Ich rolle zum Start: Schubhebel nach vorn, Vollschub bei voll getretenen Bremsen, dann Bremsen lösen, und langsam beschleunigt sie auf der Startbahn. Kein Pendeln, nichts Unangenehmes – ich halte den Knüppel gerade, bis 130 km/h angezeigt werden: da ziehe ich vorsichtig und hebe mit 190 km/h von der Startbahn ab. Fahrwerk rein und Steigflug, dann Klappen einziehen. Die Steigleistung ist anfangs schwach: 165 m/min, aber mit zunehmendem Schub wird sie besser. Ich besehe mir die Gegend; das Flugzeug ist still – kein Gedröhn der Motoren, nur das zischende Geräusch der über das Cockpit streichenden Luft, wie in einem Segelflugzeug ... Verglichen mit der Spitfire gehen die Steuerflächen der Meteor schwer, besonders wenn sie vollgetankt ist. Kunstflug mit der Mark I ist verboten, dazu ist der Schub zu schwach. Nach 45 Minuten die Landung – bloß nicht vergessen, daß man gleich aufsetzen muß: Man hat nur eine Chance, Durchstarten geht nicht, da der Schub abnimmt, wenn die Fahrt zurückgeht. Nach dem Aufsetzen bremst die Meteor nur langsam: Sie ist schwer.«

Insgesamt zeigte die Meteor I nur schwache Leistungen: Sie hatte viel zu wenig Schub, und ihre Höchstgeschwindigkeit von 660 km/h in mittleren und größeren Höhen war nicht besser als die der kolbengetriebenen Jäger, die bereits im Einsatz waren, zudem – da Kunstflug mit ihr ja verboten war – war sie als Jagdflugzeug in ihren Manövern außerordentlich eingeschränkt.
Wir erinnern uns, daß die Meteor nur als mögliche Verteidigung gegen eine deutsche Angriffswaffe in Serie ging. Am 13. Juni 1944 gelangte die erste davon, die Vergeltungswaffe V1, in den Einsatz. Bis zum Ende des Monats wurden dann bereits mehr als 2400 dieser »fliegenden Bomben« auf London abgefeuert: Etwa ein Drittel davon erreichte die britische Hauptstadt und richtete nachhaltige Zerstörungen an. Die sonst nicht sonderlich beeindruckenden Leistungsdaten der Meteor waren allerdings in einem Bereich den kolbengetriebenen Jägern deutlich überlegen: Im Tiefflug fiel ihre Höchstgeschwindigkeit nicht ab. In Seehöhe hatte die Meteor I eine Höchstgeschwindigkeit von 615 km/h, und unter 1300 m – dem Höhenband, in dem die V1 eingesetzt wurde – war der Strahljäger um 30 bis 50 km/h schneller als die Jäger mit Kolbenmotoren. Dieser Geschwindigkeitsunterschied konnte bei einer Abfangjagd entscheidend sein – und damit wurde die Aufstellung einer Meteor-Einsatzstaffel plötzlich vorrangig.
Die 616. Staffel verlegte daraufhin nach Manston in Kent, um ihre neuen Flugzeuge dort in Empfang zu nehmen. Anfang Juli 1944 übernahm Oberstleutnant Andrew McDowell – er hatte an der Luftschlacht um England teilgenommen und dabei 14 anerkannte Luftsiege errungen – die Führung der Staffel. Am 21. Juli trafen die ersten nicht einsatzreifen Meteor ein, und die Ausbildung der Flugzeugführer begann. Wenige Tage später wurden fünf voll einsatzbereite Strahljäger zugeführt – genügend, um einen Schwarm mit Meteor zu bestücken. Die beiden anderen Schwärme der Staffel flogen noch immer Spitfire.
Dem Meteor-Schwarm wurde nur wenig Zeit zugestanden, sich an die neuen Flugzeuge zu gewöhnen – dann wurde er in den Einsatz geschickt. Sechs Tage nach Eintreffen der ersten Meteor in Manston, am 27. Juli 1944, startete Oberleutnant McKenzie zum ersten Kampfeinsatz mit dem strahlgetriebenen Jäger: einem Sperrflug gegen V1 über Kent. Ab diesem Zeitpunkt flog die Staffel ständig mit zwei Maschinen Sperrflüge bei Tage, wobei jeder Einsatz 30 Minuten dauerte. Sobald ein Paar der Strahljäger abgehoben hatte, rollte das nächste Paar, das sie ablösen sollte, bereits zur Startbahn – mit den Piloten in Sitzbereitschaft im Cockpit.
Man erwartete große Dinge von den Meteor – aber während ihrer ersten Einsatzwoche konnten sie gegen die »fliegenden Bomben« keine Erfolge verbuchen. Mehrfach sahen die Piloten der Meteor einfliegende V1, aber jedesmal, wenn sie angreifen wollten, ging irgend etwas schief, und sie mußten unverrichteter Dinge heimkehren.
Hauptursache dieser Ausfälle war das Versagen der Hispano-Bordkanonen. In der Hast, die Meteor in die Einsatzverbände zu bringen, hatte man sich nicht die Zeit genommen, die Schießerprobung vollständig abzuschließen. Und jetzt mußte

man feststellen, daß unter gewissen Flugbedingungen die Gurtglieder der Munitionszuführung nicht sauber ausgeworfen wurden, worauf sie sich im Patronenauswurfschacht verkeilten und schließlich die Waffen blockierten. Die Techniker der Staffel ersannen zwar eine Abhilfe, aber natürlich dauerte es etliche Tage, bis sie bei allen Flugzeugen verwirklicht war.

Am 4. August 1944 brachte sich Oberleutnant »Dixie« Dean hinter einer »fliegenden Bombe« in Schußposition und eröffnete das Feuer – und nach nur wenigen Schüssen hatte er Ladehemmung. Unbeeindruckt von diesem Versager begann der Pilot daraufhin auf die V1 aufzuschließen und manövrierte sich in eine Position neben dem Flugkörper. Vorsichtig schob Dean seine linke Tragfläche unter die rechte der »fliegenden Bombe«, rollte dann hart nach rechts und brachte damit die V1 von der Flugbahn ab und ins Trudeln. Zum Preis einer beschädigten Tragflächenspitze konnte die Meteor damit ihren ersten Luftsieg beanspruchen. Das schien für den strahlgetriebenen Jäger endlich den Bann zu brechen, und noch am selben Tage schoß Oberleutnant J. Roger eine »fliegende Bombe« mit seinen Bordwaffen ab.

Am 15. August 1944 hatte die gesamte Staffel auf Meteor umgeschult. Allerdings mußte sie noch am gleichen Abend den ersten Verlust hinnehmen: Feldwebel D. Gregg war zu einem Sperrflug gegen V1 gestartet, versuchte dann aber aus ungeklärten Gründen eine Notlandung auf dem Flugplatz Great Chart in der Nähe von Ashfield und stürzte beim Landeanflug ab. Er kam dabei ums Leben, und seine Maschine wurde zerstört.

Im August 1944 konnten die Meteor insgesamt 13 »fliegende Bomben« abschießen. Im Zuge dieser Einsätze wurde einmal eine Meteor von einer eigenen Spitfire angegriffen, die sich über dem Ärmelkanal auf sie stürzte: Bevor sie ihren Geschwindigkeitsvorteil zur Flucht nutzen konnte, mußte die Meteor Treffer an Rumpf und Leitwerk hinnehmen, und ihr Pilot schaffte es gerade noch zurück nach Manston, indem er die Trimmklappe des Höhenruders für Nickbewegungen einsetzte. Am 28. August 1944 schoß Oberleutnant Miller eine V1 ab – die letzte, die einer Meteor zum Opfer fallen sollte. Und am selben Tag fielen Oberstleutnant McDowell beide Triebwerke aus – er machte in der Nähe von Manston eine Bruchlandung: Das Flugzeug war danach zwar nur noch Schrott, aber er selbst kam mit geringfügigen Verletzungen davon. Kurz darauf besetzten alliierte Bodentruppen die Abschußbasen der V1 in Nordfrankreich, und die Angriffe auf London hörten auf.

Außer den schwachen Triebwerkleistungen und der eingeschränkten Manövrierfähigkeit empfanden den Einsatzpiloten die schlechte Sicht zur Seite und nach hinten als ernsthaften Nachteil der Meteor I. Ein offizieller Bericht über eine der ersten Serienmaschinen stellte fest:

> »Nach vorn ist die Sicht gut, aber in andere Richtungen läßt sie viel zu wünschen übrig, weil die Streben zu dick sind und sich das Plastik-Sandwich der Kabinenhaube verfärbt. Das wirkt sich besonders nachteilig aus, wenn man in scharfen Kurven nach oben blicken will. Und die Sicht nach hinten und nach unten ist arg durch den Rumpf, die Flächen und die Streben der Kabinenhaube behindert.«

Nach der Besetzung der Abschußbasen in Frankreich und dem darauf folgenden Ende der Angriffe auf London durch V1 wurde noch eine kleine Anzahl von speziell umgerüsteten deutschen Trägerflugzeugen aus abgeschossen, die vor der Ostküste Großbritanniens operierten. Diese Angriffe fanden allerdings nur nachts statt, und obwohl die 616. Staffel ihre Luftverteidigungsrolle noch das ganze Jahr lang weiterhin ausübte, spielten ihre Meteor bei der Abwehr dieser V1 keine Rolle mehr.

Im Oktober 1944 stellte die 616. Staffel vier Meteor an die US Army Air Force (USAAF) in Debden in Essex ab, wo sie einer umfassenden Kampfeinsatz-Erprobung durch die USAAF unterzogen wurden. Die Meteor mußten Scheinangriffe auf Bomberpulks von mehr als hundert B-24 Liberator fliegen, die von zwei Dutzend P-51 begleitet wurden; dabei sollten sie die schnellen Angriffe der deutschen Strahljäger nachahmen. Zweck dieser Übungen war es, den amerikanischen Jägerpiloten Gelegenheit zu geben, Taktiken gegen

Meteor III der 124. Staffel, die ab August 1945 mit dem neuen Jäger ausgerüstet wurde. Im Frühjahr darauf wurde sie in 56. Staffel umbenannt und flog dann bis 1954 spätere Versionen des Jägers: Mark 4 und 8.

diese schnellen Vorstöße zu entwickeln und den Bordschützen der Bomber praktische Erfahrung in der Bekämpfung sehr schneller Ziele zu vermitteln. Der amerikanische Bericht über die Übung vom 10. Oktober 1944 stellte fest:

»Die strahlgetriebenen Jäger griffen mehrfach von vorn, von hinten und von der Seite an, und einmal wurden sie auch in einen Luftkampf mit dem begleitenden Jagdschutz verwickelt. Von dieser einen Ausnahme abgesehen, kümmerten sich die Strahljäger überhaupt nicht um die Bemühungen der Jäger, sie in Luftkämpfe zu verwickeln – sie flogen ihre Angriffe ausschließlich auf die Bomber.«

Der Bericht über diese Einsatzübung führte – was feindliche Jägerangriffe und ihre bestmögliche Abwehr anbetrifft – zu folgenden Erkenntnissen:

a »Der Jagdschutz muß in ausreichender Höhe über den Bombern fliegen, denn nur so kann er im Sturzflug genügend Fahrt aufnehmen und die Strahljäger angreifen.

b Das frühzeitige Erkennen der Angriffe von Strahljägern ist besonders wichtig: Versuche unseres Jagdschutzes, sie erst nach Beginn ihres Sturzfluges einzuholen, waren meist vergeblich.

c Die Strahljäger machten sich auch die Bewölkung zunutze: Sie stürzten sich daraus auf die Bomber, flogen ihre Angriffe und nutzten dann ihre kinetische Energie, um wieder in die Wolken hochzuziehen.

d In aller Regel lassen sich die Strahljäger nicht in Luftkämpfe mit dem Jagdschutz ein: Sie können nicht so eng kurven, sondern greifen lieber im Sturzflug an, halten auch danach ihre Geschwindigkeit im Sturzflug bei und sammeln sich erst in größerer Entfernung von den Bombern zum erneuten Angriff.

e Wegen seines Geschwindigkeitsvorteils kann der Strahljägerpilot Zeitpunkt und Ort seines Angriffs selbst wählen. Darüber hinaus ist es für ihn ein leichtes, Lücken im Jagdschutz für Angriff und Flucht zu finden.«

Im Rückblick wird natürlich deutlich, daß dieser Bericht ein viel zu optimistisches Bild von den Möglichkeiten der strahlgetriebenen Jäger zeichnete – aber als man dann über Deutschland die Abwehrtaktiken anwandte, erwiesen sie sich als sehr wirksam.

Im September 1944 absolvierte die Meteor III ihren Erstflug, und zwei Monate später folgten die ersten Serienflugzeuge. Diese Version war mit einer neuen Schiebehaube versehen, die eine bessere Rundumsicht gestattete, sowie – verglichen mit der Mark I – mit weiteren Neuerungen (die Meteor II, die Halford-H.1-Triebwerke bekommen sollte, ging nicht in Serie). Die ersten 15 Mark III wurden von Welland-I-Triebwerken angetrieben; ab der 16. Maschine hatten sie dann die neuen Derwent-I-Triebwerke von Rolls-Royce, die 900 kp Schub erbrachten.

Im Dezember 1944 erhielt die 616. Staffel ihre ersten von Derwent angetriebenen Meteor III. Hauptmann Barry verglich die neue Maschine mit der älteren Mark I wie folgt:

»... sie hatte stärkere Triebwerke, eine größere Dienstgipfelhöhe, beschleunigte besser, und ihre Höchstgeschwindigkeit lag viel höher: bei 800 km/h. Sie war zudem voll kunstflugtauglich, hatte eine nach hinten verschiebbare Kabinenhaube und konnte mehr Kraftstoff fassen.«

Testpiloten der RAF fanden, daß die Meteor III leicht zu fliegen sei – kritisierten aber auch zwei Aspekte ihrer Flugeigenschaften. Zum einen kritisierten sie die Querruder, die man – durch Verwendung hochübersetzter Steuerzüge – absichtlich schwergängig gemacht hatte: Bei der Konstruktion des Jägers hatte man sich Sorgen über die Verdrehungsfestigkeit der Tragflächen außerhalb der Triebwerke gemacht, und daher hatte man die Querruder vorsätzlich schwergängig gemacht, um zu verhindern, daß die Piloten diesen Teil der Flächen überbeanspruchten. Mit der Meteor I hatten Einsatzpiloten in dieser Hinsicht keine Beanstandungen gemeldet, da sie ja ohnehin für den Kunstflug nicht freigegeben war. Die Mark III hingegen war kunstflugtauglich, und die Piloten erwarteten von ihr natürlich, daß sie sich genauso wie andere Jägertypen handhaben ließ. Ein Bericht des Oberkommandos der Jagdflieger stellte hierzu fest:

»Ein großer Nachteil der Meteor III aus taktischer wie allgemein fliegerischer Sicht ist, daß ihre Querruder im gesamten Geschwindigkeitsbereich zu schwergängig sind. Bei mittleren und hohen Geschwindigkeiten sind Ausweichmanöver, ja selbst normale Kurven, nur mit Anstrengung zu fliegen ... Für alle Kunstflugfiguren wäre die Meteor III ein hervorragendes Flugzeug, wenn nur ihre Querruder nicht so schwergängig wären.«

Ein weiterer Nachteil der Meteor III war ihre Neigung, bei höheren Geschwindigkeiten zur Seite zu pendeln, wodurch sie – zusammen mit der Schwergängigkeit ihrer Querruder – bei Luftkämpfen mit hoher Geschwindigkeit keine sonderlich wirkungsvolle Waffenplattform war. Derselbe Bericht sagt hierzu aus:

»Daß die Meteor III als Waffenplattform nicht befriedigt, liegt in erster Linie – soweit bisher erkennbar – an ihrer

Neigung zum Gieren und an der Schwergängigkeit ihrer Querruder, mit denen man das Visier natürlich nur langsam auf das Ziel ausrichten kann. Dieses seitliche Pendeln nimmt mit steigender Geschwindigkeit zu, und wenn es erst einmal eingesetzt hat, kann man es – innerhalb der verfügbaren Zeit während eines Angriffs – schlichtweg nicht mehr ausgleichen.«

Ganz abgesehen von diesen Problemen war die Meteor III – wie alle Strahlflugzeuge der damaligen Zeit – zunehmend schwerer zu steuern, wenn die Geschwindigkeit ihre kritische Machzahl von .67 überschritt. Und diese kritische Geschwindigkeit konnte ein Pilot damals sehr schnell einmal versehentlich überschreiten: Unterhalb 3000 m Höhe konnte der Jäger mit Vollschub und nur 15° Sturzflug sehr schnell in den Verdichtungsbereich geraten, in dem sich das Flugverhalten rapide verschlechterte. Bei 800 km/h in 1500 m Höhe trat bereits bei Mach .68 starkes Gieren auf, allerdings blieben die Steuerorgane dabei noch voll wirksam. Wenn sich die Geschwindigkeit dann aber in 1800 m Höhe auf 815 km/h, also Mach .68, erhöhte, wurde das Gieren derart heftig, daß man am Steuerknüppel schon erhebliche Kräfte einsetzen mußte. Wenn die Geschwindigkeit noch weiter anstieg – auf 845 km/h in 2000 m Höhe, also Mach .73 –, notierte ein Testpilot:

»Heftiges Pendeln nach oben und unten; der Steuerknüppel schüttelt, ist kaum noch zu bewegen und völlig wirkungslos. Erst wenn man den Schub zurücknimmt, zeigen die Steuerorgane – aber erst nach einiger Zeit – wieder Wirkung.
Die kritische Machzahl der Meteor III, die Geschwindigkeit also, bei der das Flugzeug kaum noch zu steuern ist, beträgt Mach .74; die durch strukturelle Eigenheiten des Flugzeugs bedingte normale Höchstgeschwindigkeit liegt in Höhen von weniger als 2150 m bei 800 km/h.«

In einem Luftkampf-Vergleichstest gegen die Tempest V, einen der besten damaligen kolbengetriebenen Jäger, bewies die Meteor III ihre Überlegenheit: In allen Höhen war die Meteor um einiges schneller als die Tempest – ihr Geschwindigkeitsvorteil reichte von 120 km/h in 10.000 m Höhe bis zu 135 km/h in 300 m Höhe. Bei Beschleunigungsversuchen in verschiedenen Höhen, bei denen die beiden Flugzeuge zunächst Seite an Seite mit 300 km/h angezeigter Fahrt flogen, war die Tempest zu Anfang geringfügig schneller – wenn die Meteor dann aber erst einmal 480 km/h überschritten hatte, zog sie der Tempest schnell davon. Im Vergleich der Steigleistungen – in der gleichen Weise durchgeführt – war die Tempest im Vorteil; wenn die Meteor aber zunächst im leichten Sturzflug Geschwindigkeit aufnahm und dann nach oben zog, konnte sie den Jäger mit Kolbenmotor leicht abhängen.
Mit ihrer geringen Tragflächenbelastung – 1500 kg pro m^2 – konnte die Meteor die Tempest (1700 kg/m^2) in allen Geschwindigkeitsbereichen auskurbeln. Andererseits jedoch hatte die Tempest – aufgrund der schwergängigen Querruder der Meteor – die bessere Rollgeschwindigkeit, und damit war sie im Luftkampf der Meteor zunächst überlegen. Der Bericht über diese Vergleichsflüge stellt abschließend fest:

»In fast allen Bereichen ist die Meteor III der Tempest überlegen. Wären ihre Querruder nicht so schwergängig, wodurch sie natürlich nicht so schnell rollen kann, und wäre sie durch ihr Gieren nicht so ungeeignet als Waffenplattform – sie wäre ein hervorragender und vielseitiger Jäger mit deutlich überlegenen Flugleistungen.«

Ohne Unterlaß wurde während all dieser Zeit an der Fortentwicklung der Meteor gearbeitet; vor allem aber konzentrierte man sich auf die Suche nach Möglichkeiten, den Verdichtungsstoß hinauszuschieben und damit ihre kritische Machzahl zu erhöhen. Windkanalversuche, später durch an den Triebwerkgondeln befestigte Wollfäden bestätigt, ergaben, daß das Schütteln durch einen plötzlichen Strömungsabriß zwischen Flächen und Triebwerkgondeln ausgelöst wurde. Daraufhin verlängerte man die Triebwerkgondeln vorn und hinten, und das schien das Problem zu beheben: Man rüstete eine Meteor I damit aus und unterzog sie Flugerprobungen. Diese Umrüstung schob die kritische Machzahl von .74 auf .84 hinaus, und auf einen Schlag stieg die Höchstgeschwindigkeit des Jägers in mittleren und großen Höhen um etwa 120 km/h an – die Höchstgeschwindigkeit von 800 km/h unterhalb einer Höhe von 2100 m blieb allerdings in Kraft: Sie war durch die Belastungsgrenze der Zellenstruktur des Flugzeugs bedingt.

Die Meteor III (zweite von vorn) zusammen mit den Jagdflugzeugen, die bei der RAF 1946 im Einsatz standen: der de Havilland Vampire I (ganz vorn), der Spitfire IX und der Tempest 2.

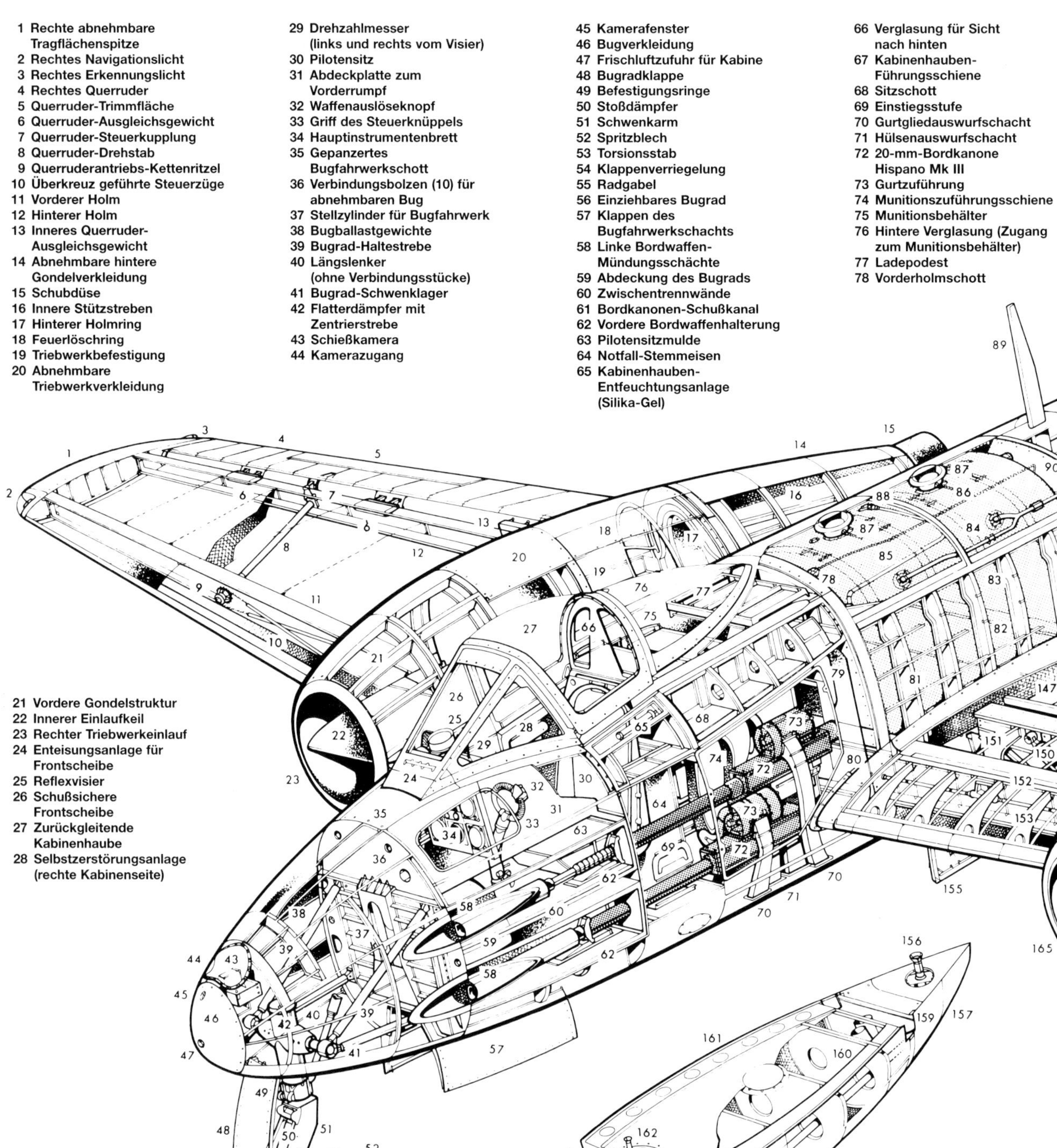

1 Rechte abnehmbare Tragflächenspitze
2 Rechtes Navigationslicht
3 Rechtes Erkennungslicht
4 Rechtes Querruder
5 Querruder-Trimmfläche
6 Querruder-Ausgleichsgewicht
7 Querruder-Steuerkupplung
8 Querruder-Drehstab
9 Querruderantriebs-Kettenritzel
10 Überkreuz geführte Steuerzüge
11 Vorderer Holm
12 Hinterer Holm
13 Inneres Querruder-Ausgleichsgewicht
14 Abnehmbare hintere Gondelverkleidung
15 Schubdüse
16 Innere Stützstreben
17 Hinterer Holmring
18 Feuerlöschring
19 Triebwerkbefestigung
20 Abnehmbare Triebwerkverkleidung
21 Vordere Gondelstruktur
22 Innerer Einlaufkeil
23 Rechter Triebwerkeinlauf
24 Enteisungsanlage für Frontscheibe
25 Reflexvisier
26 Schußsichere Frontscheibe
27 Zurückgleitende Kabinenhaube
28 Selbstzerstörungsanlage (rechte Kabinenseite)
29 Drehzahlmesser (links und rechts vom Visier)
30 Pilotensitz
31 Abdeckplatte zum Vorderrumpf
32 Waffenauslöseknopf
33 Griff des Steuerknüppels
34 Hauptinstrumentenbrett
35 Gepanzertes Bugfahrwerkschott
36 Verbindungsbolzen (10) für abnehmbaren Bug
37 Stellzylinder für Bugfahrwerk
38 Bugballastgewichte
39 Bugrad-Haltestrebe
40 Längslenker (ohne Verbindungsstücke)
41 Bugrad-Schwenklager
42 Flatterdämpfer mit Zentrierstrebe
43 Schießkamera
44 Kamerazugang
45 Kamerafenster
46 Bugverkleidung
47 Frischluftzufuhr für Kabine
48 Bugradklappe
49 Befestigungsringe
50 Stoßdämpfer
51 Schwenkarm
52 Spritzblech
53 Torsionsstab
54 Klappenverriegelung
55 Radgabel
56 Einziehbares Bugrad
57 Klappen des Bugfahrwerkschachts
58 Linke Bordwaffen-Mündungsschächte
59 Abdeckung des Bugrads
60 Zwischentrennwände
61 Bordkanonen-Schußkanal
62 Vordere Bordwaffenhalterung
63 Pilotensitzmulde
64 Notfall-Stemmeisen
65 Kabinenhauben-Entfeuchtungsanlage (Silika-Gel)
66 Verglasung für Sicht nach hinten
67 Kabinenhauben-Führungsschiene
68 Sitzschott
69 Einstiegsstufe
70 Gurtgliedauswurfschacht
71 Hülsenauswurfschacht
72 20-mm-Bordkanone Hispano Mk III
73 Gurtzuführung
74 Munitionszuführungsschiene
75 Munitionsbehälter
76 Hintere Verglasung (Zugang zum Munitionsbehälter)
77 Ladepodest
78 Vorderholmschott

Gloster Meteor

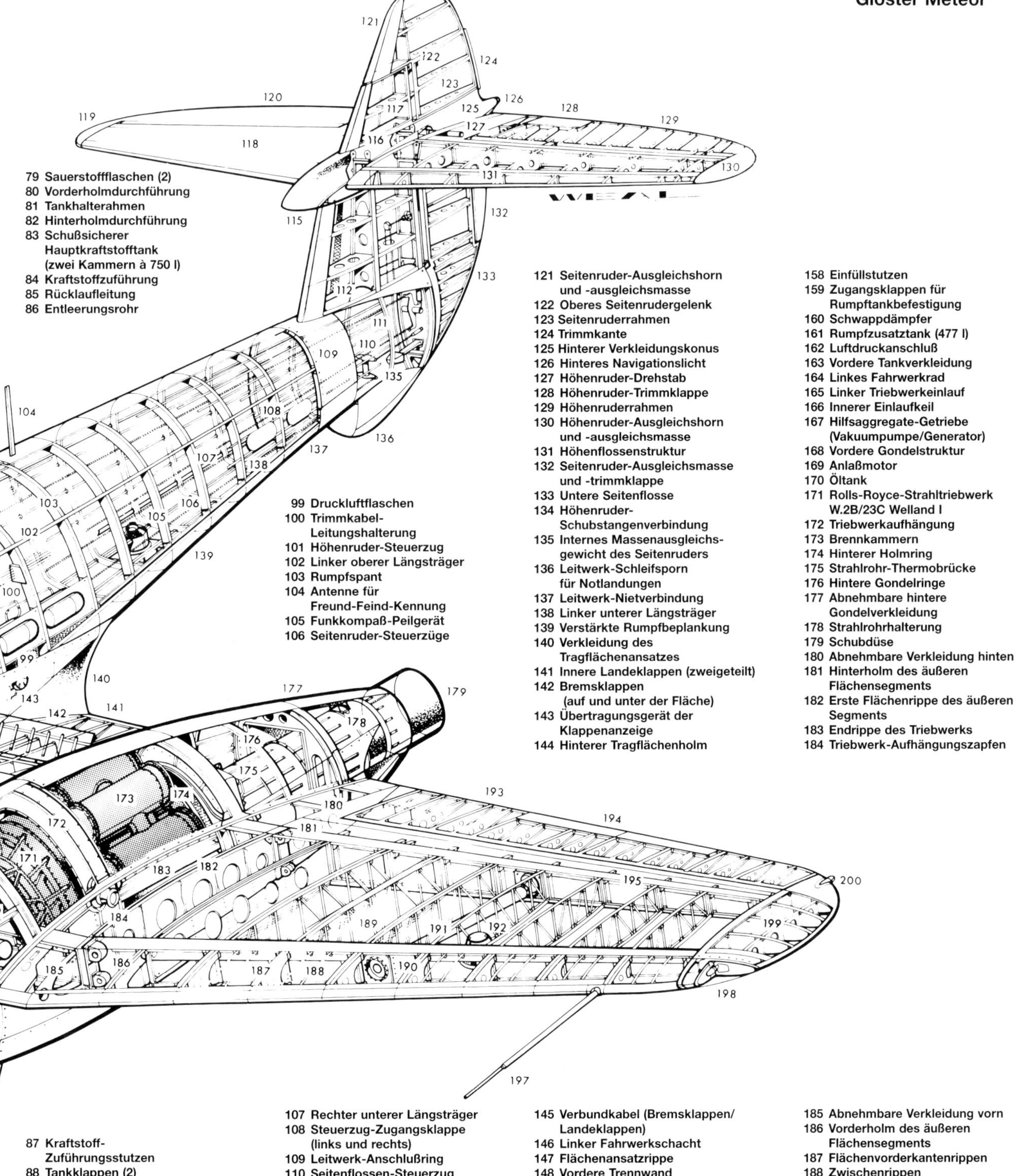

79 Sauerstoffflaschen (2)
80 Vorderholmdurchführung
81 Tankhalterahmen
82 Hinterholmdurchführung
83 Schußsicherer Hauptkraftstofftank (zwei Kammern à 750 l)
84 Kraftstoffzuführung
85 Rücklaufleitung
86 Entleerungsrohr
87 Kraftstoff-Zuführungsstutzen
88 Tankklappen (2)
89 Funkantenne T.R.1143
90 Hinterholmschott (sperrholzverkleidet)
91 Antennen-Stützrahmen
92 Freund-Feind-Kennung R.3121 oder B.C.966A
93 Trimmklappen-Steuerzüge
94 Verstärker
95 Feuerlöschgeräte (2)
96 Höhenruder-Drehstab
97 Funksprechanlage T.R.1143
98 Filter der Druckluftanlage
99 Druckluftflaschen
100 Trimmkabel-Leitungshalterung
101 Höhenruder-Steuerzug
102 Linker oberer Längsträger
103 Rumpfspant
104 Antenne für Freund-Feind-Kennung
105 Funkkompaß-Peilgerät
106 Seitenruder-Steuerzüge
107 Rechter unterer Längsträger
108 Steuerzug-Zugangsklappe (links und rechts)
109 Leitwerk-Anschlußring
110 Seitenflossen-Steuerzug
111 Heckballastgewichte
112 Seitenflossenholm/Rumpfspant
113 Seitenruder-Trimmsteuerzug
114 Seitenflossenstruktur
115 Vorderer Verkleidungskonus
116 Leitwerkholm/Anschluß für obere Seitenflosse
117 Obere Seitenflosse
118 Rechte Höhenflosse
119 Höhenruder-Ausgleichshorn und -ausgleichsmasse
120 Rechtes Höhenruder
121 Seitenruder-Ausgleichshorn und -ausgleichsmasse
122 Oberes Seitenrudergelenk
123 Seitenruderrahmen
124 Trimmkante
125 Hinterer Verkleidungskonus
126 Hinteres Navigationslicht
127 Höhenruder-Drehstab
128 Höhenruder-Trimmklappe
129 Höhenruderrahmen
130 Höhenruder-Ausgleichshorn und -ausgleichsmasse
131 Höhenflossenstruktur
132 Seitenruder-Ausgleichsmasse und -trimmklappe
133 Untere Seitenflosse
134 Höhenruder-Schubstangenverbindung
135 Internes Massenausgleichsgewicht des Seitenruders
136 Leitwerk-Schleifsporn für Notlandungen
137 Leitwerk-Nietverbindung
138 Linker unterer Längsträger
139 Verstärkte Rumpfbeplankung
140 Verkleidung des Tragflächenansatzes
141 Innere Landeklappen (zweigeteilt)
142 Bremsklappen (auf und unter der Fläche)
143 Übertragungsgerät der Klappenanzeige
144 Hinterer Tragflächenholm
145 Verbundkabel (Bremsklappen/Landeklappen)
146 Linker Fahrwerkschacht
147 Flächenansatzrippe
148 Vordere Trennwand
149 Fahrwerkholm
150 Fahrwerk-Einziehzylinder
151 Fahrwerk-Standverriegelung
152 Vorderer Tragflächenholm
153 Flächenvorderkanten-Rippen
154 Querruder-Steuerzüge
155 Innere Klappe des Fahrwerkschachts
156 Rumpftank-Anschlußrohr
157 Hintere Rumpftankverkleidung
158 Einfüllstutzen
159 Zugangsklappen für Rumpftankbefestigung
160 Schwappdämpfer
161 Rumpfzusatztank (477 l)
162 Luftdruckanschluß
163 Vordere Tankverkleidung
164 Linkes Fahrwerkrad
165 Linker Triebwerkeinlauf
166 Innerer Einlaufkeil
167 Hilfsaggregate-Getriebe (Vakuumpumpe/Generator)
168 Vordere Gondelstruktur
169 Anlaßmotor
170 Öltank
171 Rolls-Royce-Strahltriebwerk W.2B/23C Welland I
172 Triebwerkaufhängung
173 Brennkammern
174 Hinterer Holmring
175 Strahlrohr-Thermobrücke
176 Hintere Gondelringe
177 Abnehmbare hintere Gondelverkleidung
178 Strahlrohrhalterung
179 Schubdüse
180 Abnehmbare Verkleidung hinten
181 Hinterholm des äußeren Flächensegments
182 Erste Flächenrippe des äußeren Segments
183 Endrippe des Triebwerks
184 Triebwerk-Aufhängungszapfen
185 Abnehmbare Verkleidung vorn
186 Vorderholm des äußeren Flächensegments
187 Flächenvorderkantenrippen
188 Zwischenrippen
189 Tragflächenrippen
190 Querruderantriebs-Kettenritzel
191 Querruder-Drehstab
192 Einziehbarer Landescheinwerfer
193 Linkes Querruder
194 Querruder-Trimmfläche
195 Hinterer Flächenholm
196 Vorderer Flächenholm
197 Staurohr
198 Linkes Navigationslicht
199 Äußere Flächenrippe Nr. 10 (Flächenspitze abnehmbar)
200 Linkes Erkennungslicht

Anfang 1945 rüstete die 616. Staffel auf Meteor III um, die allerdings noch die kürzeren Triebwerkgondeln hatten. Im Februar 1945 stellte die Staffel dann vier Flugzeuge – drei Mark III und eine Mark I – nach Melsbroek bei Brüssel ab, um dort die Luftverteidigung zu verstärken. Diese Meteor waren allesamt völlig weiß lackiert, damit sie nicht von alliierten Jägerpiloten oder der eigenen Flak verwechselt wurden. Was dabei die Flak anbetrifft, war diese Bemalung nur halbwegs erfolgreich – aber zum Glück für die Meteorpiloten waren die Flakschützen im Zielen genauso schwach wie im Flugzeugerkennungsdienst.

Zu Beginn hatten die Meteor-Piloten, die über Belgien eingesetzt waren, strikte Anweisung, sich nur über von den Alliierten besetztem Gebiet zu bewegen: Man wollte verhindern, daß eines dieser neuartigen Flugzeuge dem Feind in die Hände fiel. Da sich aber die deutsche Luftwaffe kaum noch über alliiertem Gebiet zeigte, kamen die Meteor dort auch nicht zum Zuge: Es gab keine Begegnungen zwischen den feindlichen Strahljägern.

Am 1. April 1945 verlegten die Meteor von Melsbroek nach Gilze Rijen in Holland, wohin auch der Rest ihrer Staffel verlegt hatte. Zwei Tage später führten die Strahljäger dort ihren ersten Alarmstart durch, konnten den Gegner aber nicht ausmachen. Am 13. verlegte die Staffel erneut, dieses Mal nach Kluis bei Nimwegen. Drei Tage später wurde den Meteorpiloten erlaubt, auch Feindgebiet zu überfliegen. Daraufhin flogen sie bewaffnete Aufklärungseinsätze über Holland, wobei sie auch feindliche Bodentruppen angriffen, wo immer sie sie fanden.

Mittlerweile waren die alliierten Truppen in Deutschland schnell vorgestoßen, und an mehreren Stellen der Westfront war der deutsche Widerstand völlig zusammengebrochen. Daher mußte die 616. Staffel mehrfach verlegen, um dem sich schnell ändernden Frontverlauf folgen zu können. Am 20. April richteten die Meteor sich in Quakenbrück bei Bremen ein, aber nur fünf Tage darauf verlegten sie erneut: nach Faßberg in der Lüneburger Heide.

Am 29. April erlitt die Staffel ihre ersten Verluste, nachdem sie auf den Strahljäger umgerüstet hatte: Major Watts und Feldwebel Cartmell waren von Faßberg aus zu einer Patrouille aufgestiegen, und der letzte abgehörte Funkspruch besagte, daß Watts seinem Rottenflieger befahl, zur Formation aufzuschließen – als sie in die Wolkendecke stießen. Kurz darauf stießen beide Maschinen in der Luft zusammen, und beide Piloten kamen ums Leben.

Eine Meteor III mit den Kennzeichen der Luftbildaufklärungs-Erprobungsstaffel, die zusammen mit der 541. Staffel diesen Flugzeugtyp in der Aufklärerrolle überprüfte. Das Strahlflugzeug zeigte sich allerdings der Spitfire PR 19 gegenüber kaum überlegen und wurde daher in dieser Rolle nicht eingesetzt.

In dieser Zeit griffen die Meteor häufig Fliegerhorste und andere Bodenziele an, und die Piloten meldeten mehrfach, daß sie Feindflugzeuge am Boden zerstört hätten – im Luftkampf allerdings konnten sie sich mit ihrem Gegner mangels Gelegenheit nicht messen. Am 3. Mai verlegte die Staffel erneut, nach Lüneburg, aber dort erreichte sie zwei Tage später der Befehl, keine offensiven Einsätze mehr zu fliegen. Der Krieg in Europa sollte zwar noch ein paar Tage länger dauern, aber die Meteor waren daran nicht mehr beteiligt.

Im Mai 1945 war eine zweite Staffel mit Meteor III einsatzbereit: die 504. Staffel in Colerne. Zwar konnte diese Einheit ihre Umrüstung nicht so schnell abschließen, um noch am Krieg teilzu-

EE 454, die Meteor 4, die im September 1945 den Geschwindigkeitsweltrekord mit einer durchschnittlichen Geschwindigkeit von 986 km/h auf dem Kurs bei Herne Bay brach.

nehmen: Sie wäre aber sicherlich noch zum Einsatz gekommen, wenn der Krieg etwas länger gedauert hätte.
Im Juli 1945 wurden einer Fernaufklärereinheit, der 541. Staffel mit Spitfire PR 19, drei Meteor III zugeführt, um zu erproben, wie sich das Strahlflugzeug in dieser Rolle bewährte. Die Meteor zeigte sich gegenüber der Spitire aber nur geringfügig überlegen, und in mancher Hinsicht – in Reichweite beispielsweise und in Flugleistungen in großen Höhen – erwies sie sich als schwächer. Folglich wurde die Meteor III als Aufklärer nicht in Dienst gestellt – fünf Jahre später allerdings, 1950, wurde die 541. Staffel mit der leistungsfähigeren Meteor PR 10 ausgerüstet.
Hätte der Zweite Weltkrieg noch bis zum Winter 1945 angedauert, hätte die deutsche Luftwaffe sich wohl mit der Meteor Mark 4 – die RAF hatte ihre Typenbezeichnungen inzwischen auf arabische Ziffern umgestellt – messen müssen: Diese neue Version der Meteor war eine Standard-Mark-III der Serie mit zwei neuen Derwent-5-Triebwerken von Rolls-Royce, die jeweils 1585 kp Schub erzeugten: 75 Prozent mehr als die bisherigen Triebwerke, und ihre verlängerten Triebwerkgondeln erhöhten die kritische Machzahl auf .84. Die Meteor 4 flog erstmals im Juli 1945.
Während des Krieges war der absolute Weltgeschwindigkeitsrekord natürlich kein Thema, aber das änderte sich, als plötzlich Frieden herrschte. Der Weltrekord wurde immer noch von den Deutschen gehalten: mit 750 km/h, die eine Messerschmitt Me 209 im Jahre 1939 erreicht hatte. Dieser geschlagenen Nation konnte man natürlich den Weltrekord nicht mehr überlassen, und daher gab das britische Luftfahrtministerium Weisung, diesen Rekord so schnell wie möglich zu brechen: Die betreffenden Flugzeuge waren Meteor Mark III – ohne Waffen natürlich und mit verkleideten Mündungsschächten. Ihre Derwent-5-Triebwerke wurden so hergerichtet, daß sie - für die drei Minuten, die man brauchte, um das Flugzeug auf Höchstgeschwindigkeit zu bringen und diese über den 3-Kilometer-Kurs einzuhalten – jeweils 1630 kp Schub aufbrachten. Und am 7. November 1945 gelang es Oberst H. Wilson, bei vier Tiefflügen über die vermessene Strecke bei Herne Bay eine durchschnittliche Geschwindigkeit von 975 km/h zu erzielen – was ausreichte, den absoluten Weltgeschwindigkeitsrekord nach Großbritannien zurückzuholen.
Kurz darauf erfuhr man im britischen Luftfahrtministerium, daß die USA versuchen wollten, den Rekord der Meteor mit einer Lockheed P-80 Shooting Star (Kapitel 7) zu brechen. Also begann die RAF mit Versuchen, ihren eigenen Rekord noch zu steigern – und dazu bediente sie sich einiger Meteor 4 mit etlichen Modifizierungen: Ihre Derwent-5-Triebwerke wurden so hochgetrimmt, daß sie kurzzeitig 1900 kp Schub leisten konnten, die Tragflächen wurden um 147 cm gekürzt, die Lücken in der Zelle abgedichtet und das Flugzeug insgesamt mit Hochglanzlack versehen. Zusätzliche Tanks in den ehemaligen Waffen- und Munitionsschächten erbrachten weitere 315 Liter für den Rekordversuch. Mit einem dieser Flugzeuge schraubte am 7. September 1946 Oberst »Teddy« Donaldson den Weltrekord auf 991 km/h hoch.
Mit dem Ende des Zweiten Weltkriegs bestand dann keine Notwendigkeit mehr, die Meteor 4 schnell in Dienst zu stellen, und die Mark III blieb noch bis 1947 in Produktion. Insgesamt 210 Maschinen wurden ausgeliefert, und die letzten 15 davon erhielten die verlängerten Triebwerkgondeln.
In dieser Zeit gab sich Gloster erhebliche Mühe, die Mark 4 noch weiter zu verbessern, bevor sie in Massenproduktion ging. Man verstärkte die Zelle und versah den neuen Jäger mit einer Druckkabine. Und andere Änderungen verliehen dem Flugzeug bei hohen Geschwindigkeiten weitaus bessere Eigenschaften als Waffenplattform. Die eckigen Tragflächenenden der Rekord-Meteor wurden Standard, die äußeren Tragflächensegmente wurden versteift, und die Querruder wurden viel leichtgängiger und wirksamer als die der Mark III. Und eine Modifizierung der Steuerung der Seitenruder-Trimmklappe verzögerte das Einsetzen des Gierens bei hohen Geschwindigkeiten.
Die Mark 4 der Serienfertigung wurden erst Ende 1947 bei der RAF in Dienst gestellt. In den dann folgenden Jahren wurde dieses Flugzeug der

Standardtyp der Oberkommandos der Jagdflieger, das insgesamt 465 dieser Maschinen erhielt.
Die Meteor wurde auch weithin exportiert: Die argentinische Regierung kaufte 100, Belgien übernahm 48, Holland 65, Dänemark 20, und die ägyptische Regierung erstand 12 Meteor.
Die Meteor 8 ersetzte dann die Meteor 4 im Einsatz: Sie hatte einen längeren Rumpf und überarbeitete Leitwerkflächen, die die kritische Machzahl heraufsetzten, verbesserte Derwent-Triebwerke und – als Standardausrüstung – einen Schleudersitz. In Großbritannien wurde die Meteor 8 in großer Stückzahl von Gloster und Armstrong Whitworth hergestellt, aber auch in Holland und Belgien wurde sie in Lizenz gefertigt. Zwei Staffeln der Royal Australian Air Force (RAAF) setzten Meteor 8 im Koreakrieg ein. Die Meteor 8 blieben bis 1955 in den Tagjägerverbänden der RAF im Einsatz.
Varianten der Meteor füllten andere Rollen aus – zusätzlich zu der des Tagjägers: Die Mark 7 war ein zweisitziges Schulflugzeug, die Mark 9 ein bewaffneter Aufklärer mit Luftbildkameras im Bug, und die Mark 10 war eine unbewaffnete Fernaufklärerversion.
Die Mark 11, 12, 13 und 14 waren zweisitzige Nacht- und Allwetterjäger mit Bordradar. Außer bei der RAF standen sie auch bei den Luftstreitkräften Frankreichs, Belgiens, Dänemarks, Ägyptens, Syriens und Israels im Dienst. Die Mark 14 blieb bei der RAF bis 1961 im Einsatz.
Die Gesamtproduktion aller Meteorversionen belief sich auf 3875 Flugzeuge, und sie flogen in zehn verschiedenen Luftwaffen. Die Meteor begann ihr Leben mit einem großen Sprung ins Ungewisse und blieb – da es nichts Besseres gab – viel länger im Einsatz und in der Serienfertigung als vorgesehen: Aber zweifellos hat sie sich dadurch auch einen festen und verdienten Platz in der Geschichte der Luftfahrt gesichert.

GLOSTER METEOR III
(Die Angaben für die Mark I stehen – sofern abweichend – in Klammern).

Antrieb: Zwei Strahltriebwerke des Typs Rolls-Royce Derwent I mit jeweils 900 kp Schub (zwei Rolls-Royce Welland I mit 770 kp Schub).

Bewaffnung: Vier 20-mm-Maschinenkanonen des Typs Hispano Mark III.

Leistungsdaten:
Höchstgeschwindigkeit in Seehöhe 735 km/h (615 km/h), in 10.000 m Höhe 790 km/h (655 km/h). Reichweite mit 820-l-Abwurftanks 2145 km (unbekannt). Anfängliche Steigrate 1213 m/min (656 m/min). Dienstgipfelhöhe 13.410 m (12.190 m).

Gewicht:
Leermasse 3990 kg (3687 kg), Startmasse 6025 kg (5345 kg).

Abmessungen:
Spannweite 13,10 m, Länge 12,57 m, tragende Fläche 33,45 m^2.

Kapitel 4

Arado 234

Die Arado Ar 234 Blitz – der weltweit erste wirkliche Strahlbomber – war im letzten Kriegsjahr die große Hoffnung der deutschen Luftwaffe. Endlich gab es ein Flugzeug, das den schnellsten Anfangjägern des Feindes entkommen und die stärksten Verteidigungslinien überwinden konnte. Man hatte geplant, ab etwa Sommer 1945 den Großteil der deutschen Bomberverbände mit diesem Typ auszurüsten. Aber so kam es nicht mehr: Bei Kriegsende waren lediglich 210 dieser Flugzeuge gebaut worden, und in den letzten Kriegsmonaten war das Durcheinander bereits so groß, daß kaum die Hälfte davon überhaupt die Frontverbände erreichte.
Allerdings: Zwar wird die Arado Ar 234 gemeinhin als erster echter Strahlbomber, der je Einsatzreife erlangte, eingestuft – in Wirklichkeit jedoch war sie ursprünglich als Aufklärer konzipiert worden. In dieser Rolle ging sie zunächst in den Einsatz, und in dieser Rolle erreichte sie auch durchschlagende Erfolge.
Die Arbeiten an dem neuen Aufklärer mit Strahlantrieb begannen Anfang 1941 unter dem Pour-le-Mérite-Flieger des Ersten Weltkriegs Profes-

Der erste Prototyp der Arado Ar 234.

sor Walter Blume, dem Direktor der Firma Arado, im Werk Brandenburg des Unternehmens. Das Projekt mit der anfänglichen Bezeichnung E 370 war ein aerodynamisch günstiger Schulterdecker mit zwei TL-Triebwerken des Typs Jumo 004 in Gondeln unter den Tragflächen; das vorgesehene Startgewicht sollte bei etwa 8000 kg liegen. Abgesehen von der neuen Antriebsart war das einzige unkonventionelle Merkmal der E 370 ihr Start- und Landeverfahren: Sie sollte auf einem ausklinkbaren Startwagen abheben und auf ausfahrbaren Landekufen aufsetzen. Das Reichsluftfahrtministerium (RLM) hatte von dem neuen Aufklärer eine Reichweite von 2150 km gefordert – und wenn man der Zelle das Gewicht und den Platz eines herkömmlichen Fahrwerks ersparte, konnte der benötigte Kraftstoff in einem nicht allzugroßen Flugzeug untergebracht werden. Die erwarteten Leistungsdaten des neuen Flugzeugs waren: Höchstgeschwindigkeit in 6500 m Höhe 780 km/h, Dienstgipfelhöhe mehr als 10.900 m, maximale Reichweite ohne Reserven etwa 2000 km. Damit lag die Reichweite bereits etwas unter der ursprünglichen Forderung der Luftwaffe – trotzdem aber wurde der Entwurf angenommen, und unter der Bezeichnung Arado Ar 234 wurden zwei Prototypen bestellt.

Ende 1941 waren die Zellen der beiden Prototypen dann tatsächlich schon fertig – aber dann begann das übliche Warten auf die Triebwerke, denn auch Junkers sah sich, wie BMW, Schwierigkeiten mit den neuen Strahltriebwerken gegenüber. Erst im Februar 1943 erhielt Arado zwei 004-Triebwerke – und auch das waren nur Vorserienmodelle, die sich ausschließlich für Bodentests und Rollversuche eigneten.

Ende Frühjahr 1943 standen endlich zwei flugtaugliche Jumo 004 zur Verfügung, und am 30. Juli hob Flugkapitän Hauptmann Selle von Rheine bei Münster aus zum Erstflug ab. Der Flug verlief ohne besondere Vorkommnisse für das Flugzeug, allerdings gab es ein Problem mit dem Startwagen: Nachdem er in etwa 60 m Höhe ausgeklinkt worden war, öffneten sich seine Landefallschirme nicht richtig, wodurch der Startwagen zu hart auf den Boden aufschlug und zerstört wurde. In aller Eile brachte man für den Zweitflug einen Ersatz-Startwagen nach Rheine, aber auch der ging verloren, als sich die Fallschirme wieder nicht öffneten. Danach klinkte man den Startwagen direkt beim Abheben aus, wodurch er nur selten den Boden verließ.

Ende September 1943 hatten drei weitere Prototypen der Ar 234 ihre Erstflüge absolviert, und die Erprobung wurde mit höchster Priorität vorangetrieben. Das neue Flugzeug hatte bereits erhebliches Interesse auf sich gezogen: nicht nur als Aufklärer, sondern auch als Bomber. Die Bomberrolle des Flugzeugs war sogar schon vor seinem Erstflug angesprochen worden – bei einer Konferenz des RLM am 9. Juli 1943, die Erhard Milch leitete. Dietrich Peltz – 31. Soldat der Wehrmacht mit den Schwertern zum Eichenlaub und bereits als Oberst General der Kampfflieger – hatte wegen der schweren Verluste seiner Verbände durch die ständig stärker werdende alliierte Luftabwehr böse Vorahnungen geäußert.

MILCH (scherzhaft): »Wenden wir uns jetzt den Bombern mit Strahlantrieb zu. Peltz ist ja stets zurückhaltend, und jetzt hat er die bescheidene Bitte nach ein paar Hundert dieser Bomber geäußert, die er spätestens im November haben will.«
PELTZ: »Dezember!«
OBERST PASEWALDT (Angehöriger von Milchs Stab): »Da gibt's doch die Arado 234 – an den ersten 20 eines ersten Serienloses von 100 Maschinen wird bereits gearbeitet. Der Typ ist noch nicht geflogen: Wann soll denn das stattfinden?«
FRIEBEL (Vertreter von Arado): »In einer Woche.«
PASEWALDT: »Die Arado 234 hat einen guten Eindruck gemacht. Wir warten jetzt auf die Flugerprobung dieser Maschine, um zu sehen, ob sich unsere Hoffnungen erfüllen. Man darf allerdings nicht vergessen, daß die Arado 234 als Aufklärer entwickelt wurde. Mit ihrem Einsatz als Bomber befassen wir uns erst seit kurzem.«

Wegen der geringen Größe des Flugzeugs war gar nicht daran zu denken, die Bombenlast im Rumpf der Ar 234 unterzubringen – und die Verwendung eines Startwagens schloß auch die Aufhängung unter den Triebwerkgondeln oder unter dem Rumpf aus. Folglich bestellte das RLM zwei Prototypen einer neuen Version, der Ar 234 B, mit einem konventionellen Dreibein-Fahrwerk, das in den Rumpf eingezogen werden konnte.

Eine Ar 234 hebt vom Startwagen ab. Nachdem bei den ersten beiden Flügen die Startwagen verloren gingen, weil sie aus zu großer Höhe abgeworfen wurden, klinkte man sie bei den anschließenden Starts in dem Moment aus, in dem das Flugzeug gerade vom Boden abhob: So blieben sie fast immer am Boden. Direkt nach dem Abheben entfaltete sich (unten) der Bremsschirm des Startwagens.

Das Erprobungsprogramm wurde jetzt immer stärker beschleunigt – am 2. Oktober 1943 jedoch gab es einen Rückschlag, als Flugkapitän Selle beim Absturz des zweiten Prototyps während eines Erprobungsfluges ums Leben kam. Konstrukteur Hoffmann von der Firma Arado erklärte Milch drei Tage später in Berlin bei einer Produktionskonferenz die näheren Umstände:

»Zweck des Fluges war die Überprüfung der Steigleistung. Der Steigflug war in 9500 m beendet. Alle 1000 m gab Flugkapitän Selle Außentemperatur und Luftdruck durch. Dann meldete er Probleme mit dem linken Triebwerk. Er ging von 8950 m mit etwa 300 km/h angezeigter Geschwindigkeit im Gleitflug auf 4500 m und berichtete bei dieser Geschwindigkeit über Vibrationen am Höhenruder. Dann mußte er in 4400 m Höhe feststellen, daß sich die Landekufen nicht ausfahren ließen. Danach fiel sein Fahrtmesser aus. All das berichtete er über Funk, so daß wir es festhalten konnten. Dann fuhr er die Landekufen von Hand aus und bat uns, ihm zu bestätigen, daß sie draußen seien – das konnte er von der Kabine aus nicht feststellen, da auch diese Anzeige ausgefallen war. In 1600 m meldete er Flammabriß des linken Triebwerks; er versuche, es wiederanzulassen. Eineinhalb Minuten später sprach er von Stößen und Schwingungen an Höhen-

und Querrudern. Durch unsere Feldstecher konnten wir dann erkennen, daß das linke Triebwerk brannte ...«

Aus 1300 m Höhe stürzte das Flugzeug mit hängender Tragfläche direkt zu Boden. Als Arado-Ingenieure anschließend das Wrack untersuchten, stellten sie fest, daß von dem Moment an, als Selle erstmalig Probleme mit dem Triebwerk gemeldet hatte, die Tragfläche innen gebrannt hatte. Die Verbindung vom Staurohr zum Fahrtmesser führte an diesem Triebwerk vorbei, desgleichen die Schubstangen für Querruder und Landekufen: Die Flammen hatte diese Systeme zum Teil oder sogar völlig versagen lassen. Das brennende Triebwerk war kurz vor dem Aufschlag des Flugzeugs am Boden von der Tragfläche weggebrochen; Selle befand sich noch immer an Bord.

Während die Arbeit an den Arado mit Fahrwerk voranschritt, flogen im Dezember 1943 und im Frühjahr 1944 noch vier weitere Flugzeuge mit Startwagen: die Prototypen 5 und 7, die den ersten Maschinen ähnlich waren, der 6. Prototyp, der mit vier 800 kp starken TL-Triebwerken des Typs BMW 003 in getrennten Gondeln unter den Tragflächen bestückt war, und schließlich der 8. Prototyp mit vier baugleichen Triebwerken, die aber in ihren Gondeln paarweise zusammengefaßt waren.

Um dem Flugzeug auch mit maximaler Abflugmasse auf kurzen Pisten einen Start zu ermöglichen, auch wenn nur schwacher oder gar kein Wind wehte, konnte man am 3. Prototyp und den dann folgenden zweistrahligen Maschinen außen unter jeder Tragfläche eine Gondel mit der Flüssigkeits-Startrakete Walter 109-500 anbringen. Jede Gondel entwickelte 500 kp zusätzlichen Schub für den Start und wog – mit ausreichend Wasserstoffsuperoxyd und Natriumpermanganat für 30 Sekunden Brennzeit versehen – 280 kg. Wenn das Flugzeug dann abgehoben hatte und der Raketentreibstoff verbraucht war, wurden die Gondeln ausgeklinkt und schwebten an Fallschirmen zu Boden; anschließend konnten sie wiederverwendet werden. Ein System miteinander verbundener elektrischer Kontaktschalter stellte sicher, daß sich bei Versagen einer Startrakete auch die andere abschaltete: Damit wurde der gefährliche asymmetrische Schub vermieden.

Bereits beim Abheben ist der Bremsschirm halb geöffnet und zieht den Startwagen unter dem Flugzeug weg.

Kufenlandung einer der ersten Ar 234.

Der achte Prototyp der Ar 234 mit vier BMW-003-Triebwerken in Doppelgondeln.

Im März 1944 unternahm der 9. Prototyp der Ar 234 seinen Erstflug – die erste B-Version mit eingebautem Fahrwerk. Noch vor dem Erstflug hatte man begonnen, das Werk in Alt-Lönnewitz bei Torgau für die Massenherstellung dieser Version einzurichten. Die Ar 234 B – sowohl für die Bomber- als auch für die Aufklärerrolle vorgesehen – hatte zwei Jumo-004-B-Triebwerke von 900 kp Schub und wog leer 5200 kg, beladen 8400 kg. Ihre Höchstgeschwindigkeit lag in 6000 m ohne Außenlasten bei 738 km/h.

Die maximale Bombenzuladung betrug 1500 kg; sie wurde außen mitgeführt. Wenn sie Bomben oder Abwurftanks trug, sank die Höchstgeschwindigkeit der Arado um 55 bis 80 km/h. Die Reichweite hing von der Flughöhe ab, da die Strahltriebwerke in Seehöhe ungefähr das Dreifache verbrauchten wie in 10.000 m Höhe: In dieser Höhe hatte das Flugzeug – ohne Außenlasten – eine Reichweite von etwa 1600 km, die sich auf rund 550 km verringerten, wenn es im Tiefflug blieb. In der Praxis bedeutete dies, daß die Bomberversion mit einer 500-kg-Bombe, die sie über dem Ziel abwarf, und entsprechenden Kraftstoffreserven einen effektiven Einsatzradius von knapp 500 km bei Angriffen in größeren Höhen – und etwa 200 km bei Tiefflugangriffen hatte. Wenn sie in der Aufklärerrolle in größerer Höhe mit zwei 300-l-Abwurftanks eingesetzt wurde, betrug ihr Einsatzradius etwa 720 km.

Mit der Ar 234 B konnte man drei Arten von Bombenangriffen fliegen: den Angriff im flachen Sturzflug, den Angriff aus dem Horizontalflug in geringen Höhen und den Angriff aus dem Horizontalflug in größeren Höhen. Der Angriff aus dem flachen Sturzflug war die gebräuchlichste Methode; ein typisches Profil war der Sturzflug mit gedrosseltem Schub und gesenktem Bug aus 5000 m Höhe bis auf eine Höhe von 1400 m – dabei zielte der Pilot mit dem Periskopvisier, das oben aus seinem Kabinendach herausragte.

Der Tiefflug-Horizontalangriff war eine recht ungenaue Methode; man benutzte ihn nur, wenn schlechte Sicht oder tiefhängende Wolken im Zielgebiet andere Verfahren nicht zuließen: Der Pilot überflog dabei sein Ziel und löste die Bomben nach Gutdünken aus.

Das technisch interessanteste Angriffsverfahren der Arado war der Horizontalangriff aus großer Höhe. Der Pilot flog zunächst mit normaler Karten- oder Funknavigation bis zu einem Punkt, der etwa 35 km von seinem Ziel entfernt lag. Dann schaltete er den Patin-Dreiachsen-Autopiloten ein und schwang seine Steuersäule nach rechts zur Seite. Anschließend löste er seine Schultergurte und lehnte sich nach vorn in die Bombenzielposition über das Okular seines Lotfernrohr-Bombenvisiers. Die Steuerung dieses Visiers war über einen einfachen Rechner mit dem Autopiloten des Flugzeugs verbunden: Alles, was der Pilot jetzt noch zu tun hatte, war, das Fadenkreuz des Visiers über dem Ziel zu halten – das Visier gab dann die entsprechenden Befehle über den Rechner an den Autopiloten weiter, der den Bomber somit während des Angriffs »flog«. Sobald das Flugzeug den Bombenauslösepunkt erreicht hatte, wurden sie automatisch ausgeklinkt. Anschließend richtete sich der Pilot in seinem Sitz wieder auf, zog seine Schultergurte fest, schwang die Steuersäule zurück in Position, schaltete den Autopiloten aus und drehte auf Heimatkurs ein. Alles in allem war das – für ein Flugzeug des Jahrgangs 1944 – ein bemerkenswertes System.

Eine weitere Neuerung der Ar 234 B war ihr Bremsschirm, der die Ausrollstrecke verkürzte: Sie war das erste Flugzeug der Welt, das ihn als Standardausrüstung mitführte.

Anfang Juni 1944 – weniger als ein Jahr, nachdem die Ar 234 A ihren Erstflug durchgeführt hatte – war die erste der 20 Ar 234 B der Vorserie fertiggestellt. Ebenfalls im Juni 1944 wurden die Prototypen 5 und 7 mit Kameras versehen und an die Versuchsstaffel des RLM in Oranienburg überführt, eine spezielle Aufklärereinheit, die direkt dem RLM unterstellt war. Oberleutnant Horst Götz war für diese Flugzeuge verantwortlich. Er sowie ein anderer Flugzeugführer, Leutnant Erich Sommer, begannen sich auf den Einsatz mit den neuen Maschinen vorzubereiten. Sommer erinnert sich, daß er nur geringe Schwierigkeiten mit dem Startwagen hatte, allerdings war es wichtig, sich vor dem Anrollen genau auf die Startbahn auszurichten, da die Seitensteuerung bei geringer Fahrt kaum an-

Oberleutnant Horst Götz führte die Versuchsstaffel in Oranienburg, die dann mit der Ar 234 den ersten Aufklärereinsatz der Welt mit Strahlflugzeugen absolvierte.

sprach. Bei etwa 160 km/h hob sich die Nase des Flugzeugs von selbst nach oben – dann zog er den Hebel, der den Startwagen ausklinkte. Nunmehr um dessen 600 kg leichter, schwang sich die Arado problemlos in die Luft. Nachdem die Arado auf ihren Kufen gelandet war, dauerte das Aufbocken und Untersetzen des Startwagens etwa 20 Minuten – dann konnte die Arado abgeschleppt werden. Bei einem seiner ersten Flüge konnte Götz nach dem Abheben den Startwagen nicht ausklinken – er umkreiste den Flugplatz, um Kraftstoff zu verbrauchen, und setzte dann die Arado gekonnt auf der Landebahn von Oranienburg auf, wobei er fast deren gesamte Länge brauchte, bevor er zum Stehen kam.

Götz' Ar 234 B waren jeweils mit zwei Rb-50/30-Kameras im Hinterrumpf ausgerüstet. Sie hatten eine Brennweite von 50 cm und zeigten nach unten, allerdings um 12° – von einer Fläche durch Hoch- und Längsachse des Flugzeugs aus gesehen – nach außen geneigt. Aus 9900 m Höhe nahmen diese beiden Kameras einen insgesamt 10 km breiten Geländestreifen zu beiden Seiten des Flugweges des Aufklärers auf.

Während Götz und Sommer lernten, mit den beiden Arado in der Einsatzrolle umzugehen, hatten sich die alliierten Truppen an der Küste der Normandie festgesetzt. Aufklärerverbände der Luftwaffe, die die Landungsgebiete aufnehmen wollten, erlitten schwere Verluste, die der Schutzschirm alliierter Jäger ihnen beibrachte, und häufig kamen sie gar nicht zu ihren Zielen durch. Die Kommandeure der deutschen Heeresverbände hatten fast überhaupt keine Kenntnis davon, was auf der anderen Seite der Front vorging, und oft waren die ersten Anzeichen eines bevorstehenden Angriffs Artilleriefeuer und Bombardierung.

Um diese Schwäche abzustellen, erhielt Götz den Befehl, seine Versuchsstaffel nach Juvincourt bei Reims in Frankreich zu verlegen, um von dort aus Aufklärungseinsätze zu fliegen. Von Beginn an gab es allerdings Schwierigkeiten. Am 25. Juli 1944 starteten die beiden Arado in Oranienburg, aber Götz' Flugzeug hatte Triebwerkschaden und mußte umkehren. Sommer flog weiter und landete ohne Zwischenfälle in Juvincourt. Nach der Landung wurde sein Flugzeug auf einen Tieflader gehoben und in eine Flugzeughalle gebracht: Dort mußte der fortschrittlichste Aufklärer der Welt untätig herumstehen, bis sein Startwagen – per Bahn! – aus Oranienburg eintraf. Es dauerte über eine Woche, bis die Lastkraftwagen mit seinem Startwagen, Hebevorrichtungen und anderem Spezialgerät, mit Ersatzteilen und Startraketen am Bahnhof von Juvincourt abgeladen werden konnten.

Schließlich war dann am Morgen des 2. August alles bereit für Sommers Start zum ersten Aufklärungseinsatz der Welt mit Strahltriebwerken. Die Ar 234 wurde – mit Startraketen – zur Ost-West-Startbahn hinausgeschleppt. Sommer stieg ein, schnallte sich fest, führte seine Vorflugüberprüfungen durch und ließ die Strahl-

Leutnant Erich Sommer flog mit der Ar 234 A am 2. August 1944 den weltweit ersten und außerordentlich erfolgreichen Aufklärereinsatz mit Strahlantrieb.

triebwerke an. Zufrieden darüber, daß alles wie vorgesehen funktionierte, ließ er die Bremsen los und schob die Schubhebel nach vorn. Langsam gewann die Arado an Fahrt. Nach etwa 200 m Anrollstrecke drückte er die Drucktaste für die Zündung der Startraketen und fühlte einen beruhigenden Schub im Rücken, als die Beschleunigung zunahm. Langsam wurde das Flugzeug am Boden leichter, und als Sommer den Startwagen ausklinkte, schwang sich die Arado in die Luft, die Rauchfahnen der Startraketen hinter sich herziehend. 15 Sekunden nach dem Abheben stellten die Startraketen – nunmehr ohne Treibstoff – ihre Arbeit ein. Sommer betätigte die Drucktaste, mit der sie abgeworfen wurden, und sie taumelten davon; dann brachten ihre Fallschirme sie sicher zur Erde.

Sommer trimmte sein Flugzeug auf einen Steigflug von 760 m/min mit einer anfänglichen Vorwärtsgeschwindigkeit von 410 km/h aus. Da er nach Westen gestartet war, mußte er seinen Kurs nur noch geringfügig ändern, um das Zielgebiet anzufliegen. Als die Arado höherstieg und in dünnere Luft vorstieß, wurde sie stetig schneller.

Sommer brauchte etwa 20 Minuten, um 10.200 m Höhe zu erreichen – jetzt war die Arado auch schon fast über dem Gefechtsfeld. Von Zeit zu Zeit machte er mit dem Flugzeug einen Schlenker und schaute nach hinten, um festzustellen, ob er Kondensstreifen hinter sich herzog, die ihn feindlichen Jägern verraten hätten – aber da waren keine. Hoch über der Halbinsel von Cherbourg drehte er auf Ostkurs ein, drückte die Nase an und ging in flachem Sturzflug um etwa 500 m nach unten, um seine Fahrt auf etwa 750 km/h zu erhöhen. Dann ging er in den Horizontalflug über und konzentrierte sich – für seine Luftbildaufnahmen – auf striktes Einhalten von Höhe und Kurs. Die Klappen seiner Kameraschächte waren bereits offen, und jetzt betätigte Sommer den Schalter seiner Kameras: Ihre Automatik nahm alle elf Sekunden ein Bild auf.

Es war ein herrlich klarer Sommertag und der Himmel nur schwach bewölkt. Aus Sommers Perspektive gab es kaum ein Anzeichen für den Kampf auf Leben und Tod, der so tief unter ihm ablief. Und wenn Feindjäger versuchen sollten, die hoch dahinfliegende Arado anzugreifen – er würde es gar nicht wahrnehmen: Er war viel zu beschäftigt, sein Flugzeug exakt auf Kurs zu halten, damit seine Kameras das größtmögliche Gebiet auf die begrenzte Menge Film in den Magazinen bannen konnten. Der erste Bildflug – entlang der Küste – dauerte etwa zehn Minuten. Dann flog Sommer einen Halbkreis, ging wieder auf die gewünschte Höhe und flog nach Westen: für den zweiten Bildflug, parallel zum ersten und etwa 10 km landeinwärts. Nach dieser Serie drehte er erneut um und flog einen dritten Bildflug, wieder 10 km weiter landeinwärts und parallel zu den ersten beiden. Fast am Ende dieses dritten Bildflugs zeigte sein Bildzähler auf Null – das Filmmaterial war verbraucht.

Nachdem er seinen Auftrag erfüllt hatte, blieb Sommer auf Ostkurs: Sein einziges Ziel war, heil mit dem wertvollen Film zurückzukehren. Unterwegs achtete er sorgfältig auf alliierte Jäger, dann flog er Juvincourt in einem schnellen Sinkflug an und setzte das Flugzeug dort auf die Graspiste. Bevor die Arado auf ihren Kufen zum Stehen gekommen war, wurde sie von allen Seiten von Männern umringt: Während Sommer noch aus der Maschine kletterte, waren schon die Kameraklappen auf dem Hinterrumpf geöffnet und die Magazine mit dem belichteten Film herausgenommen worden – dann wurden sie im Eiltempo zum Entwickeln gebracht.

Mit diesem einen Aufklärungsflug hatte Erich Sommer mehr erreicht als alle anderen Aufklärungsverbände im Westen in den vergangenen zwei Monaten zusammen: Mit einem Flug von weniger als eineinhalb Stunden hatte er fast das gesamte Aufmarschgebiet der Alliierten in der Normandie fotografiert. Die von der Arado aufgenommenen 380 Luftbilder verursachten emsige Betriebsamkeit: Zu der Zeit hatten die Alliierten mehr als 1fi Millionen Mann, 1fi Millionen Tonnen Nachschub und fast 300.000 Fahrzeuge aller Art in Frankreich angelandet – und eine zwölfköpfige Gruppe von Luftbildauswertern arbeitete jetzt mehr als zwei Tage lang auf Hochtouren, um eine erste Auswertung der Luftbilder vorlegen zu können; die detaillierte Auswertung des Materials dauerte Wochen. »Nach diesem ersten Einsatz«, erinnert sich Sommer, »kamen viele hohe Offiziere nach Juvincourt und wollten sich das Flugzeug ansehen – aber das Ding wurde streng geheimgehalten, und sie durften nicht in seine Nähe.«

Ebenfalls am 2. August traf schließlich auch Horst Götz mit der zweiten Ar 234 in Juvincourt ein. In den drei folgenden Wochen flogen die beiden Aufklärer 13 weitere Einsätze. Und damit bekamen die deutschen Frontkommandeure endlich die Übersicht über die feindlichen Positionen, die sie sich so lange ersehnt hatten. Aber die Zeiten, in denen derartige Informationen bei den Kämpfen am Boden noch eine entscheidende Rolle hätten spielen können, waren längst vorbei. Noch als Sommers erste Luftbilder ausgewertet wurden, brachen die amerikanischen Bodentruppen bereits aus ihrem ursprünglichen Aufmarschgebiet aus und besetzten die Bretagne: Der Kampf um die Normandie war vorbei – jetzt begann der Vormarsch durch Frankreich. Zwar konnten die Ar 234 Tausende von Luftbildern über die Vorstöße der Alliierten heimbringen – aber gewöhnlich lieferten sie der deutschen Führung kaum mehr als ein genaues Bild von Schlachten, die bereits verloren waren.

Eine Nahaufnahme der beiden Rb-50/30-Luftbildkameras im Hinterrumpf – für Steilaufnahmen um jeweils 12° zur Seite geneigt.

Wie Schenks Messerschmitt Me 262 scheinen auch Götz' Ar 234 während der Schlacht um Frankreich der Aufmerksamkeit der alliierten Nachrichtendienste entgangen zu sein. Das ist wahrscheinlich das höchste Kompliment, das man den schnellen Maschinen und ihren Piloten zollen kann: Bestand ihre Aufgabe doch darin, ihre Ziele unbemerkt aufzunehmen und anschließend die wertvollen Luftbilder heil heimzubringen.

Am 28. August – amerikanische Panzer näherten sich bereits Reims – erhielt Götz Befehl, seine beiden Ar 234 von Juvincourt nach Chièvres südwestlich von Brüssel zu verlegen. Und hier gelang der eigenen Truppe, was alliierten Jagdfliegern bisher verwehrt blieb: Als Götz in Chièvres seine Landeschleife flog, eröffnete die Flak – die sich inzwischen daran gewöhnt hatte, fast jedes anfliegende Flugzeug von vornherein als feindlich einzustufen – das Feuer auf ihn, und ein präziser Treffer direkt unterhalb der Kabine der Ar 234 unterbrach alle elektrischen und hydraulischen Systeme des Flugzeugs. Götz brach den Landeanflug ab und mußte feststellen, daß er weder Klappen noch Kufen ausfahren konnte. Trotzdem war seine Maschine noch flugfähig, daher beschloß er, damit nach Oranienburg bei Berlin zu fliegen, wo sie ordnungsgemäß instand gesetzt werden konnte. Dort machte Götz eine meisterhafte Bauchlandung ohne Klappen, bei der er mit im-

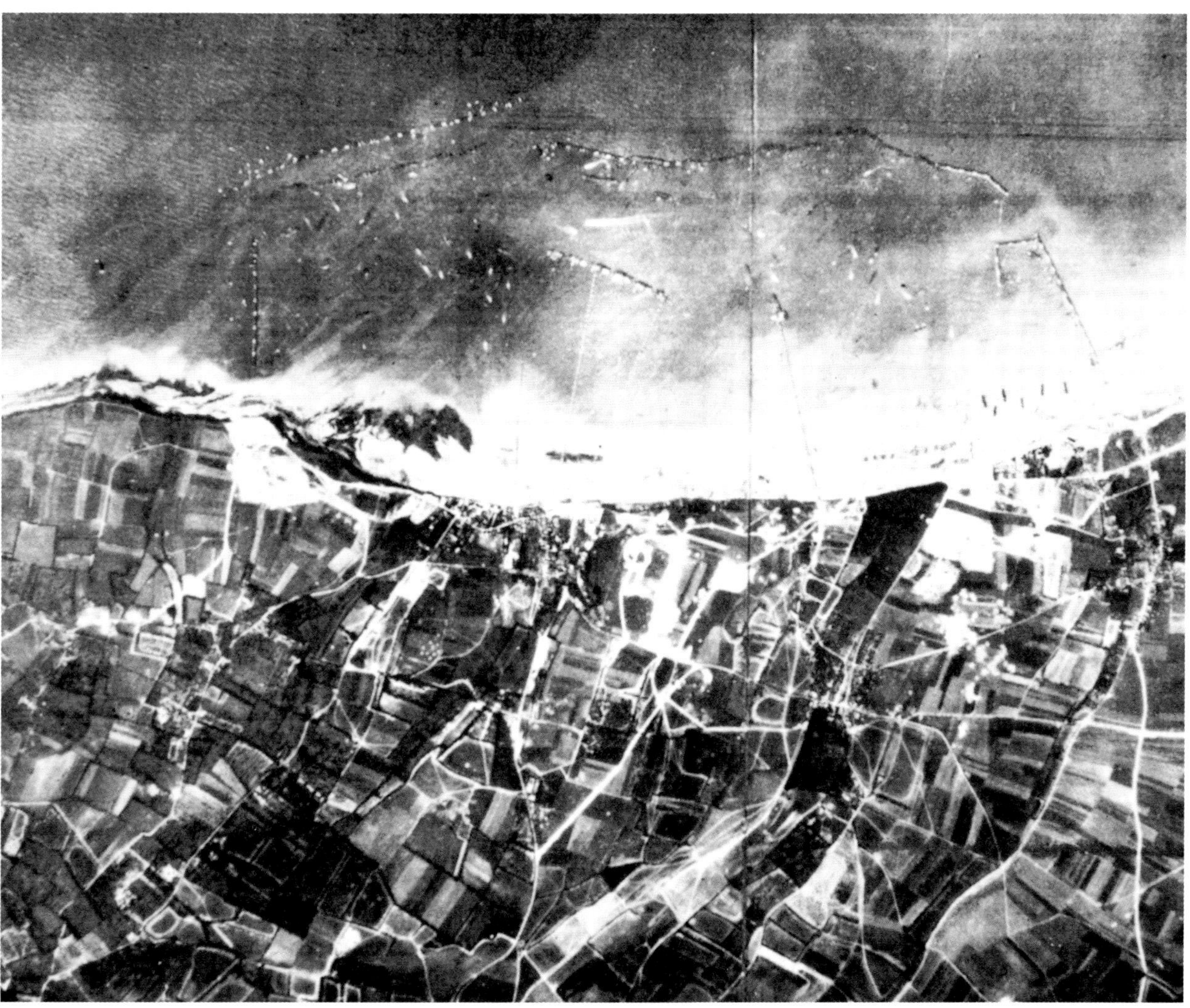

Luftbild des künstlich angelegten Hafens »Mulberry« vor Asnelles sur Mer in der Normandie, von Erich Sommer am 2. August 1944 aufgenommen.

B
A
VOLKEL
A/F
IMMED. REPORT K.3111.

merhin 300 km/h aufsetzte. Zwar durchschlugen einige lose Steine das Kabinendach und fügten ihm geringfügige Verletzungen bei – darüber hinaus jedoch kam das wertvolle Flugzeug mit erstaunlich geringen Schäden davon. Jetzt allerdings wurde der angeschlagenen Ar 234 der Gnadenstoß versetzt: Götz war gerade aus der Kabine geklettert, als ein junger Jagdflieger, der beim Start nicht mit einem derartigen Hindernis auf der Piste gerechnet hatte, von hinten in den Aufklärer hineinraste und das gesamte Heck mit seinem Propeller zerstückelte. Götz wurde ein zweites Mal von Steinen und Glassplittern verletzt und konnte einige Wochen lang nichts sehen; seine Ar 234 war nur noch ein Wrack.

Sommer landete mit seiner Ar 234 ohne Schwierigkeiten in Chièvres, mußte aber schon wenige Tage später nach Volkel in Holland verlegen, als alliierte Panzer in das Gebiet eindrangen. Sommer befand sich am 3. September in Volkel, als über 100 Lancaster der RAF einen schweren Tages-Luftangriff auf den Flugplatz flogen. Obwohl der gesamte Flugplatz mit Kratern übersät war, blieb Sommers Ar 234 in ihrer Flugzeughalle unbeschädigt. Da der Flugplatz als unbrauchbar für normale Einsätze erklärt wurde, startete er tags darauf, am 4. September, per Startwagen von einer der Rollbahnen, nachdem man dort einige Krater eingeebnet hatte. Anschließend landete er

Der Flugplatz Volkel in Holland, aufgenommen von einem Spitfire-Aufklärer der RAF nach dem Luftangriff von über 100 Lancaster-Bombern am 3. September 1944. Obwohl mit Kratern übersät, wurde er von der Luftwaffe eingeschränkt weiter benutzt – Erich Sommer startete hier am Tage nach dem Luftangriff. Seine Ar 234 stand in der Flugzeughalle (Kreis A) und blieb unbeschädigt. Er wurde die Rollbahn (gepunktete Linie) entlanggeschleppt und startete dann auf der nächsten Rollbahn (gestrichelt). Die Bombenkrater entlang dieser Rollbahn hatte man aufgefüllt und dann so eingefärbt, daß sie aus der Luft aussahen, als seien sie noch vorhanden. Dieses Luftbild wurde am 6. September aufgenommen – und noch immer starten Flugzeuge (Kreis B) auf dieser Rollbahn. Die Verfasser fanden keinen Hinweis darauf, daß die Alliierten diese Täuschung jemals durchschaut hätten.

in Rheine bei Osnabrück, dem neuen Stützpunkt für Einsätze der Strahlaufklärer.

Dieser Rückzug nach Deutschland markiert – zufällig – auch das Ende der Einsätze der Ar 234 mit Startwagen: Ab September 1944 stand die verbesserte B-Version des Flugzeugs mit einziehbarem Fahrwerk zur Verfügung. Der etwas breitere Rumpf, der ja schließlich das Fahrwerk aufnehmen mußte, setzte die Geschwindigkeit um etwa 35 km/h herab – aber noch immer war das Flugzeug schnell genug, um Abfangjägern entkommen zu können. Da auch der Einsatzradius etwas kleiner geworden war, wurden bei längeren Einsätzen zwei 300-l-Abwurftanks unter den Triebwerken mitgeführt. Zum Ausgleich für diese Beschränkungen – die im Hinblick auf die defensive Lage, in der Deutschland sich nun befand, ohnehin kaum noch taktische Bedeutung hatten – war die Ar 234 B ein weitaus flexibleres Flugzeug, da es von Flugplätzen ohne spezielles Bodengerät aus operieren konnte.

In Rheine erreichte Götz' Einheit – nunmehr mit dem Decknamen Kommando Sperling – schließlich eine Stärke von neun Ar 234 B, und Aufklärungseinsätze waren an der Tagesordnung. Die alliierten Jagdpatrouillen über dem Fliegerhorst waren allerdings eine ständige Bedrohung, da die Ar 234 – wie die Me 262 – von diesen Jägern leicht angegriffen werden konnten, wenn sie nach dem Start und beim Landeanflug relativ langsam flogen. Andererseits hatte Götz sein eigenes Warnsystem rund um den Fliegerhorst aufgebaut, das immer tätig wurde, wenn die Ar 234 B eingesetzt wurden, und über Funk Feindflugzeuge meldete. Nur wenn der Himmel ringsum feindfrei war, wurden die Arado zum Startplatz gezogen; dort ließen sie die Triebwerke an und starteten sofort. Und für die Rückkehr zum Platz hatten Götz' Flugzeugführer Befehl, ihre Geschwindigkeit beizubehalten und nur zu landen, wenn bestätigt wurde, daß keine feindlichen Jäger in der Nähe seien. Wenn jedoch Gefahr drohte, landeten die Piloten auf einem Ausweichplatz in der Umgebung. Rheine verfügte über starke Flakkräfte, die die Start- und Landebahnen schützten – Götz allerdings war der Meinung, sie

Aufnahmen der Ar 234 des Kommandos Sperling, das im Herbst 1944 von Rheine aus Aufklärungseinsätze flog.

Oben:
Ein Flugzeug wird von einem Tankwagen zum Startplatz gezogen.

Links, unten, rechts oben:
Am Startpunkt klettert der Pilot in die Maschine, schnallt sich fest und geht die Vorflugkontrolle durch. Rechts oben erkennt man das Wappen des Kommandos Sperling: einen Spatz mit Strahlantrieb und Kamera.

Links:
Nach dem Einsatz werden die Luftbildmagazine zum Entwickeln gebracht.

Unten:
Bodenpersonal schiebt auf einem Spezialwagen die Startraketengondel herbei.

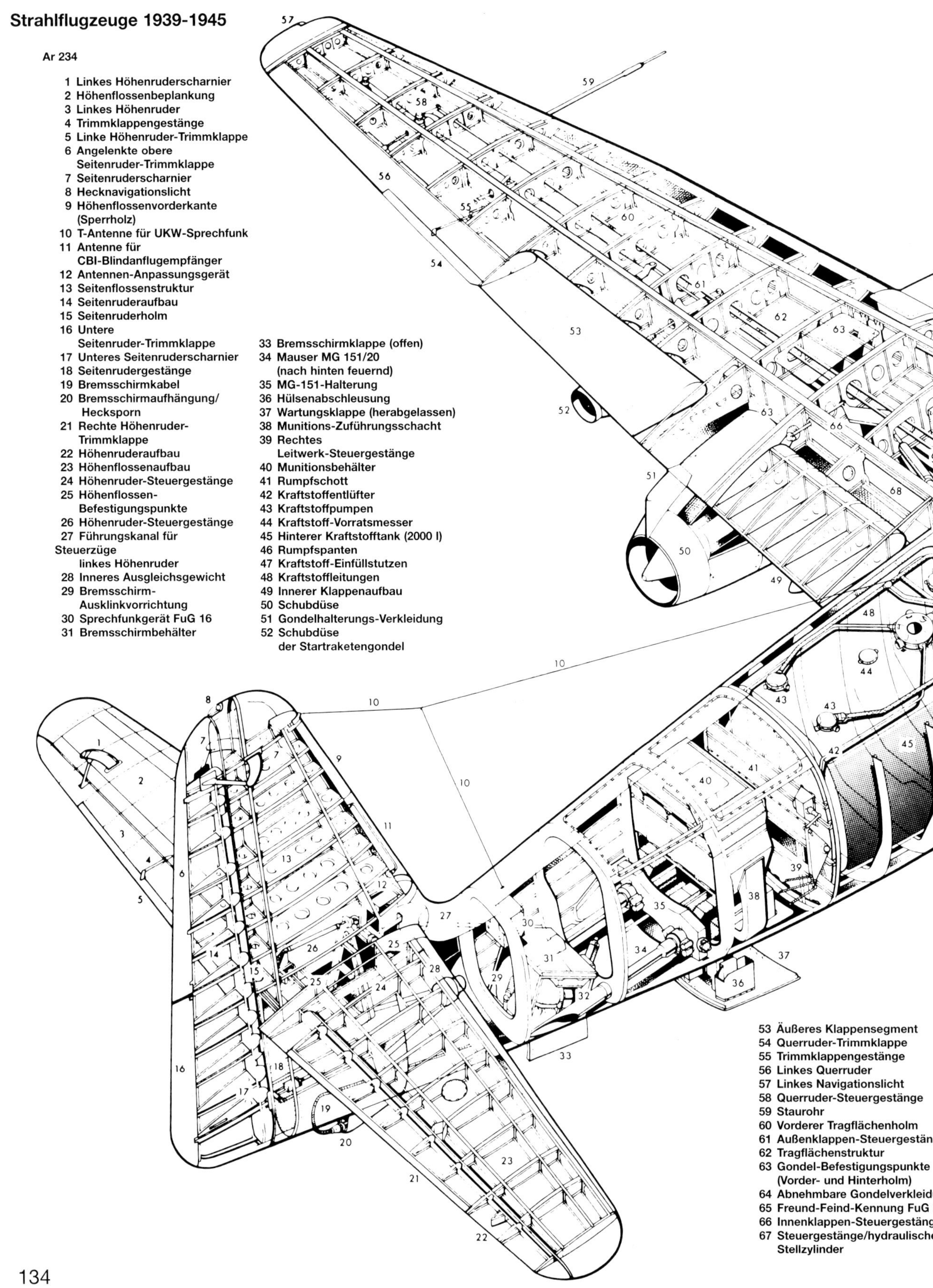

Ar 234

1 Linkes Höhenruderscharnier
2 Höhenflossenbeplankung
3 Linkes Höhenruder
4 Trimmklappengestänge
5 Linke Höhenruder-Trimmklappe
6 Angelenkte obere Seitenruder-Trimmklappe
7 Seitenruderscharnier
8 Hecknavigationslicht
9 Höhenflossenvorderkante (Sperrholz)
10 T-Antenne für UKW-Sprechfunk
11 Antenne für CBI-Blindanflugempfänger
12 Antennen-Anpassungsgerät
13 Seitenflossenstruktur
14 Seitenruderaufbau
15 Seitenruderholm
16 Untere Seitenruder-Trimmklappe
17 Unteres Seitenruderscharnier
18 Seitenrudergestänge
19 Bremsschirmkabel
20 Bremsschirmaufhängung/ Hecksporn
21 Rechte Höhenruder-Trimmklappe
22 Höhenruderaufbau
23 Höhenflossenaufbau
24 Höhenruder-Steuergestänge
25 Höhenflossen-Befestigungspunkte
26 Höhenruder-Steuergestänge
27 Führungskanal für Steuerzüge linkes Höhenruder
28 Inneres Ausgleichsgewicht
29 Bremsschirm-Ausklinkvorrichtung
30 Sprechfunkgerät FuG 16
31 Bremsschirmbehälter
33 Bremsschirmklappe (offen)
34 Mauser MG 151/20 (nach hinten feuernd)
35 MG-151-Halterung
36 Hülsenabschleusung
37 Wartungsklappe (herabgelassen)
38 Munitions-Zuführungsschacht
39 Rechtes Leitwerk-Steuergestänge
40 Munitionsbehälter
41 Rumpfschott
42 Kraftstoffentlüfter
43 Kraftstoffpumpen
44 Kraftstoff-Vorratsmesser
45 Hinterer Kraftstofftank (2000 l)
46 Rumpfspanten
47 Kraftstoff-Einfüllstutzen
48 Kraftstoffleitungen
49 Innerer Klappenaufbau
50 Schubdüse
51 Gondelhalterungs-Verkleidung
52 Schubdüse der Startraketengondel
53 Äußeres Klappensegment
54 Querruder-Trimmklappe
55 Trimmklappengestänge
56 Linkes Querruder
57 Linkes Navigationslicht
58 Querruder-Steuergestänge
59 Staurohr
60 Vorderer Tragflächenholm
61 Außenklappen-Steuergestänge
62 Tragflächenstruktur
63 Gondel-Befestigungspunkte (Vorder- und Hinterholm)
64 Abnehmbare Gondelverkleidung
65 Freund-Feind-Kennung FuG 25 A
66 Innenklappen-Steuergestänge
67 Steuergestänge/hydraulischer Stellzylinder

81 Periskopkopf (Rückspiegel/Bombenvisier)
82 Klarsicht-Kabinenverglasung
83 Instrumentenbrett
84 Seitenruderpedal
85 Schwenkbare Steuersäule
86 Tachometrisches Bombenvisier Lotfe 7K
87 Pilotensitz
88 Rechte Bedienkonsole (Öl-/Temperaturanzeige)
89 Funkbedienfeld (für FuG 16 hinter Pilotensitz)
90 Sauerstoffflaschen
91 Bugradklappe
92 Bugradgabel
93 Rückwärts einziehbares Bugfahrwerk
94 Mittelstück des Bugradschachts
95 Rumpfspanten
96 Vorderer Kraftstofftank (1800 l)
97 Rumpfschott
98 Hauptfahrwerkklappe
99 Rechter Fahrwerkschacht
100 Fahrwerkbeinklappe
101 Rechtes Fahrwerkbein
102 Vorwärts einziehbares Hauptfahrwerk
103 SC-1000-»Hermann«-Bombe unter dem Rumpf
104 Triebwerk-Schubdüse
105 Kühlungs-Hilfseinläufe
106 Rechtes TL-Triebwerk Jumo 004 B
107 Ringförmiger Öltank
108 Riedel-Anlasser im Einlaufkegel
109 Gondel-Zusatztank (300 l; entfiel bei SC-1000-Bombe)
110 Außenklappenstruktur
111 Startraketen Walter HWK 500 A-1
112 Behälter für Startraketen-Fallschirm
113 Querruder-Trimmklappe
114 Querruderstruktur (rechts)
115 Tragflächen-Pfetten
116 Rechtes Navigationslicht

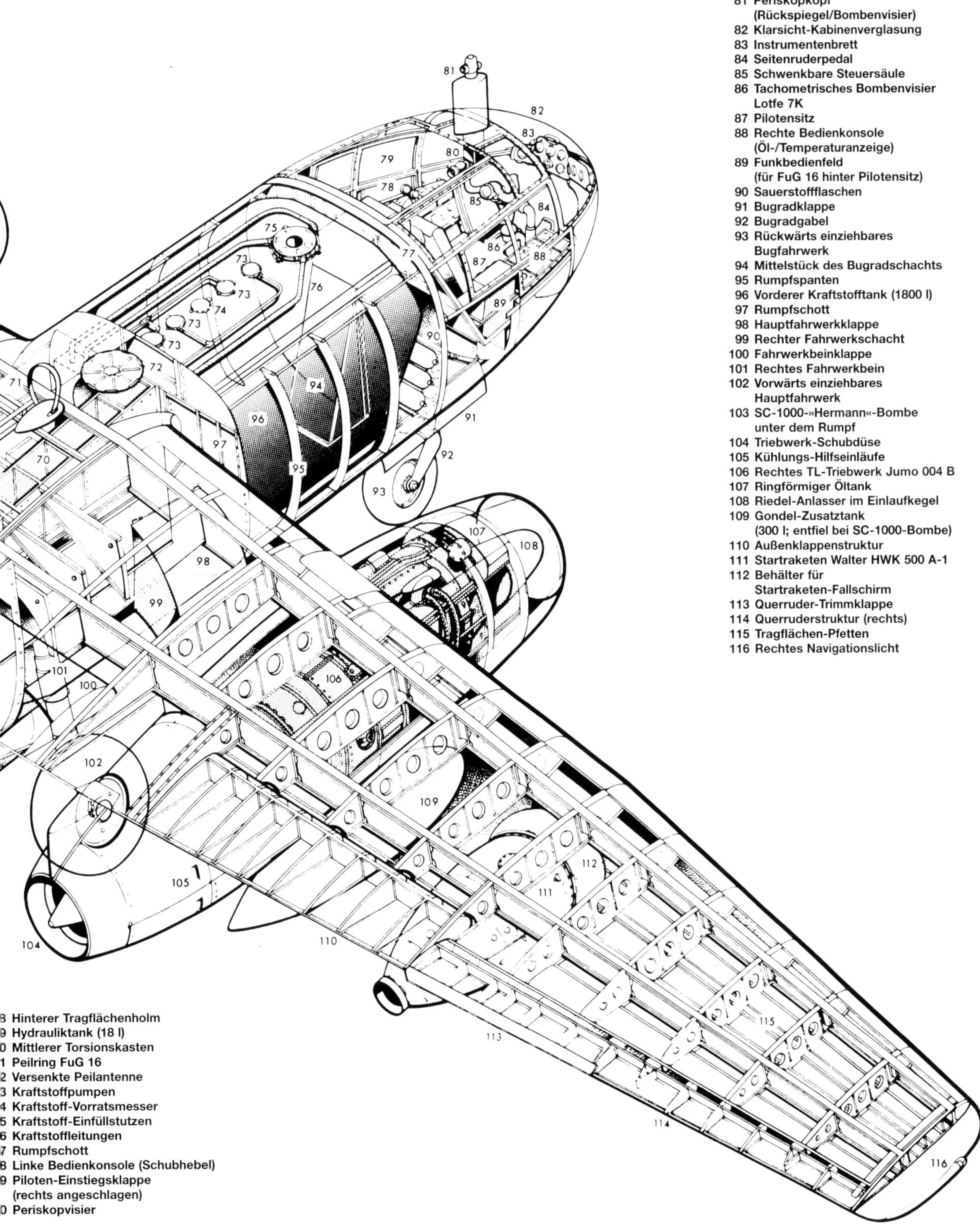

8 Hinterer Tragflächenholm
9 Hydrauliktank (18 l)
0 Mittlerer Torsionskasten
1 Peilring FuG 16
2 Versenkte Peilantenne
3 Kraftstoffpumpen
4 Kraftstoff-Vorratsmesser
5 Kraftstoff-Einfüllstutzen
6 Kraftstoffleitungen
7 Rumpfschott
8 Linke Bedienkonsole (Schubhebel)
9 Piloten-Einstiegsklappe (rechts angeschlagen)
0 Periskopvisier

könnten niemals stark genug sein, um einen wirklich entschlossenen Gegener abzuschrecken.
Kommando Sperling flog nicht nur Einsätze über Frankreich, Belgien und Hollland, sondern gelegentlich auch über England. Am 5. Oktober 1944 beispielsweise führte Götz einen zweistündigen Aufklärungsflug durch, bei dem er Schiffsbewegungen vor der Küste von Norfolk und Lincolnshire fotografierte. Tags darauf startete er zu einem Aufklärungsflug über Südengland, entkam aber nur mit Mühe einem halben Dutzend P-47, die über Rheine genau in dem Moment auftauchten, als er abhob und seine Startraketen abwarf. Zum Glück jedoch – für Götz – hatten ihn die Bodenbeobachter rechtzeitig über Funk vor den feindlichen Jägern gewarnt: Er warf seine Zusatztanks ab, drückte die Nase der Arado nach unten, um schnell Fahrt aufzunehmen, und entkam so den Feindjägern mühelos; danach erst ging er auf Steigflug. Ohne den Kraftstoff seiner Zusatztanks mußte Götz seinen Aufklärungsflug zwar verkürzen, brachte aber trotzdem noch aufschlußreiche Luftbilder nach Hause.
Verglichen mit den Jagdverbänden hatte das Kommando Sperling mit seinen Jumo-004-Triebwerken verhältnismäßig wenig Ärger. Der Schlüssel für ein längeres Leben der ersten Strahltriebwerke lag in der behutsamen Betätigung der Schubhebel – und die einzeln fliegenden Aufklärer mußten ja nicht ständig ihre Geschwindigkeit anpassen, wie zum Beispiel Jäger im Formationsflug. Götz ereilte einer dieser seltenen Triebwerkausfälle am 15. November in 9900 m über der Nordsee auf dem Rückflug, nachdem er Flugplätze in East Anglia aufgenommen hatte: Plötzlich begann seine Ar 234 B stark zu vibrieren; offensichtlich spielte eines der Triebwerke verrückt – aber welches? Die Instrumente beider Triebwerke zeigten normale Werte. Götz setzte alles auf eine Karte und schaltete das rechte Triebwerk ab – falsch! Das einwandfrei laufende rechte Triebwerk war sofort aus und weigerte sich standhaft, den Betrieb wieder aufzunehmen. Die Vibrationen aber dauerten an und zwangen Götz, nun auch das linke Triebwerk abzuschalten. Damit saß er jetzt am Knüppel eines Hochgeschwindigkeitsgleiters mit einer unangenehm hohen Sinkrate. Seine Maschine fiel bis auf etwa 2000 m Höhe, wo es ihm endlich gelang, das rechte Triebwerk anzulassen – damit kehrte er dann nach Rheine zurück. Dort stellte man fest, daß eine der Turbinenschaufeln des linken Triebwerks fehlte, was zu seiner Unwucht geführt hatte.
Obwohl Götz' Aufklärer nun schon fast vier Monate lang ihre Einsätze flogen und er sechs Wochen zuvor mit Feindjägern zusammengeraten war, meldeten alliierte Jäger erst am 21. November 1944, daß sie Ar 234 in der Luft angetroffen hätten: An diesem Tag gaben P-51 der 339. Jagdgruppe Bombern über Holland Jagdschutz auf ihrem Weg nach Deutschland und entdeckten plötzlich Ar 234:

»Die Strahlflugzeuge näherten sich den Jäger- und Bomberformationen in einer Höhe von schätzungsweise 8100 m, waren also etwa 300 m höher als die Bomber. Sie flogen direkt über unsere Formation hinweg, offensichtlich nicht mit Vollschub und einer Geschwindigkeit von 480 km/h. Als sie sich in unserer 3-Uhr-Position befanden, stießen sie etwa zehn Sekunden lang aus jeder Triebwerkgondel Rauch aus, steigerten so ihre Geschwindigkeit und verschwanden dann in der Sonne.«

Scheinluftkämpfe zwischen einer Ar 234 B und einer Fw 190, die zu dieser Zeit durchgeführt wur-

Bei längeren Aufklärereinsätzen, zum Beispiel über England, führte die Ar 234 unter jedem Triebwerk einen 300-l-Abwurftank mit.

Nächste Seite, oben
Der Flugplatz Horsham St. Faith nördlich von Norwich, Standort der B-24 der 458. US-Bombergruppe – aufgenommen am 11. September 1944 von einer Ar 234 des Kommandos Sperling.

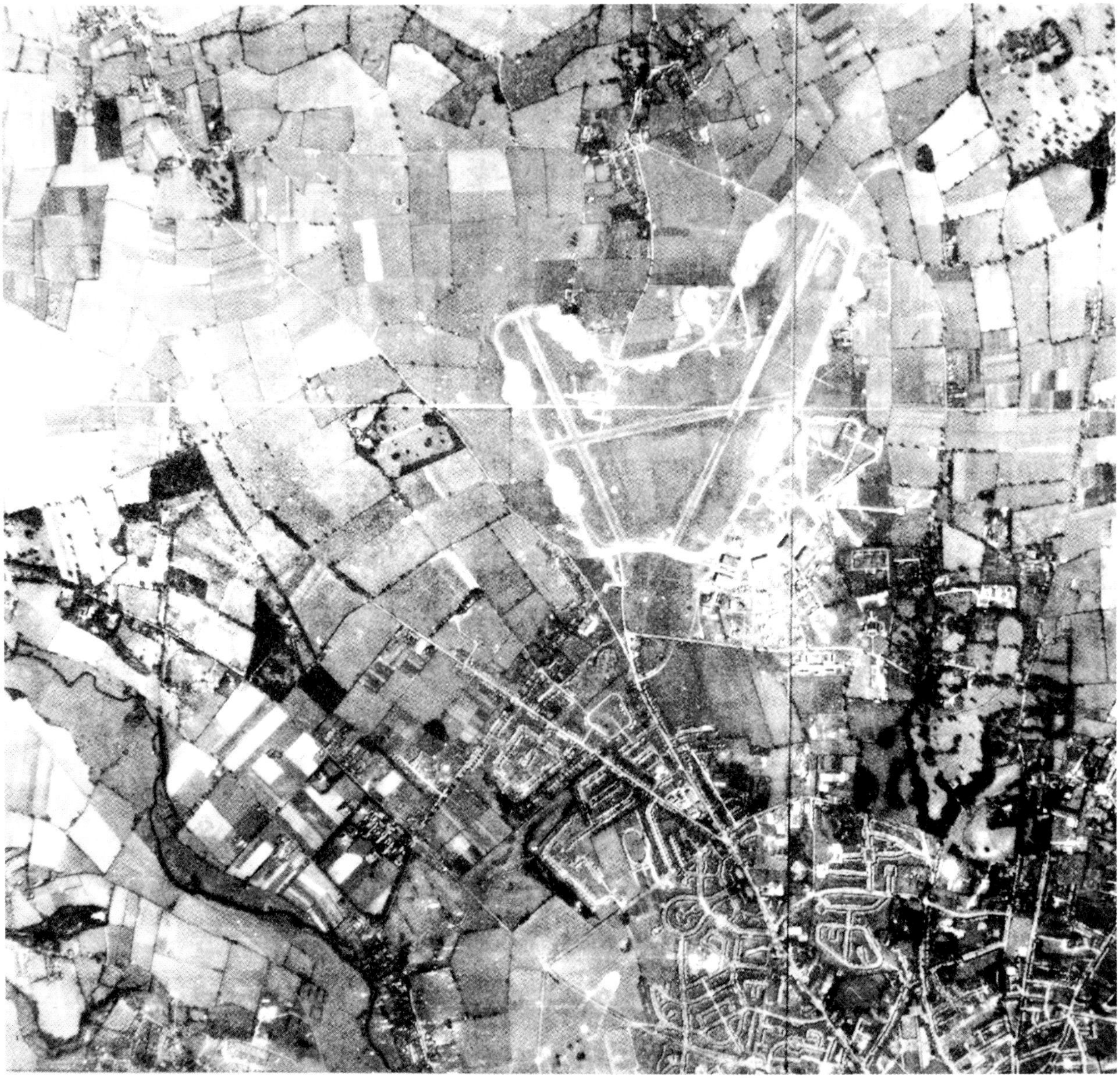

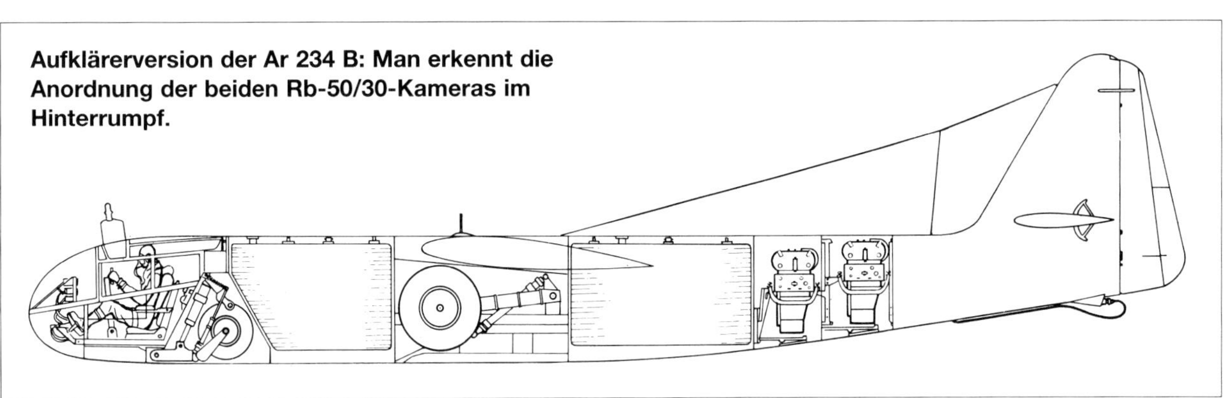

Aufklärerversion der Ar 234 B: Man erkennt die Anordnung der beiden Rb-50/30-Kameras im Hinterrumpf.

den, beleuchteten die Vor- und Nachteile des unbewaffneten Strahlflugzeugs, wie ein Bericht der Firma Arado widerspiegelt:

»Die schärfste Waffe der Ar 234 B gegenüber kolbengetriebenen Jägern ist ihre Geschwindigkeit. Im engen Kurvenkampf konnte die Fw 190 leicht in Schußposition gelangen. Flog die Ar 234 aber geradeaus, stieg oder fiel mit waagerechten Flächen, dann konnte sie der Fw bald entkommen. Wenn Kurven geflogen werden müssen, sollten sie einen großen Radius haben – es sollten also weite Kurven sein. Ein Problem ist die begrenzte Sicht nach unten und nach hinten: Nach hinten kann man 30° beiderseits der Längsachse nichts sehen. Aufgrund dieser Sichtbeschränkung ist es nicht möglich, einen Angreifer auszumachen, der sich direkt hinter das Flugzeug setzt ...«

Der Bericht stellte abschließend fest, daß die Fw 190 gegen eine korrekt geflogene Ar 234 B nur dann eine Chance habe, wenn sie das Überraschungsmoment nutze – andernfalls könne das Strahlflugzeug jederzeit aufgrund seiner hohen Geschwindigkeit entkommen.

In der Zwischenzeit war – in den letzten Monaten des Jahres 1944 – die III. Gruppe des Kampfgeschwaders 76 mit der Bomberversion der Ar 234 B in Burg bei Magdeburg aufgestellt worden. Am 17. Dezember erhielt Hauptmann Diether Lukesch, Chef der 9. Staffel, den Befehl, mit einem Kommando von 16 Maschinen in Richtung Westfront nach Münster-Handorf zu verlegen, um von dort aus die deutsche Offensive in den Ardennen zu unterstützen, die tags zuvor begonnen hatte. Am 21. war diese Verlegung abgeschlossen, aber das schlechte Wetter, das zu dieser Zeit alliierte Lufteinsätze verhinderte, unterband auch Einsätze der Luftwaffe, und so mußten die Ar 234 B während der nächsten zwei Tage am Boden bleiben.

Erst am 24. Dezember 1944 gelangten die Arado-Bomber zum Einsatz. Um 10.14 Uhr startete Lukesch in Münster-Handorf, dichtauf gefolgt von den restlichen acht Bombern; ihr Ziel war Lüttich. Jedes der Flugzeuge trug eine 500-kg-Bombe unter dem Rumpf. Die Strahlbomber, die von feindlichen Jägern kaum etwas zu befürchten hatten, flogen in geöffneter Ordnung in Kiellinie hintereinander her. Nach dem Start hielten die Bomber für einige Kilometer zunächst Nordwestkurs ein, um

Hauptmann Diether Lukesch, Chef der 9. Staffel des Kampfgeschwaders 76, führte am 24. Dezember 1944 den ersten Luftangriff mit Ar-234-Bombern an. Eine Woche später unternahm er dann den ersten Nachtangriff mit Strahlbombern.

ihren Heimatplatz zu verschleiern für den Fall, daß sie auf Feindflugzeuge trafen. Dann aber drehten sie auf Südwestkurs in Richtung ihres Ziels ein und begannen den Steigflug auf eine Marschflughöhe von 4000 m. 35 Minuten nach dem Start befahl Lukesch für den Luftangriff einen flachen Sturzflug, der seine Ar 234 B bis auf 2000 m Höhe hinabführte. Der Führer warf seine Bombe auf ein Fabrikgelände, und der Rest bombardierte Bahnhöfe in der Stadt; die Piloten meldeten nur schwaches Flakfeuer im Zielgebiet. Nach dem Angriff blieben die Bomber in 2000 m Höhe und flogen mit hoher Geschwindigkeit direkt nach Hause. Auf diesem Heimflug kreuzte Lukesch den Weg einer Spitfire, die zufällig in der Nähe war. Der britische Pilot jedoch – der nicht wissen konnte, daß die einzige Waffe an Bord des deutschen Strahlflugzeugs die Pistole des Piloten war – drehte

Ar 234 B der 9./KG 76 in Burg bei Magdeburg Ende 1944, als die Staffel aufgestellt wurde.

Diether Lukesch steht in der Kabine seiner Ar 234, während sie für einen Ausbildungsflug in Burg zum Start gezogen wird.

scharf weg und tauchte ab, um zu verhindern, daß der »Angreifer« von hinten näherkam. Alle Ar 234 B kehrten wohlbehalten nach Münster-Handorf zurück, nur bei einer Maschine versagte das Fahrwerk bei der Landung, woraufhin die Tragfläche leicht beschädigt wurde; ihr Pilot, Feldwebel Winguth, kam unverletzt davon.

Bei einem ähnlichen Einsatz am Nachmittag gegen dasselbe Ziel führte Lukesch acht Ar 234 B in den Angriff, und wiederum kehrten alle wohlbehalten zurück.

Auch am folgenden Tag, dem 1. Weihnachtsfeiertag, wurden zwei Einsätze gegen Lüttich geflogen, wiederum mit jeweils acht Ar 234 B. Beim morgendlichen Einsatz wurden die Strahlbomber allerdings von Tempest der 80. Staffel der Royal Air Force angegriffen. Leutnant R. Verran konnte sich hinter eine der Ar 234 B in Schußposition setzen und meldete Treffer am linken Triebwerk; dann ging ihm die Munition aus. Der von ihm getroffene Bomber wurde von Leutnant Alfred Frank geflogen; er wurde anschließend bei einer Bruchlandung in Holland zerstört, Frank jedoch entkam unverletzt. Vom selben Einsatz kehrte Oberfeldwebel Dierks mit einem ausgefallenen Triebwerk zurück, und seine Maschine wurde bei der Landung beschädigt – aber wieder kam ihr Pilot ohne Blessuren davon. Bei der Rückkehr vom zweiten Einsatz dieses Tages platzte Oberleutnant Friedrich Fendrich bei der Landung ein Reifen; der Bug seines Flugzeugs wurde dabei leicht beschädigt.

Der erste ernsthafte Unfall eines Flugzeugführers traf die Staffel bei einem Einsatz am 27. Dezember 1944. Beim Start zum Angriff auf alliierte Stellungen bei Neufchâteau raste Leutnant Erich Dick in den Schutzwall einer Flakstellung des Fliegerhorstes. In dem darauf folgenden Flammenmeer brannte das Flugzeug völlig aus, und Dick erlitt schwere Verletzungen.

In den folgenden Tagen wurden die Einsätze, wann immer das Wetter es zuließ, in der gleichen Form fortgesetzt. Bei all diesen Einsätzen griffen die Ar 234 B – wie bisher – im flachen Sturzflug an. Lukesch hielt nichts vom Luftangriff aus dem Horizontalflug in großen Höhen: Er wurde bei keinem der Angriffe, die er führte, angewandt. »Da der Pilot nach hinten ja nichts sehen konnte, war er ständig in Sorge, von dort her angegriffen zu werden; zudem konnte ein Feindjäger – anders, als wenn wir im Sturzflug angriffen – aus einer Überhöhung von 1000 oder 2000 m leicht unsere Geschwindigkeit erreichen, besonders wenn wir Bomben trugen. Darüber hinaus hätten wir es der feindlichen Flak zu leicht gemacht, wenn wir so lange geradeaus flogen«, erinnert er sich. »Es gab nur einen Grund, die Angriffe aus großen Höhen zu fliegen: die größere Reichweite – aber die Ziele, die wir angriffen, lagen alle nah genug an unserem Stützpunkt, so daß wir sie auch in mittleren Höhen erreichen konnten.«

Im ersten Morgengrauen des 1. Januar 1945 führte Lukesch vier Ar 234 B zum ersten Nachtangriff mit Strahlbombern, allerdings sollten die Bomben den Feind eher täuschen als Schaden anrichten:

Ein Flugzeugwart sitzt rittlinks auf einer Triebwerkgondel und überprüft bei der Vorfluginspektion den Ölstand – das Bild zeigt die kompakte Konstruktion des Jumo 004.

Von Münster-Handorf aus flogen die Maschinen eine kreisförmige Route über Rotterdam, Antwerpen, Brüssel, Lüttich und Köln und dann zurück zu ihrem Fliegerhorst – wirkliches Ziel ihres Einsatzes war die Erkundung des Wetters über Belgien und Holland für die Vorbereitung der Operation »Bodenplatte«, eines Massenangriffs der Luftwaffe auf alliierte Flugplätze, der kurz nach der Morgendämmerung beginnen sollte. Die Ar 234 B warfen ihre Bomben auf Brüssel und Lüttich nur, um die wahre Absicht ihres Einsatzes zu verschleiern.

Etwas später am selben Morgen führte Lukeschs Stellvertreter, Oberleutnant Artur Stark, sechs Ar 234 B bei einem Luftangriff auf den britischen Flugplatz Gilze Rijen in Holland. Bei diesem Einsatz führte jeder der Bomber einen AB-500-Bombenbehälter mit 25 Splitterbomben von je 15 kg Gewicht mit sich.

Im restlichen Januar wurden die Einsätze stark vom Wetter behindert, und nach dem 1. Januar konnten die Ar 234 B nur noch an vier weiteren Tagen Angriffe fliegen: am 2. gegen Lüttich, am 14. gegen Bastogne und am 20. und 24. gegen Antwerpen.

Die Liste des Generalfeldzeugmeisters der Luftwaffe führte für den 10. Januar 1945 nur 17 Ar 234 B im Dienst in den Einsatzverbänden auf, verteilt wie folgt:

9. Staffel des Kampfgeschwaders 76	12
Kommando Sperling (Aufklärung)	4
Kommando Hecht (Aufklärung)	1

Zu dieser Zeit rüsteten die I. Gruppe und der Rest der III. Gruppe des KG 76 auf diesen Typ um, allerdings sollte keiner der beiden Verbände auch nur annähernd Gruppenstärke erreichen. Selbst wenn man die Flugzeuge hinzuzählt, die für die Verbände vorgesehen waren, wird deutlich, daß nur ein verhältnismäßig kleiner Teil der 148 Arado Ar 234, die Ende 1944 an die Luftwaffe ausgeliefert worden waren, tatsächlich in Dienst gestellt wurde. Wie bei den Me 262 hatten die zunehmenden alliierten Luftangriffe auf das deutsche Transportsystem die Aufstellung von Frontverbänden mit Ar 234 B nachhaltig behindert.

Wie die anderen Strahlflugzeugtypen waren auch die Ar 234 am verwundbarsten bei Start und Landung. Der Kommandeur der III./KG 76, Major Hansgeorg Bätcher, erinnert sich an einen Vorfall, als er zum Fliegerhorst Achmer zurückkehrte und dort alliierte und deutsche Jäger antraf, die sich über dem Platz Luftkämpfe lieferten: »... und die Flakschützen, völlig neutral, feuerten auf alles!« Da sein Kraftstoff zur Neige ging, hatte Bätcher gar keine Wahl – außer einem sehr schnellen Landeanflug und einer »heißen« Landung. Bei 400 km/h fuhr er sein Fahrwerk aus, sobald die Geschwindigkeit auf 350 km/h gefallen war, folgten die Landeklappen, und bei 280 km/h zwang er das widerstrebende Flugzeug hinunter auf die Landebahn und gab dabei den Bremsschirm frei. Diese harsche Behandlung erwies sich als zuviel für den Reifen aus synthetischem Gummi am linken Rad: Er zerbarst. Das Flugzeug schlidderte von der Landebahn weg, und Bätcher erlebte einen schnellen Rutsch über das Gras, bevor Mann und Maschine zum Stehen kamen – erschrocken, aber um eine Erfahrung reicher.

In der dritten Januarwoche hatte die III./KG 76 ihre Umrüstung auf Ar 234 abgeschlossen. Am 23. Januar flogen 18 Arado der 7. und 8. Staffel nach Achmer, ihrem neuen Stützpunkt. Aber als die Strahljäger über dem Flugplatz auftauchten, stürzten sich Spitfire der 401. Staffel der Royal Canadian Air Force (RCAF) auf sie. In den hektischen Kämpfen, die dann folgten, schossen die Spitfire drei Arado ab und beschädigten zwei. Zwei deutsche Flugzeugführer verloren dabei ihr Leben.

Der Februar gestaltete sich für die Strahlbomber günstiger, und als dann auch noch Kraftstoff zur Verfügung stand, konnten sie endlich einmal ihre wahre Schlagkraft beweisen. Am 8. flogen sieben Arado einen Angriff auf Ziele bei Brüssel. Beim nächsten Angriff, am 16., setzte die III./KG 76 eine noch größere Streitmacht ein: Der Verband flog zwei Angriffe auf britische Truppen in der Nähe von Kleve – jeden mit 16 strahlgetriebenen Bombern. Und am 21. Februar flog die Gruppe die höchste Anzahl von Frontflügen, die jemals an einem einzigen Tag durchgeführt wurden: 37 –

Major Hansgeorg Bätcher (links, in Fliegerjacke) war Anfang 1945 Kommandeur der III. Gruppe des KG 76.

gegen britische Truppenansammlungen in der Nähe von Aachen. Einsätze vergleichbarer Stärke wurden auch im weiteren Verlauf des Februar wie auch im März noch geflogen.

Nach Umrüstung der III. Gruppe war die II./KG76 der nächste Verband, dem die Strahlbomber zugeführt wurden. Ende Februar wurde die 6. Staffel, Teil der II. Gruppe, für einsatzbereit erklärt und verlegte nach Hesepe.

Am 7. März stürzte die gesamte Verteidigungsstrategie der Deutschen in eine Krise, als amerikanische Truppen die Ludendorff-Brücke bei Remagen im Handstreich nahmen. Die Brücke war zwar durch Sprengsätze deutscher Pioniere schwer beschädigt worden, aber noch immer benutzbar. Durch die Einnahme dieser Brücke war das letzte natürliche Hindernis im Westen überwunden worden, und Göring stufte sie als Ziel höchster Priorität ein. Fast die ganze Woche nach der Einnahme war die Brücke von Remagen allerdings von tiefhängenden Wolken verdeckt, was es den Bombern und Jagdbombern der Luftwaffe erschwerte, präzise Tiefangriffe zu fliegen. Am 9. März griffen drei Ar 234 die Brücke an – aber die war mittlerweile von einer hohen und noch immer anwachsenden Anzahl von Flakgeschützen gesichert: Einer der Strahlbomber wurde abgeschossen. Der Angriff richtete keine wesentlichen Schäden an, auch nicht ein Angriff von zwei Arado zwei Tage später.

Am 12. versuchten es die Strahlbomber mit einer anderen Taktik: Den ganzen Tag lang flogen sie 18 Einsätze gegen die Brücke – und zwar einzeln und im Horizontalangriff aus 4900 bis 7900 m Höhe unter Verwendung des Funk-Blindabwurfsystems Egon. Aber auch dieser Angriff – wie der von 19 Maschinen tags darauf – konnte der Brücke keinen Schaden zufügen.

Am nächsten Tag, dem 14. März, klarte der Himmel über Remagen teilweise auf: Sofort füllten

Ar 234 B des KG 76 in Burg bei der Wartung.

sich die Wolkenlöcher mit einer hohen Anzahl amerikanischer und britischer Jäger, die in allen Höhen Sperrflüge durchführten. Elf Arado starteten zwar zum Angriff auf die Brücke, aber als sie sich ihrem Ziel im flachen Sturzflug näherten, folgten ihnen alliierte Jagdflugzeuge. Es folgte eine Reihe von Hochgeschwindigkeitsangriffen, in deren Verlauf vier Arado abgeschossen wurden – und die Brücke stand noch immer.

Damit hatten es die Deutschen nicht geschafft, die amerikanischen Truppen daran zu hindern, am Ostufer des Rheins einen starken Brückenkopf zu bilden. Zwar brach die Ludendorff-Brücke am 17. März – als Folge der deutschen Sprengungen wie auch der Luftangriffe – schließlich in sich zusammen, aber amerikanische Pioniere hatten mittlerweile daneben Pontonbrücken über den Fluß gelegt, und die Truppen strömten unvermindert weiter nach Osten.

Nachdem damit die Aktivitäten um Remagen beendet waren, nahmen die Strahlbomber ihre Angriffe auf Ansammlungen feindlicher Truppen und Fahrzeuge sowie andere militärische Ziele wieder auf. Am 19. März flogen vier Arado Angriffe auf Ziele im Gebiet von Brüssel. Dabei kam es zu einem Vorfall, der einer Konfrontation zwischen zwei feindlichen Strahlflugzeugen im Zweiten Weltkrieg am nächsten kam: Als Leutnant Croissant den Flugplatz Melsbroek mit ABB-500-Streubomben angriff, fügte er einer am Boden abgestellten Meteor der 616. Staffel geringfügige Schäden zu. Nach diesem Angriff versuchten mehrere alliierte Jäger, die Arado abzuschießen – aber der Strahlbomber flog ihnen mühelos davon.

Seit September 1944 hatten die Arrado-Aufklärer nunmehr regelmäßig ihre Einsätze geflogen und dabei alliierte Positionen fotografiert – meist völlig ungestört. Anfang 1945 war Götz' Kommando Sperling zur Staffel erweitert worden: zur 1. Staffel der Fernaufklärungsgruppe (FAGr) 123. Zwei weitere Aufklärungsstaffeln rüsteten auf die Ar 234 B um und wurden den FAGr 33 und 100 unterstellt. Darüber hinaus hatte Erich Sommer seine eigene Einheit aufgestellt, das Kommando

Sommer: Es war mit Ar 234 B ausgerüstet und wurde an der italienischen Front eingesetzt.
Erst am 11. Februar – die Aufklärer waren jetzt bereits mehr als sechs Monate im Einsatz – konnte eine dieser Ar 234 von einem alliierten Jäger abgeschossen werden: An diesem Tage führte Major David Fairbanks einen bewaffneten Aufklärungsflug mit acht Tempest der 274. Staffel der RAF durch, als er ein einzelnes Strahlflugzeug ausmachte, das er zunächst für eine Me 262 hielt. Nach einer langen Aufholjagd war die Maschine schließlich eingeholt und wurde – als sie ihre Fahrt beim Landeanflug auf Rheine verlangsamte – dann auch abgeschossen. Es war eine Ar 234 B aus Götz' Staffel, geflogen von Hauptmann Hans Felden, der gerade von einem Aufklärungseinsatz über dem Hafen von Hull zurückgekehrt war; Felden kam ums Leben, als sein Flugzeug auf dem Boden aufschlug.
Das in Udine in Italien stationierte Kommando von Erich Sommer erlitt am 11. April seinen einzigen Verlust eines Flugzeugführers: Leutnant Günther Gniesmer flog alleine einen Aufklärungseinsatz, als er in der Nähe von Bologna das Pech hatte, einem Bomberpulk zu begegnen, der von P-51 der 52. Jagdgruppe begleitet wurde. Die Leutnante Hall und Cooper schafften es, in Schußposition zu gelangen, und schossen ihn ab. Gniesmer stieg zwar aus seiner Ar 234 B noch aus, wurde aber vom Leitwerk getroffen und schwer verletzt. Er erreichte den Boden im Niemandsland und wurde von deutschen Truppen geborgen, starb aber wenige Tage später im Lazarett.
Zusätzlich zu den Bomber- und Aufklärereinsätzen wurden Anfang 1945 einige wenige Ar 234 B zu Nachtjägern umgerüstet. Diese Flugzeuge erhielten das Funkmeßgerät FuG 218 Neptun mit langen Antennen am Bug; der Funkmeßauswerter hatte einen improvisierten Sitz im Hinterrumpf, hinter der Tragfläche. Der Nachtjäger Ar 234 B hatte als Bewaffnung zwei 20-mm-MG-151, die in einem Behälter unter dem Rumpf hingen. Zunächst wurde diese aus dem Boden gestampfte Nachtjägereinheit von Hauptmann Bisping geführt; nachdem er dann aber bei einem

Eine Ar 234 beim Start in Burg: Man erkennt deutlich die Rauchfahne der Startraketen.

Eine Ar 234 beim Landeanflug in Burg.

Flugunfall ums Leben gekommen war, übernahm Hauptmann Kurt Bonow die Führung. Ende März 1945 wurden einige dieser provisorischen Nachtjäger vom Kommando Bonow auch eingesetzt. Diese Ar 234 B waren allerdings für die Rolle der Bomberbekämpfung viel zu schwach bewaffnet, und es scheint keinen Hinweis darauf zu geben, daß sie jemals einen Luftsieg errungen hätten. Am 10. April 1945 – das ist der letzte Tag, für den noch Zahlen vorliegen – wurden nur noch 38 Arado Ar 234 B geführt, die in Einsatzverbänden Dienst taten; sie schlüsselten sich wie folgt auf

BOMBER	
Stab Kampfgeschwader 76	2
6. Staffel	5
III. Gruppe	5
AUFKLÄRER	
1. Staffel/Fernaufklärungsgruppe 33	7
1. Staffel/Fernaufklärungsgruppe 100	6
1. Staffel/Fernaufklärungsgruppe 123	8
Kommando Sommer	3
NACHTJÄGER	
Kommando Bonow	2

In der letzten Phase des Krieges hatte die Arado Ar 234 C, angetrieben von vier 800 kp starken TL-Triebwerken des Typs BMW 003, den Punkt erreicht, an dem sie in Massenproduktion hätte gehen können. Diese Version konnte mit ihrem stärkeren Schub voll beladen und ohne Startraketen von kürzeren Startbahnen abheben. Peter Kappus, ein ziviler Einflieger bei BMW, der diesen Typ geflogen hat, erinnert sich: »Die vierstrahlige Ar 234 C zeigte beim Start und im Steigflug beeindruckende Leistungen, konnte horizontal aber nicht mit Vollschub geflogen werden, weil dann bei den hohen Geschwindigkeiten, die sie erreichen konnte, Flatterprobleme auftraten.« Aber selbst 1945 waren die Probleme des BMW 003 noch nicht völlig gelöst – man wird sich erinnern, daß das BMW 003 einmal die Me 262 antreiben sollte. Mit sehr viel Glück kam Kappus am 29. März 1945 in Burg bei einem Flug im 15. Prototyp – einer Ar 234 B mit zwei BMW 003, die Erprobungen durchführte – noch einmal mit dem Leben davon. Er hatte gerade abgehoben, als:

»...plötzlich das Triebwerk lauter wurde und der Schub offensichtlich zunahm. Erstaunt mußte ich feststellen, daß der Drehzahlmesser von Triebwerk Nr. 2 unglaubliche 11.000 U/min anzeigte. Instinktiv nahm ich den Schub zurück. Das war allerdings nicht ungefährlich, da ich gerade abgehoben hatte und nur etwa 60 m hoch war. Dann besann ich mich noch einmal und kam zu dem Schluß, daß bei einer derartig hohen Drehzahl – die Obergrenze lag bei 9600 U/min – das Triebwerk längst alle Verdichter- und Turbinenschaufeln verloren haben müßte: Der Fehler konnte also nur am Drehzahlmesser selbst liegen, denn so schnell konnte das Triebwerk gar nicht laufen! Und weil das Flugzeug noch immer nicht »sauber« war – Fahrwerk und Klappen waren ja noch draußen –, schob ich voller Zuversicht den Schubhebel nach vorn, um zum Platz zurückzukehren. Und das war mein großer Fehler.«

Plötzlich nämlich stand das Triebwerk in Flammen und zog einen Feuerschweif hinter sich her, der länger war als das ganze Flugzeug – allerdings war es wahrscheinlich gut, daß Kappus in seiner Kabine das gar nicht sehen konnte. Er zog die Ar 234 B

Ar 234 auf dem Vorfeld von Burg.

hart herum und zwang sie auf die Landebahn hinunter – kaum war er ausgerollt, als auch schon ein Rettungstrupp mit quietschenden Reifen neben ihm hielt und seine Feuerlöscher auf das Triebwerk richtete. Als er die Kabine verlassen hatte, mußte Kappus mit Entsetzen feststellen, daß alle Turbinenschaufeln seines linken Triebwerks davongeschleudert worden waren; auch die Schubdüse fehlte. Die Schaufeln waren in alle Richtungen katapultiert worden und hatten dabei auch die linke Klappe durchlöchert – später zog Kappus eine der Schaufeln aus der selbstabdichtenden Gummihülle des hinteren Rumpftanks.

In Wirklichkeit hatte der Drehzahlmesser also die ganze Zeit über korrekte Werte angezeigt. Schließlich wurde festgestellt, daß der Fehler an der Welle des Kraftstoffreglers lag: Er hatte ein vermeintliches Absinken der Triebwerkdrehzahl gemessen und den Brennkammern mehr und mehr Kraftstoff zugeführt, bis die Drehzahl völlig außer Kontrolle geriet. Kappus war tatsächlich nur mit knapper Not davongekommen: Wenn sein Flug nur noch wenige Sekunden länger gedauert hätte, hätte das Feuer die Steuerung des Flugzeugs unterbrochen – und dann hätte ihn nichts mehr retten können.

Im März 1945 stießen sowjetische Truppen bis Alt-Lönnewitz vor, und das Arado-Werk wurde gesprengt, damit es nicht dem Feind in die Hände fiel. Als die Produktion eingestellt wurde, waren insgesamt 210 Ar 234 B und 14 Ar 234 C an die Luftwaffe ausgeliefert worden.

Die Ar 234 blieben noch einige Wochen im Einsatz, nachdem die Produktion bereits eingestellt worden war. Am 5. April verlegten die noch verbliebenen Bomber des KG 76 nach Kaltenkirchen bei Hamburg. Der Verband wurde nicht nur von alliierten Jägern stark bedrängt, sondern mußte jetzt Bodenziele sowohl an der Westfront wie an der Ostfront bekämpfen. Im Kriegstagebuch des Verbandes sind die letzten Einsätze des KG 76 im Zweiten Weltkrieg festgehalten worden:

6. 4. 6. Staffel: Angriff auf (britische) gepanzerte Verbände westlich von Achmer. Nach diesem Angriff wurde die 6. Staffel bis zum 12. 4. aus dem Einsatz herausgelöst, um sich neu formieren zu können.
III. Gruppe: Stechflugangriff (flacher Sturzflug) von 1200 auf 800 m auf die Kanalbrücke bei Vinte, SW Achmer.

7. 4. III. Gruppe: Angriff (auf sowjetische Truppen) im Raum Jüterbog-Zossen südlich von Berlin.

10. 4. III. Gruppe: Abends. Ziel: Autobahn zwischen Bad Oeynhausen und Hannover.

13. 4. III. Gruppe: Wegen der Anwesenheit (feindlicher) Tiefflieger konnten vier Arado nicht zum Einsatz starten.

14. 4. 6. Staffel: Mittags. Angriff auf (britische) Fahrzeugansammlung im Brückenkopf bei Essel an der Aller, 30 km ONO von Nienburg.

15. 4. 6. Staffel: Morgens. Angriff auf (britische) Fahrzeuge bei Meine, 11 km vor Gifhorn, und Panzerkolonnen auf der Autobahn Hannover-Braunschweig. Vier Feindjäger versuchten vergeblich, Leutnant Croissant über Gifhorn abzuschießen. Wegen der Feindjäger flog er im Tiefflug nach Ratzeburg südlich von Lübeck.
Bei der Landung in Kaltenkirchen schoß ein Jäger, wahrscheinlich eine Tempest, Oberfeldwebel Luther von der 6. Staffel ab. Er machte eine Bruchlandung und erlitt schwere Verletzungen. (Diese Angaben decken sich mit den Meldungen zweier Tempestpiloten der 56. RAF-Staffel.)

18. 4. Früher Nachmittag. Wettererkundung im Gebiet der Brücken über die Aller bei Rethem, 17 km nordöstlich von Nienburg. (Über diese Brücken rückten britische Truppen vor.) Angriff auf die Brücken aus 500 m Höhe. Verteidigt von Jägern und Flak aller Kaliber.

19. 4. Mittags. Einsatz wie gestern. Major Polletien, Ia (Einsatzstabsoffizier) des Geschwaders, kehrte von einem Einsatz im Raum Berlin nach Lübeck-Blankensee zurück und wurde trotz Warnungen des Flugplatzes über Funk von einem englischen Jäger abgeschossen und getötet.

20. 4. III. Gruppe in Kaltenkirchen, abends. Stechflugangriff aus 2500/1000 m auf (sowjetische) Panzer und Fahrzeuge auf der Straße zwischen Zossen und Baruth südlich von Berlin. Kaum Widerstand. Der Anflug aufs Ziel begann auf Ostkurs über der Ostsee, bevor auf den Raum Berlin eingedreht wurde.

26. 4. Stab, morgens. Ziel: russische Panzer am Halleschen Tor in Berlin. Meldung Oberfeldwebel Breme: Gebiet Tempelhof – Neukölln – Hermannplatz bereits in russischer Hand, keine Gefechtstätigkeit mehr erkennbar. Nördlich vom Hermannplatz lodernde Flammen, bis zu 300 m hoch. Am Halleschen Tor ein Flammenmeer. Wollte meine Bomben dort nicht reinwerfen, warf sie daher in einen See OSO von Schwerin.

29. 4. Stab, morgens. Ziel Berlin.
Abends. Stechflugangriff auf (sowjetische) Panzerkolonnen ostwärts von Berlin. Oberfeldwebel Breme lobt Feldwebel Wördemann vom Kontrollturm Blankensee, der die Luftlage eingehend (wegen patrouillierender Feindjäger) im Auge behielt und ihn sicher mit Funksprüchen und Lichtsignalen nach unten brachte.

30. 4. Stab, nachmittags. Ziel: Regierungsviertel von Berlin. Wegen der Angriffe von fünf Feindjägern mußte Feldwebel Wördemann seine Bomben verfrüht abwerfen.

3. 5. III. Gruppe: Feldwebel Drews, 8. Staffel, flog am Nachmittag von Leck aus den letzten bekannten Einsatz des KG 76: Stechflugangriff von 1500 m auf 800 m auf Fahrzeuge S von Bremervörde, starke Fliegerabwehr.

Trotz des unstrittigen Schneids all derer, die sie flogen, hat die Ar 234 in der Bomberrolle nur wenig erreichen können. Natürlich haben ihre hohe

Geschwindigkeit und ihre generelle Unverwundbarkeit den Gegner beeindruckt – aber dafür war sie nicht da. Zweck ihrer Angriffe war, Ziele zu zerstören – und dafür reichte ihre Zahl nie aus. Selbst bei ihrem geballtesten Angriff an einem einzigen Tage, am 21. Februar, als 37 Maschinen eingesetzt wurden, reichten die 18fi Tonnen an Bomben, die sie abwarfen, gerade aus, um von den feindlichen Bodentruppen in ihren Auflockerungsräumen als lästig empfunden zu werden. Alliierte Bomberverbände trugen ein Vielfaches dieser Zuladung, sogar gegen Ziele von relativ geringer Bedeutung.

Auch als Behelfs-Nachtjäger konnte die Ar 234 nicht viel bewirken.

In ihrer ursprünglichen Aufklärerrolle allerdings war die Ar 234 durchweg erfolgreich, indem sie feindliche Einrichtungen fotografierte und dann – gewöhnlich vom Feind völlig unbemerkt und unbehelligt – mit ihren wertvollen Aufnahmen sicher zurückkehrte. Es ist schon tragisch: Als die Luftwaffe endlich die Fähigkeit zur Aufklärung mit Strahlflugzugen besaß, war die Wehrmacht schon zu geschwächt, um den Erkenntnissen noch Taten folgen zu lassen.

ARADO 234 B

Antrieb:
Zwei Axialtriebwerke des Typs Junkers Jumo 004 B mit jeweils 900 kp Standschub.

Bewaffung/Ausrüstung:
Bomberversion: Bei Einsätzen üblicherweise eine 500-kg-Bombe oder ein kleiner Bombenbehälter unter dem Rumpf; bei Erprobungsflügen bis zum Dreifachen dieser Bombenzuladung.
Normalerweise trug der Ar-234-Bomber keine Bordwaffen; einige spätere Serienflugzeuge jedoch hatten – wie in der Zeichnung abgebildet – zwei starre, nach hinten feuernde Mauser MG 151 des Kalibers 20 mm mit 200 Schuß pro Rohr.
Aufklärerversion: Normalerweise zwei Luftbildkameras des Typs Rb 50/30 im hinteren Rumpfabschnitt, um 12° zur Seite geneigt. Keine Bordwaffen.

Leistungsdaten:
Höchstgeschwindigkeit in 6000 m Höhe ohne Außenlasten 742 km/h, mit einer 500-kg-Bombe 692 km/h. Reichweite in 6000 m Höhe mit einer 500-kg-Bombe ohne Reserven 1560 km. Steigleistung auf 6000 m mit einer 500-kg-Bombe 12 min 48 s.

Gewicht:
Leermasse 5200 kg, Startmasse mit zwei Startraketen und einer 500-kg-Bombe 9465 kg.

Abmessungen:
Spannweite 14,4 m, Länge 12,64 m, tragende Fläche 26,4 m².

Die vierstrahlige Arado 234 C sollte gerade den Einsatzverbänden zugeführt werden, als der Vormarsch der Roten Armee die Produktion in Alt-Lönnewitz beendete. Die stärkeren BMW-003-Triebwerke hatten die Flugleistungen des Bombers stark verbessert; allerdings waren sie auch bei Kriegsende noch immer unzuverlässig.

Kapitel 5

Yokosuka Ohka

Die Besatzung des Mutterflugzeugs einer Ohka, eines »Betty«-Bombers des Typs Mitsubishi G4M2e vom Marinegeschwader 721, wartet auf den Start. Die bemannte Freitodwaffe Ohka hängt halb versenkt unter dem Rumpf des Bombers.

Im Frühjahr 1944 hatten die japanischen Streitkräfte im Pazifikkrieg die Initiative bereits verloren. Die amerikanische Taktik des Inselspringens begann tiefe Breschen in Gebiete zu schlagen, die vormals als völlig sicher galten. In dem verzweifelten Bemühen, dieser Entwicklung Einhalt zu gebieten, brachten japanische Offiziere des Heeres und der Marine eine Fülle von Ideen für Taktiken und Waffen hervor, deren Erfolg davon abhing, daß die dafür vorgesehenen Männer willens waren, für ihren Kaiser zu sterben. Das Kaiserliche Oberkommado genehmigte diese *Tan-*

Verbandsführer Kentaro Mitsuhashi erstattet letzte Meldung, bevor er und die Ohka-Piloten am 21. März 1945 die »Betty«-Mutterflugzeuge bestiegen, um den US-Flugzeugträgerverband anzugreifen. Alle 15 »Betty« wurden mit ihren Freitodflugzeugen abgeschossen, bevor sie die US-Kriegsschiffe erreichten.

Einsätze ergebener Loyalität«, zu denen auch Luftangriffe auf Ziele zählten, von denen die teilnehmenden Flugzeuge aufgrund ihres Einsatzradius nicht mehr zurückkehren konnten. Da die Besatzungen keine Chance hatten, ihre Einsätze zu überleben, wurden die »*Jibaku*-Angriffe ohne Wiederkehr« immer zahlreicher.

Daraus entwickelte man dann verschiedene Modelle für den Einsatz von Selbstaufopferungskommandos mit bemannten Flugzeugen, explodierenden Motorbooten und sogar bemannten Torpedos. Während die meisten dieser Vorstellungen nur Modifizierungen vorhandener Waffen bedingten, mußten für einige wenige völlig neue Systeme entwickelt werden. Eines dieser neuen Systeme wurde im Sommer 1944 von Leutnant zur See Shoichi Ota vorgelegt, dem Navigator einer Transporteinheit der japanischen Marine. Ota schlug ein kleines Freitodflugzeug mit Raketenantrieb für den Einsatz gegen Feindschiffe vor, dessen hochexplosiver Gefechtskopf integrierter Bestandteil der Bugstruktur sein sollte. Es sollte unter einem zweimotorigen Bomber in das Einsatzgebiet befördert und dort ausgeklinkt werden, sobald es sich in Gleitentfernung zum Ziel befand.

Ota hatte keine reguläre Ausbildung im Flugzeugbau, daher erbat er sich Hilfe von Professor Taichiro Ogawa von der Abteilung Luftfahrtforschung der Kaiserlichen Universität Tokio. Ein weiteres Mitglied dieser Abteilung, Hidemasa Kimura, entwarf die grundsätzliche Auslegung dieses Flugzeugs und fertigte sogar ein Modell an, das er im Windkanal erprobte.

Diese Zeichnungen und die Ergebnisse der Windkanalversuche stellte Ota zusammen mit seinen Ideen von einer »treffsicheren« Lenkbombe Korvettenkapitän Tadanao Miki vor, der im Marineluftfahrt-Forschungslabor von Yokosuka die Abteilung »Zukünftige Flugzeugkonstruktionen« leitete. Miki gestand später, daß er sich abgestoßen gefühlt habe von dem Gedanken, Menschen auf diese Weise in den sicheren Tod zu schicken – aber da Freitodkommandos inzwischen Teil der offiziellen politischen Linie geworden waren, mußte er seine persönlichen Gefühle unterdrücken. Der Vorschlag wurde am 5. August 1944 dem Generalstab der Marine vorgetragen, und Minoru Genda vom Stab für Luftkriegführung war von diesem Vorhaben begeistert. Auf seine Fürsprache hin befahl der Stabschef, Admiral Koshiro Oikawa, die Herstellung des winzigen Flugzeugs.

Die Aufgabe, Otas Ideen in ein brauchbares Waffensystem umzusetzen, wurde Tadanao Miki übertragen, der – trotz seiner persönlichen Vorbehalte – alles unternahm, um die erforderlichen Detailzeichnungen des Flugzeugs so schnell wie möglich vorlegen zu können. Da das Flugzeug vermutlich von Freiwilligen mit nur begrenzter Flugerfahrung geflogen werden würde, war einfache Steuerbarkeit von größter Bedeutung. Darüber hinaus mußte das Flugzeug von wenig erfahrenen oder sogar unerfahrenen Arbeitskräften in Massenproduktion hergestellt werden können, und wo immer möglich mußten beim Bau Holz und andere unkritische Materialien verwendet werden.

Dem Programm wurde die offizielle Bezeichnung »Freitod-Angriffswaffe Modell 11 der Marine« zugesprochen. Die ersten Erprobungsflugzeuge erhielten die Kennung MXY7, später allerdings wurde sie – bei den Einsatzversionen – fallengelassen zugunsten der sinnträchtigeren Bezeichnung Ohka: »Aufbrechende Kirschblüte«.

Binnen weniger Tage lag ein detaillierter Entwurf vor, und die Herstellung des Prototyps begann unverzüglich. Beim Ausklinken wog die Ohka 2137 kg. Da das Flugzeug in keiner Phase seines Einsatzprofils langsamer als 320 km/h fliegen mußte, genügte eine kleine Tragfläche: Die Fläche der Ohka hatte eine Spannweite von 4,9 m und eine tragende Fläche von 5,95 m^2, was zu der extrem hohen Flächenbelastung von 350 kg/m^2 führte. Der Rumpf hatte eine Länge von 6,06 m, und der Hinterrumpf enthielt drei Feststoffraketen, die einen Schub von jeweils 266 kp erzeugten und etwa 19 Sekunden lang brannten. Der Pilot konnte diese Raketen in jeder Phase seines Fluges zünden – einzeln oder gemeinsam.

Der Gefechtskopf wog 2000 kg und füllte den ganzen Bug des Flugzeugs aus; er betrug mehr als die Hälfte des Gesamtgewichts der Ohka. Um eine sehr hohe Detonationswahrscheinlichkeit zu gewährleisten, war der Sprengsatz mit fünf getrennten Zündern ausgerüstet: einem an der Spitze und vier weiteren in der Bodenplatte. Der Pilot schärfte die Zünder, indem er in seiner Kabine einen Handgriff zog, sobald er weit genug von seinem Mutterflugzeug entfernt war. Dabei stand eine Reihe unterschiedlicher Zünder zur Verfügung: von sofortiger Explosion bis hin zu 1fi Sekunden Verzögerung, die dem Gefechtskopf Zeit geben sollte, vor der Detonation so tief wie möglich in den Rumpf des Schiffes einzudringen. Der Pilot war – außergewöhnlich für japanische Flugzeuge – gut gegen Feindbeschuß geschützt: Der Stahlmantel des Gefechtskopfes schützte gegen Beschuß von vorn, und zudem gab es eine 1,9 cm dicke Panzerplatte aus Stahl unter den Füßen des Piloten sowie eine weitere, die den oberen Teil seines Rückens schützte. Und die Stahlhüllen der drei

Oben und rechts:
Ohka Modell 11, die von US-Marineinfanterie auf dem Flugplatz Yontan (später Kadena) erbeutet wurden: Sie waren noch voll einsatzbereit. Mehr als die Hälfte der 2140 kg Gesamtgewicht des kleinen Flugzeugs machte der 1200 kg schwere Gefechtskopf im Bug aus, der ebenfalls noch vorhanden war.

Raketensätze gewährten einen gewissen Schutz für den unteren Teil des Rückens und die Beine.
Der zweimotorige mittlere Bomber Mitsubishi G4M Hamaki – von den Amerikanern »Betty« genannt – wurde als Mutterflugzeug für die Ohka ausgewählt. Die erforderlichen Modifikationen führten zur G4M2-Version mit ausgebauten Bombenklappen, einem starken Aufhängehaken mit Schnelltrennkupplung und einer Halterung, die die fliegende Bombe sicher an ihrem Platz unter dem Rumpf hielt.
Ende September waren zehn Einsatzzellen der Ohka in der Marineflugzeugwerft von Yokosuka fertiggestellt. Ohne die Ergebnisse der Flugerprobung abzuwarten, befahl die Marine die Serienherstellung des Flugzeugs mit dem Ziel, Ende November 1944 die ersten 100 davon einsetzen zu können. Konteradmiral Jiro Saba, Direktor der Abteilung Luftfahrt des Marine-Forschungslabors, trat daraufhin an Korvettenkapitän Yokei Matsurra vom Munitionsministerium heran mit der Bitte, die Serienfertigung der Ohka einem privaten Industrieunternehmen zu übertragen. Wie Tadanao Miki war auch Matsurra vom Konzept dieser Waffe angetan, erwiderte aber: »Dieses Projekt kann keiner Privatfirma überlassen werden. Abgesehen von den Sicherheitsproblemen würde man glauben, die Marine sei damit überfordert. Die Produktion muß im Forschungslabor stattfinden, und zwar geheim.« Obwohl im Dienstgrad unterlegen, setzte Matsurra seinen Standpunkt durch: In der Flugzeugwerft von Yokosuka wurde eine Fertigungsstraße errichtet, an der die Flugzeuge hergestellt wurden.

I-13
22

Obwohl man im Westen dazu neigt, die Verwendung von Freitodwaffen als unverbrüchlichen Bestandteil einer festgefügten japanischen Militärkultur zu betrachten, gab es doch viele Heeres- und Marineoffiziere in entscheidenden Positionen, die sich angewidert fühlten von der Vorstellung, Männer in den Kampf zu schicken, die keinerlei Aussicht auf ein Überleben hatten. Diese Offiziere trugen damals ihre Bedenken auch vor, konnten sich aber nicht durchsetzen gegen die allgemeine Einstellung, daß derlei Taktiken – wenn auch verabscheuenswürdig – unerläßlich seien, wenn die Nation sich gegenüber feindlichen Streitkräften mit hoher zahlenmäßiger und technischer Überlegenheit behaupten wolle.
Wie schon erwähnt mußte die Ohka während ihres gesamten Einsatzes niemals langsamer als 320 km/h fliegen. Der Entwurf sah nicht vor, daß sie jemals eine weiche Landung machte oder ein zweites Mal eingesetzt würde. Allerdings mußte man eine Flugerprobung durchführen und auch die Piloten auf der Ohka schulen – also konstruierte Tadanao Miki eine spezielle Schulflugzeug-Version der Ohka, um diesen Anforderungen gerecht zu werden.
Diese Schulungsversion wurde mit Landekufen, Landeklappen sowie Tragflächen und Leitwerk aus Metall versehen, damit sie der Belastung einer Landung gewachsen waren. Anstelle des Gefechtskopfes und der Raketenmotoren waren Tanks mit Wasserballast angebracht, die dem Flugzeug beim Ausklinken und beim anschließenden Hochgeschwindigkeits-Sturzflug dasselbe Gesamtgewicht und dieselbe Flächenbelastung verliehen, wie sie das Einsatzmuster aufwies. Der Pilot mußte dann, sobald er sich dem Boden näherte, verschiedene Hebel betätigen, um insgesamt etwa 1360 kg Wasserballast abzulassen. Ohne diesen Ballast fiel die Flächenbelastung auf vertretbare 130 kg/m^2, womit der Pilot eine mehr oder weniger normale Kufenlandung durchführen konnte.
Ebenfalls noch im September 1944 begann die japanische Marine, einen Kader an Piloten aufzustellen, der die Ohka und andere Typen von Freitodflugzeugen fliegen sollte. Die fliegenden Verbände wurden nach Piloten durchkämmt, die sich freiwillig für »Spezialangriffs-Einsätze« meldeten. Obwohl der Selbstaufopferungsaspekt dieses Begriffs sehr wohl verstanden wurde, mangelte es nicht an Freiwilligen. Wer kinderlos verheiratet, das einzige Kind oder der Erstgeborene war oder weitreichende familiäre Pflichten hatte, schied von vornherein aus – der Rest allerdings wurde übernommen und einer unerbittlichen Vorbereitung auf den Einsatz unterzogen. Diese Freiwilligen hatten natürlich unterschiedliche Flugerfahrung, und nur die besten von ihnen wurden zu den ersten Ausbildungskursen zugelassen.
Im Oktober begann die Aufstellung des ersten Verbandes, des *Jinrai Butai*: Am nahesten kommt dem wohl die Übersetzung »Korps des Gottesdonners« – und nicht »Göttliches Donnerkorps«, wie es in manchen Berichten genannt wird. Organisatorisch war das Korps als Marinegeschwader 721 unter Fregattenkapitän Motoharu Okamura registriert und in Konoike bei Tokio stationiert. Als alter Kampfflieger, der sich schon lange für Freitodkommandos ausgesprochen hatte, um den Kriegsausgang zu beeinflussen, brachte Okamura erhebliche Energie auf, um seinen Verband auf die Beine zu stellen. Das Korps (oder Geschwader) stützte sich auf zwei Staffeln G4M2e-Betty-Bomber – die 708. und 711. Staffel – mit jeweils 18 Flugzeugen, die so umgebaut waren, daß sie die Ohka transportieren konnten. Ferner gehörten noch eine Staffel A6M5-Zero-Jäger zum Korps, die für die Selbstmordrolle modifiziert worden wa-

Das Cockpit der Einsatzversion der Ohka war spartanisch ausgelegt, da das Flugzeug von seinem ersten und einzigen Einsatz ja nicht zurückkehrte. Zu den Instrumenten gehörten ein Kompaß, ein Fahrtmesser, ein Höhenmesser und ein Sinkflugmesser. Der Wahlschalter für die drei Raketen lag links unter dem Instrumentenbrett; der Pilot konnte sie damit einzeln oder gemeinsam zünden. Mit dem T-förmigen Griff links oben schärfte der Pilot seinen Gefechtskopf, sobald er weit genug von seinem Mutterflugzeug entfernt war. Darüber sieht man – vor der Frontscheibe – das primitive Ringvisier, mit dem der Pilot in der Endphase des Angriffs sein Flugzeug auf das Ziel ausrichtete.

ren, sowie zwei Staffeln regulärer Zero-Jäger, die die Freitodmaschinen und ihre Mutterflugzeuge bei ihren Einsätzen schützen sollten.

Als die Freitodpiloten in Konoike eintrafen, begann der Ernst der Ausbildung. Zunächst umfaßte sie eine Reihe von Gleitflügen mit dem Jäger A6M5 Zero, dessen Motor im Leerlauf mitlief – sie sollten die Piloten an den langen Gleitflug der Ohka beim Angriff gewöhnen.

Ebenfalls im Oktober begann die Flugerprobung der Ohka in Sagami: Als erstes fand ein unbemannter Gleitflug in den Ozean statt, bei dem sich das Flugzeug verhielt, wie man vorausberechnet hatte. Am letzten Tag dieses Monats unternahm dann Kapitänleutnant Kazutoshi Nagano den ersten bemannten Erprobungsflug mit diesem Flugzeug: Wasserballast ersetzte den Gefechtskopf und die Raketen am Rumpf, und eine Rakete unter jeder Tragfläche brachte die Ohka auf Geschwindigkeit. Das Versuchsflugzeug wurde vom Mutterflugzeug in 3500 m Höhe ausgeklinkt und ging dann in einen stabilen Gleitflug über. Als der Pilot jedoch die Raketen zündete, verursachte deren ungleicher Schub ein starkes Gieren des Flugzeugs, so daß er sich gezwungen sah, sie abzuwerfen. Der Rest des Gleitflugs verlief ohne besondere Vorkommnisse, und nach Ablassen des Wasserballasts landete Nagano problemlos auf der Kufe.

Im November führten die Ohka eine Anzahl unbemannter Flüge mit vollem Raketenantrieb durch, wobei eine von ihnen bei einem nahezu senkrechten Sturzflug 960 km/h überschritt. Die Flugerprobung ergab aber auch, daß die Reichweite der Ohka nach dem Ausklinken etwas geringer war als man errechnet hatte: Das Flugzeug war in erster Linie ein Gleiter – und nur in der Nebenrolle ein Flugzeug mit Antrieb. Wenn es in 6000 m Höhe ausgeklinkt wurde und dann mit 370 km/h einen konstanten Gleitwinkel von 5fi Grad einhielt, lag die größte Reichweite bei etwa 60 km. Dieser Wert galt aber nicht für den Kampfeinsatz, da sich unter Einsatzbedingungen ein konstanter Gleitwinkel nicht einhalten ließ: Unter Einsatzbedingungen mußte sich das Mutterflugzeug dem Ziel auf etwa 25 km nähern, damit die Ohka wirkungsvoll angreifen konnte – wenn der Pilot dabei seine Raketen zündete, erhöhte sich ihre Reichweite nämlich um lediglich etwa 5 km. Wenn er nach dem Ausklinken von Feindjägern angegriffen wurde, konnte der Ohka-Pilot eine seiner Raketen zünden und die Geschwindigkeit auf etwa 640 km/h steigern – genug, um einer Grumman Hellcat zu entkommen. Nach Brennschluß der Rakete allerdings fiel die Geschwindigkeit des Freitodflugzeugs rapide ab. Wenn der Pilot alle drei Raketen gleichzeitig zündete und in einen steilen letzten Sturzflug überging, konnte die Ohka etwa 930 km/h erreichen: Mit dieser Geschwindigkeit war das Freitodflugzeug kaum noch aufzuhalten.

Der erste Ausbildungsflug mit einer Ohka – am 13. November 1944 – endete mit einem Desaster. Kapitänleutnant Tsutomu Kariya war in 3000 m Höhe ausgeklinkt worden, und alles verlief nach Plan, bis er den Griff zum Ablassen des Wasserballasts zog: Kariya machte den Fehler, nur das Wasser aus dem Bugtank abzulassen – das Wasser im hinteren Rumpftank blieb an Bord. Das veränderte natürlich schlagartig die Trimmung, und die Nase des Flugzeugs bäumte sich hoch auf; dann sackte die Maschine durch und schlug am Boden auf, wobei sie sich der Länge nach überschlug. Der Pilot erlitt tödliche Verletzungen und starb wenige Stunden später: Die Ohka hatte ihr erstes Opfer gefordert. Tsutomu Kariya wurde mit militärischen Ehren beigesetzt – und die Ausbildung ging weiter.

Auch die Flugerprobung wurde fortgesetzt, und am 20. November wurde eine unbemannte Ohka mit einem scharfen Gefechtskopf ausgeklinkt – er detonierte, als das Flugzeug ins Meer stürzte. Und bei einem bemannten Erprobungsflug wenige Tage später zündete Kazutoshi Nagano eine der hinten am Rumpf angebrachten Raketen und erreichte problemlos mehr als 640 km/h; danach machte er eine sichere Landung.

Mitte Dezember waren insgesamt 151 Ohka in der Flugzeugwerft von Yokosuka fertiggestellt worden, und jetzt konzentrierte man sich auf die Herstellung der dringend benötigten Schulungsversionen. Die Serienfertigung der nächsten 600

Die Ohka Modell 22 war eine kleinere Version der fliegenden Bombe; sie wurde vom zweimotorigen Schnellbomber des Typs Yokosuka P1Y1 Ginga / »Francis« mitgeführt. Das Zwergflugzeug hatte eine tragende Fläche von lediglich 4 m≈, und der Gefechtskopf wog nur noch 600 kg. Modell 22 wurde von einem Tsu-11-Triebwerk mit 200 kp Schub angetrieben. Dieses ungewöhnliche Triebwerk hatte keine Turbine, die den Verdichter antrieb, sondern benutzte dafür einen Vierzylinder-Kolbenmotor von Hitachi. Die höchste Reichweite des Flugzeugs lag bei 130 km; die effektive Reichweite beim Angriff mag etwa die Hälfte davon betragen haben. Im Horizontalflug erreichte sie 440 km/h, beim Angriff konnte sie die Höchstgeschwindigkeit aber noch erheblich steigern, indem sie im Zielanflug in einen stetig steiler werdenden Sturzflug überging.

Einsatzmaschinen wurde dem Marinefliegerarsenal in Ibaragi übertragen.
Mittlerweile war die *Jinrai Butai* für einsatzbereit erklärt und der Einsatzflotte unterstellt worden. Die Marine wollte die Ohka auch auf die Philippinen verlegen, wo sie auf dem Fliegerhorst Clark stationiert werden sollten, bis sie gebraucht wurden. Wenn es dann erforderlich würde, von Clark aus Angriffe zu fliegen, sollten die Ohka-Piloten von ihren Betty ins Zielgebiet transportiert werden. 50 dieser fliegenden Bomben wurden an Bord des erst kurz zuvor in Dienst gestellten Flugzeugträgers *Shinano* – mit 70.000 Tonnen der größte der Welt – gebracht, zusammen mit großen Mengen an Nachschub und fliegerischer Ausrüstung, die alle für die Philippinen bestimmt waren. Am 28. November 1944 lichtete das Ungetüm zur Jungfernfahrt aus der Bucht von Tokio

seine Anker – aber schon am frühen Morgen des nächsten Tages wurde die *Shinano* von vier Torpedos der U-Boots USS *Archerfish* getroffen und sank wenige Stunden später. Im Dezember wurde dann ein weiterer Versuch mit einem Los von 30 Ohka an Bord des Flugzeugträgers *Unryu* unternommen – aber auch ihm war kein Erfolg beschieden: Das Schiff wurde vom U-Boot USS *Redfish* torpediert und versenkt. Nach dem Verlust dieser beiden wertvollen Flugzeugträger und ihrer zwei Ladungen Ohka gab die japanische Marine das Vorhaben auf, diese Flugzeuge auf den Philippinen zu stationieren.

Der Plan, die Ohka nach Formosa – heute Taiwan – zu verlegen, war da schon erfolgreicher: Anfang Januar 1945 durchbrach der Flugzeugträger *Ryuho* die amerikanische U-Boot-Blockade und erreichte die Insel mit 58 Freitodmaschinen. Allerdings stand Formosa nicht auf der Liste der Inseln, die die Amerikaner zu besetzen gedachten, und so mußten die dorthin verschifften Ohka den Krieg in ihren getarnten Unterständen untätig aussitzen. Einige Ohka wurden darüber hinaus noch nach Okinawa, Singapur und andere Übersee-Stützpunkte verlegt.

Im Januar 1945 erhielt die *Jinrai Butai* Befehl, auf den Fliegerhorst Kanoya auf Kiushu, der südlichsten japanischen Insel, zu verlegen und sich dort auf den Einsatz vorzubereiten. Zu dieser Zeit verfügte das Korps über etwa 160 fliegende Bomben und eine ähnliche Anzahl ausgebildeter Piloten, die sie fliegen konnten, sowie 72 umgebaute Betty-Mutterflugzeuge; dazu kamen noch 108 Zero-Jäger, die für die *Kamikaze*-Rolle modifiziert worden waren. Wenn es diesen Flugzeugen gelang, die Luftverteidigung der US-Flotte zu überwinden und einen konzentrierten Schlag gegen sie zu führen, konnten sie zweifellos ein erhebliches Chaos auslösen.

Jetzt aber wurden die seelischen Belastungen für die Ohka-Piloten immer unerträglicher. Nach der überstürzten Ausbildung für ihre makabre Rolle hatten sie dann monatelang untätig warten müssen – und ihre nahezu einzige Aufgabe bestand darin, sich mit ihrem unerbittlichen Schicksal zu beschäftigen. Es waren Männer, die keine Bedenken hatten, den Tod in strahlendem Ruhm auf sich zu nehmen – vorausgesetzt allerdings, daß sie dem Feind dabei nachhaltigen Schaden zufügen konnten. Aber diese Piloten waren nicht gewillt, ihr Leben für etwas hinzugeben, das aussah wie ein nutzloses Unterfangen. Mit der Ohka halbversenkt unter dem Rumpf und mit zusätzlicher Panzerung lag die Höchstgeschwindigkeit der schwerfälligen Betty-Mutterflugzeuge bei gerade etwa 320 km/h. Wenn man dann die wahrscheinliche Stärke des feindlichen Jagdschutzes in Betracht zog, kam man schnell zu der Erkenntnis, daß die Ohka kaum eine Chance hatten, so nahe an einen US-Flottenverband heranzukommen, daß sie ihn angreifen konnten. Korvettenkapitän Goro Nonaka, verantwortlich für diese Angriffe, nahm kein Blatt vor den Mund, wenn er verächtlich über die Ohka sprach: In seinen Augen war sie eine armselige Waffe, und man verheizte nur tapfere Piloten, die man viel erfolgreicher anderswo einsetzen konnte. Die Belastungen dieser schwierigen Situation begannen sich nun auf die Piloten auszuwirken, und es gab wiederholt Fälle von Aufsässigkeit und auch Trunksucht.

Wegen des Würgegriffs als Folge der amerikanischen See- und Luftblockade war die *Jinrai Butai* in ihrer Bewegungsfreiheit praktisch auf die japanischen Heimatinseln beschränkt. Da sie nicht in der Lage war, sich außerhalb dieses Gebiets lohnende Ziele auszusuchen, konnte das Korps nur darauf warten, daß sich feindliche Flottenverbände in seine Reichweite begaben.

Mehrere Wochen harrte das Korps tatenlos aus, bis sich im März 1945 endlich die Gelegenheit bot, in die Kämpfe einzugreifen: Am 18. und 19. März griffen trägergestützte Flugzeuge der amerikanischen Kampfgruppe 58 in großem Umfang Flugplätze und Marinestützpunkte der japanischen Heimatinseln an. Diese Kampfgruppe 58 war genau das Ziel, für das die *Jinrai Butai* geschaffen worden war: Der schlagkräftige Flottenverband umfaßte zehn große und sechs kleinere Flugzeugträger und wurde von acht Schlachtschiffen, 16 Kreuzern und mehr als 60 Zerstörern begleitet.

In den ersten beiden Tagen der Kampfhandlungen wurden die amerikanischen Kriegsschiffe von japanischen Bombern und »konventionellen« Selbstmordmaschinen heftig angegriffen; dabei wurden fünf Flugzeugträger beschädigt und einer kampfunfähig gemacht. Am dritten Tag, dem 20. März, zog sich der Kampfverband nach Osten zurück, damit seine Zerstörer auftanken konnten. Trotz aggressiver Patrouillen der Jäger der amerikanischen Marine gelang es den japanischen Aufklärern, den ganzen Tag über Kontakt mit der Armada zu halten.

Im Morgengrauen des 21. März wurde der amerikanische Verband etwa 600 km vor der südöstlichen Spitze von Kiushu gesichtet, und die *Jinrai Butai* erhielt Befehl, sich auf sofortige Angriffe vorzubereiten. Die Angriffskräfte wurden hauptsächlich vom Marinegeschwader 721 gestellt und bestanden aus 15 modifizierten Betty-Bombern mit ihren Ohka. Zwei weitere Betty – ohne fliegende Bomben, aber mit Radar – sollten vorausfliegen, um die feindlichen Schiffe zu orten und die Mutterflugzeuge in eine Position zu dirigieren, von der aus sie ihre Ohka einsetzen konnten. An diesem Morgen fand auf dem Flugplatz Kanoya eine gefühlsgeladene Feier statt, als die Ohka-Piloten sich auf ihren Freitod vorbereiteten. Vizeadmiral Matome Ugaki, Kommandierender General der Fünften Luftflotte der japanischen Marine, schenkte jedem der Freitodpiloten als ranghöchster anwesender Offizier eigenhändig den Sake ein, mit dem sie dann gemeinsam auf den Erfolg ihres Einsatzes anstießen.

Am frühen Nachmittag hoben die Betty einzeln von Deck ab, sammelten sich zur Formation und nahmen Kurs auf die offene See – in Richtung des feindlichen Flottenverbandes. Von diesem Moment an jedoch ging alles schief.

Nach den ursprünglichen Plänen sollten etwa 80 Jäger des Typs A6M5 Zero einen derartig umfassenden Einsatz der Ohka schützen. Nach den schweren Luftkämpfen der vergangenen drei Tage hatten viele dieser Jäger jedoch einen schlechten Klarstand: Etliche von ihnen kehrten nach dem Start mit technischen Schwierigkeiten um. Als der Jagdschutz endlich Kurs auf die offene See nahm, bestand er nur noch aus 30 Zero. In Kanoya gab es eine hitzige Besprechung, ob man den Ohka-Einsatz nicht besser abbrechen solle, aber Vizeadmiral Ugaki – dem klar war, daß ein Rückruf die ohnehin schon brüchige Moral seiner Freitodpiloten noch weiter untergraben würde – befahl, den Angriff fortzusetzen.

Die japanische Streitmacht war etwa 130 km nordwestlich des amerikanischen Flottenverbandes, als sie erstmals von Schiffsradargeräten aufgefaßt wurde. Das Ziel, das man den Ohka zugewiesen hatte, war die Kampfgruppe 58.1: Sie bestand aus den großen Flugzeugträgern *Hornet, Bennington* und *Wasp* sowie dem kleineren *Belleau Wood* mit einer Eskorte aus zwei Schlachtschiffen und vier Kreuzern und nahezu ebensovielen Zerstörern. Die Schiffsgeschütze sollten allerdings in der einseitigen Schlacht, die nun folgte, keine Rolle spielen.

Sobald die japanischen Angreifer entdeckt worden waren, schickten die vier Flugzeugträger jeden startklaren Jäger im Alarmstart in die Luft, und bald darauf nahmen 150 Hellcat und Corsair am Himmel ihre Positionen ein, um den Angriff der japanischen Flugzeuge abzuwehren. Für die Radarleitoffiziere der Flugzeugträger war dies eine direkte Abfangjagd in mittleren Höhen, und es bereitete ihnen keinerlei Schwierigkeiten, ihre Jäger so zu führen, daß sie Sichtkontakt mit dem Feind bekamen.

Die ersten, die den Kampf mit den Angreifern aufnahmen, die noch etwa 110 km von den eigenen Schiffen entfernt waren, waren etliche Dutzend Hellcat auf Sperrflug; sie gehörten zu den Marinefliegerstaffeln VF-17, VBF-17 und VF-30 von der *Hornet* und der *Belleau Wood*. Innerhalb von zehn Minuten war über die Hälfte der langsamen und schwerfälligen Betty abgeschossen, woraufhin etliche der Davongekommenen einfach ihre Ohka ausklinkten und versuchten, sich aus dem Staub zu machen. Als aber immer mehr amerikanische Jäger in den Kampf eingriffen, knöpften sie sich einen dieser Bomber nach dem anderen vor, bis alle von ihnen abgeschossen waren. Unter denen, die dabei den Tod fanden, war auch der bereits erwähnte Goro Nonaka.

Die Corsair und Hellcat dezimierten auch die japanischen Begleitjäger: Sie zerstörten 15, verloren dabei aber nur eine Hellcat. Als die amerikanischen Jäger zu ihren Flugzeugträgern zurückkehrten, waren sie in Hochstimmung darüber, mit welcher Leichtigkeit sie die Angriffsstreitmacht des Feindes in die Flucht geschlagen hatten. Die Piloten berichteten, daß die japanischen Bomber offensichtlich eine Waffe mit kleinen Tragflächen unter dem Rumpf mitgeführt hätten – diese Aussage bestätigte sich, als die Filme der Schießkameras entwickelt wurden. Zunächst nahm man an, es handle sich hier um eine japanische Schiffsbekämpfungswaffe ähnlich der deutschen fliegenden Bombe V1.

Die wenigen Zero, die die Luftkämpfe überlebt hatten, kehrten nach Kanoya zurück und überbrachten den dort erwartungsvoll Ausharrenden die schlimme Nachricht von der Niederlage. Es wird berichtet, daß Vizeadmiral Ugaki bei der Meldung von dem Massaker an seinem Angriffsverband unter Tränen zusammenbrach.

Wie es die japanischen Besatzungen vorhergesehen hatten, war die Achillesferse der Ohka die extreme Verwundbarkeit der Betty-Mutterflugzeuge gegenüber Jägerangriffen: Keine der Betty war den feindlichen Schiffen nahe genug gekommen, um ihre Freitodwaffe ausklinken zu können. Und selbst wenn das gelungen wäre: Bei der hohen Konzentration von Jägern wären die Aussichten der Ohka, die Kriegsschiffe doch noch zu erreichen, äußerst gering gewesen. Wenn man all diese Faktoren berücksichtigte, war offenkundig, daß die Ohka weniger Chancen hatte, gut geführte Verteidigungslinien der Feindjäger zu durchbrechen, als die »konventionellen« Bomber und Jäger in ihrer *Kamikaze*-Rolle. Der einzige Vorteil, den die Ohka ihnen gegenüber hatte, war, daß ihr größerer Gefechtskopf – sollte es ihr gelingen, zu einem Ziel durchzustoßen – erheblich mehr Schaden anrichten konnte.

Der Fehlschlag des Angriffs vom 21. März führte dazu, daß man die Taktik der Ohka-Einsätze noch einmal überdachte – niemals mehr wurden daraufhin Betty-Bomber in einer einzigen großen Formation ins Gefecht geschickt: Ab jetzt näherten sich die Mutterflugzeuge dem Zielgebiet einzeln und aus unterschiedlichen Richtungen, wobei sie die feindliche Luftabwehr zu umgehen suchten, indem sie Wolken, schlechte Sicht oder das Überraschungsmoment nutzten.

Am 1. April 1945 stürmten amerikanische Truppen nach langen vorbereitenden Feuerüberfällen aus der Luft und von See her die Küste von Okinawa. Die strategisch wichtige Insel liegt nur noch 640 km von der Südspitze Kiushus entfernt, und angesichts der gefährlichen Lage warfen die Japaner alles, was verfügbar war, in den Kampf, um die Invasion zurückzuschlagen. Vizeadmiral Ugaki befahl bereits am frühen Morgen den Einsatz der *Jinrai Butai* gegen die feindliche Flotte. Daraufhin starteten sechs mit Ohka beladene Mutterflugzeuge und näherten sich auf unterschiedlichen Kursen ihrem Zielgebiet. Ein Flugzeug konnte die feindliche Abwehr nicht durchdringen und kehrte mit seiner Ohka zurück, ein weiteres wurde von amerikanischen Jägern angegriffen und dadurch gezwungen, seine fliegende Bombe über See abzuwerfen, ein drittes stürzte im Gebirge ab.

Von den anderen Betty-Bombern weiß man nicht mehr, als daß zumindest eine ihre Ohka zu einem erfolgreichen Angriff freisetzte. Das Schlachtschiff USS *West Virginia* wurde von einer fliegenden Bombe in einem ihrer großen 40,6-cm-Geschütztürme getroffen, wo der Gefechtskopf explodierte, schwere Schäden anrichtete und zahlreiche Opfer forderte. Der amphibische Materialtransporter USS *Alpine* und die Materialtransporter USS *Achernar* und USS *Tyrrell* wurden zur gleichen Zeit ebenfalls durch *Kamikaze*-Angriffe beschädigt – allerdings bleibt ungeklärt, ob Ohka an einem dieser Angriffe beteiligt waren. Jetzt wurde die wahre Bedrohung durch die Ohka auch von den amerikanischen Nachrichtenoffizieren erkannt – in dem Bemühen jedoch, ihre militärische Bedeutung herabzusetzen, nannten sie sie *Baka*: das japanische Wort für »Schwachkopf« oder »Trottel«. Die Männer an Bord der bedrohten Schiffe fanden das allerdings gar nicht so lustig, und wie das so ist, wenn man von einer neuen Waffe des Feindes bedroht wird: Bei der

Einschätzung ihrer Fähigkeiten griffen sie eher zu hoch als zu tief. So gesehen, war die Ohka tatsächlich eine furchterregende Waffe.

Der dritte Ohka-Angriff fand am Nachmittag des 12. April 1945 statt: Neun Betty-Bomber verbargen sich in einem großangelegten Luftangriff von *Kamikaze*-Flugzeugen auf Schiffe vor Okinawa. Lediglich ein beschädigtes Mutterflugzeug kehrte von diesem Einsatz zurück, und seine Besatzung lieferte den ersten Augenzeugenbericht eines Ohka-Angriffs. Nachdem er entlang der Route und im Zielgebiet die Wolkendecke ausgenutzt hatte, traf dieser Bomber vor Okinawa ein. Die Besatzung machte dort ein amerikanisches Kriegsschiff aus und näherte sich ihm bis auf Angriffsentfernung. Daraufhin wurde Leutnant zur See Saburo Dohi mit seiner Ohka in 6000 m Höhe und knapp 18 km Entfernung von seinem Ziel ausgeklinkt. Die Besatzung der Betty beobachtete, wie das Freitodflugzeug auf das Kriegsschiff zuglitt und Rauch hinter sich herzog, als der Pilot die Raketen zündete. Die Rauchfahne mündete in ein Flammenmeer, als die Ohka in ihr Ziel einschlug und detonierte.

Dohi wurde das Verdienst zugesprochen, ein amerikanisches Schlachtschiff versenkt zu haben. Gleiches geschah mit einem anderen Ohka-Piloten, nachdem sein Mutterflugzeug – noch bevor es auf dem Wasser aufschlug – über Funk berichtet hatte, daß seine Ohka einen direkten Treffer bei einem der Kriegsschiffe erzielt habe. Und zwei weitere Betty-Besatzungen meldeten über Funk, daß auch ihre Ohka nicht identifizierte feindliche Kriegsschiffe getroffen hätten; anschließend stürzten diese Bomber ebenfalls ins Meer.

Unterlagen der amerikanischen Marine bestätigen diese angeblichen Erfolge gegenüber US-Schlachtschiffen aber nicht. Zwar wurden am selben Tage die Schlachtschiffe USS *Idaho* und USS *Tennessee* beschädigt – in beiden Fällen waren die Angreifer aber »konventionelle« *Kamikaze*-Flugzeuge, also Zero-Jäger.

Vier Angriffe der Ohka an diesem Tag konnten allerdings identifiziert werden. Einer richtete sich gegen den Radarbeobachtungs-Zerstörer USS *Mannert L. Abele*, der bereits hilflos im Wasser trieb, nachdem er zuvor von *Kamikaze*-Fliegern angegriffen worden war. Kurz darauf schlug eine Ohka auf der Steuerbordseite fast mittschiffs in den Rumpf, und als ihr Gefechtskopf detonierte, zerbrach der Zerstörer in zwei Teile und sank schnell. Auch der Zerstörer und Minenräumer USS *Jeffers* wurde von einer Ohka angegriffen, als er den Überlebenden der *Abele* zu Hilfe eilte. Als das Selbstmordflugzeug rasch näherkam, zeigte das heftige Abwehrfeuer des Schiffes jedoch Wirkung: Die angeschlagene Ohka stürzte in die See und explodierte – etwa 50 Meter vom Kriegsschiff entfernt. Selbst aus dieser Distanz war die Detonation noch stark genug, um die Aufbauten am Oberdeck zu verwüsten: Die *Jeffers* mußte das Kampfgebiet für Reparaturarbeiten verlassen.

Auch der Zerstörer USS *Stanly* kam noch einmal davon, als er von zwei Ohka angegriffen wurde. Eine Ohka ging dicht über der See in den Horizontalflug über und näherte sich mit hoher Geschwindigkeit, wobei sie von der Schiffsflak unter Feuer genommen wurde. Das Freitodflugzeug traf das Kriegsschiff in der Nähe des Bugs dicht über der Wasserlinie – aber der Gefechtskopf durchschlug den Rumpf und trat auf der anderen Seite wieder aus; er detonierte erst im Abstand von einigen Metern und verursachte am Schiff erstaunlich geringe Schäden. Auch die zweite Ohka griff im Tiefflug an – raste aber dicht über die *Stanly* hinweg und trug so ihre todbringende Ladung davon; erst in sicherer Entfernung stürzte sie in die See und explodierte.

Am 14. April 1945 unternahmen die Japaner einen weiteren verzweifelten Versuch, einem US-Flottenverband vor Okinawa einen Schlag zu versetzen, als sieben Ohka-Mutterflugzeuge sich an einem umfangreichen *Kamikaze*-Einsatz beteiligten, der von mehr als hundert Jägern begleitet wurde. Keiner der Betty-Bomber jedoch kehrte zurück, und es gibt auch keinerlei Anzeichen dafür, daß den Ohka irgendein Erfolg beschieden gewesen wäre.

Zwei Tage später, am 16. April, wurden über hundert *Kamikaze*-Flugzeuge zusammen mit vier Ohka-Mutterflugzeugen gegen eine Konzentration amerikanischer Kriegsschiffe aufgeboten. Von diesem Einsatz kehrten zwar zwei der Mutterflugzeuge zurück, Treffer wurden aber nicht in Anspruch genommen.

Am 28. April versuchten 80 *Kamikaze*-Flugzeuge zusammen mit vier Ohka-Trägern einen Nachtangriff auf Schiffe vor Okinawa. Dieses Mal überlebte ein Betty-Bomber, machte aber keine Treffer geltend.

Am 4. Mai waren sieben Betty-Mutterflugzeuge Teil eines morgendlichen Angriffs von etwa 120 *Kamikazes*. Die Sicht im Gebiet um Okinawa war an diesem Tag schlecht, wodurch einige der Angreifer den Schutzschild der Jäger durchbrechen konnten. Etwa 8 km von einem amerikanischen Radarbeobachtungs-Zerstörer entfernt wurde eine einzelne Betty aufgefaßt – aber bevor Jäger in dieses Gebiet dirigiert werden konnten, klinkte der Bomber seine Ohka aus. Mit Leutnant zur See Susumu Ohashi am Steuer wurde die fliegende Bombe erst 1fi km vor dem leichten Minenleger USS *Shea* gesichtet; sie kam rasch näher. Unbeeindruckt vom Feuerhagel der Schiffsabwehr stürzte sich der japanische Pilot in die Steuerbordseite der Brücke, wo sein Gefechtskopf detonierte: 27 Mann der Besatzung waren gefallen, 91 verwundet; die schwer angeschlagene *Shea* ging zwar nicht unter, war aber auch nicht mehr instand zu setzen. Am selben Morgen wurde der Minensucher USS *Gayety* leicht beschädigt, als eine Ohka in seiner Nähe explodierte. Nur eine Betty kam von diesem Einsatz zurück.

Am 11. Mai schließlich konnten die Ohka noch einmal einen Erfolg verbuchen – ihren letzten. Zusammen mit mehr als hundert *Kamikaze*-Flugzeugen nahmen vier Betty Kurs auf Okinawa. Einer der Bomber wechselte in den Tiefflug über und klinkte sein Freitodflugzeug gegen den Zerstörer USS *Hugh W. Hadley* aus, der schon zuvor von Angriffen heimgesucht worden war. Die Ohka traf ihn oder verfehlte ihn nur geringfügig – jedenfalls fügte sie ihm weitere Schäden zu und verursachte schwere Wassereinbrüche. Das entschlossene Handeln der Schiffssicherung rettete zwar die *Hadley*, aber obwohl sie noch in Sicherheit geschleppt werden konnte, mußte sie später abgewrackt werden.

Um den *Kamikaze*-Angriffen das Kreuz zu brechen, flogen Trägerflugzeuge der amerikanischen Marine am 24. Mai schwere Angriffe auf Flugplätze der Insel Kiushu, von denen aus die Japaner ihre Flugzeuge einsetzten. Kanoya, Stützpunkt der *Jinrai Butai*, war eines der vorrangigen Ziele, und mehrere Flugzeuge des Korps wurden am Boden zerstört.

Trotz dieser Angriffe führte das Korps seine Einsätze fort. Am nächsten Morgen starteten elf Betty und nahmen Kurs auf Okinawa – der stärkste Angriff seit dem verlustreichen Einsatz vom 21. März. Sie näherten sich Okinawa einzeln, fanden dort aber nur Regenschauer und schlechte Sicht vor, so daß etliche von ihnen den Einsatz abbrachen und zurückflogen. Eine Besatzung jedoch schien angriffslustiger zu sein als die anderen: Sie tauchte unter die Wolken und hielt im Tiefflug Ausschau nach Zielen. Die Flakschützen der Zerstörer USS *Braine* und *Anthony* jedoch nahmen sie ins Visier und schossen sie ab, bevor sie ihre Ohka ausklinken konnte.

Am 22. Juni, als sich die Kämpfe um Okinawa bereits ihrem Ende näherten, nahmen sechs Betty Kurs auf die Insel. Nur zwei der Mutterflugzeuge kehrten zurück – es sollte der letzte Einsatz dieser Freitodwaffe gewesen sein; Treffer wurden nicht beansprucht.

Auf Okinawa erbeuteten amerikanische Truppen vier intakte Ohka, die in splittersicheren Unterständen flugfähig herumstanden. Damit konnten amerikanische Nachrichtenoffiziere zum ersten Mal die ungewöhnliche Waffe untersuchen, von denen Jägerpiloten der Marine vier Monate zuvor erstmals berichtet hatten.

Mittlerweile hatte die Flugzeugwerft von Yokosuka mit der Herstellung einer verbesserten Version der Ohka begonnen, dem Modell 22. Da dessen Gefechtskopf nur halb so schwer wie der von Modell 11 war, war das Gesamtgewicht von Modell 22 ein Drittel leichter und die Tragfläche – mit einer tragenden Fläche von 4 m^2 – auch entsprechend kleiner. Das Modell 22 der Ohka wurde von einem TL-Triebwerk des Typs Tsu-11 angetrieben, das 200 kp Schub entwickelte. Dieses ungewöhnliche Triebwerk hatte keine Turbine, sondern sein Verdichter wurde von einem Vierzylinder-Kolbenmotor von Hitachi angetrieben. Die absolut größte Reichweite dieses Flugzeugs lag bei etwa 130 km, und seine effektive Angriffsreichweite dürfte etwa die Hälfte davon betragen haben. Im Horizontalflug konnte Modell 22 etwa 440 km/h erreichen; beim Angriff konnte die Geschwindigkeit allerdings noch erheblich gesteigert werden, indem es in der Nähe seines Ziels in einen stetig steileren Sturzflug überging. Modell 22 war so ausgelegt, daß es unter den Rumpf der Yokosuka P1Y Ginga – von den Amerikanern »Francis« genannt – paßte, eines zweimotorigen Bombers, der viel kleiner und schneller als die Betty war und auch größere Höhen erreichte.

Wie schon beim Vorgänger begann auch die Herstellung des Modells 22, bevor diese Version ei-

Die Schulungsversion der Ohka, aufgenommen im US Navy Memorial Museum in Washington, DC. Sie unterschied sich von der Einsatzversion durch die Ausrüstung mit Landekufe, Landeklappen und Wassertanks in Bug und Heck anstelle von Gefechtskopf und Raketenmotoren; das Wasser wurde bei der Landung als Ballast abgelassen. Flächen und Leitwerk waren nicht wie bei der Einsatzversion aus Holz, sondern aus Metall, das den Belastungen wiederholter Landungen widerstehen konnte.

ner Flugerprobung unterzogen worden war. Die Steuerbarkeit dieses Zwergflugzeugs schätzte man als kritisch ein, und da der Strömungsabriß schon bei mehr als 320 km/h einsetzte, war eine sanfte Landung – selbst wenn aller Kraftstoff verbraucht war – nicht möglich. Jeder Versuchsflug endete damit, daß der Pilot die Maschine aufgab und sich mit dem Fallschirm rettete. Katusohi Nagano – der unerschockene Marineflieger, der bereits einen Großteil der Erprobung von Modell 11 durchgeführt hatte – absolvierte seinen ersten bemannten Flug mit Modell 22 am 26. Juni 1945. Wie erwartet fand er das Flugzeug instabil im Flug und schwierig zu steuern. Er konnte aus dem Flugzeug zwar noch aussteigen, aber sein Fallschirm hatte sich erst halb geöffnet, als er den Boden erreichte – er erlitt tödliche Verletzungen. 50 Exemplare des Modells 22 wurden in den letzten Kriegsmonaten noch hergestellt, kamen aber nicht mehr zum Einsatz.
Ende Juli verlegte der größere Teil von *Jinrai Butai* nach Kumatsu auf der Hauptinsel Honshu, wo das Korps mit der intensiven Ausbildung neuer Ohka-Piloten begann, die sich der erwarteten alliierten Invasion entgegenwerfen sollten. Heer und Marine hatten ihre Flugzeugreserven zu einer Streitmacht von 5000 Flugzeugen zusammengezogen, die hauptsächlich in *Kamikaze*-Angriffen gegen die amerikanische Flotte eingesetzt werden sollten, während 230 Ohka in Bereitschaft gehalten wurden, um von fünf verschiedenen Punkten der Hauptinsel aus eingesetzt zu werden.
Die Marineflugzeugwerft von Yokosuka hatte bereits Pläne für den Bau neuer Versionen der Ohka, die – so hoffte man – bessere Flugeigenschaften aufwiesen. Aus taktischer Sicht am schlagkräftigsten wäre wahrscheinlich Modell 43 B gewesen, das von einem Axialtriebwerk angetrieben und von einer Startlafette in die Luft katapultiert werden sollte. Keines dieser Projekte kam allerdings über das Reißbrettstadium hinaus.
All diese japanischen Pläne fanden jedoch ihr Ende, als Kaiser Hirohito am 15. August 1945 nach den Atombombenangriffen auf Hiroshima und Nagasaki seine Streitkräfte über Rundfunk anwies, die Kämpfe einzustellen und die bedingungslose Kapitulation den Alliierten gegenüber zu akzeptieren.
In ihrer kurzen Karriere waren die Ohka nicht einmal 80mal im Kampf eingesetzt worden. Und bei diesen Einsätzen, die alle von Stützpunkten auf den japanischen Heimatinseln aus geflogen worden waren, erlitten die Betty-Mutterflugzeuge die unglaublich hohe durchschnittliche Verlustrate von über 70 Prozent pro Einsatz – anders ausgedrückt: Die Chance der Besatzung eines Mutterflugzeugs, einen Einsatz zu überleben, war nur geringfügig besser als die ihres Ohka-Piloten.
Da sie gewöhnlich zusammen mit einer großen Anzahl »konventioneller« Selbstmordflugzeuge eingesetzt wurden, ist es oft schwierig, den Ohka ihre jeweiligen Treffer zuzuordnen. Nach den verläßlichsten Quellen kann man den Ohka die Versenkung eines Zerstörers sowie die Beschädigung eines weiteren Zerstörers und eines Minensuchbootes zusprechen, die dann aufgrund des Umfangs der Verwüstungen verschrottet werden mußten. Die Ohka richteten darüber hinaus schwere Schäden an einem Schlachtschiff, zwei Zerstörern. einem Minensuchboot, einem amphibischen Transporter und einem Materialtransporter an.
Vor Okinawa wurde die amerikanische Flotte tatsächlich hart getroffen – aber die bei weitem meisten Schäden wurden ihr von Standard-Einsatzflugzeugen zugefügt, die man für die *Kamikaze*-Rolle umgerüstet hatte. Die gesamten alliierten Schiffsverluste vor Okinawa durch alle Selbstaufopferungsangriffe umfaßten vom 20. März bis zum 13. August 1945 die Versenkung von 9 Zerstörern, 6 Transportern und 5 kleineren Schiffen sowie die Beschädigung von 10 Schlachtschiffen, 16 Flugzeugträgern, 4 Kreuzern, 81 Zerstörern, 44 Transportern und 62 kleineren Schiffen. Der Beitrag der Ohka zu dieser Schadensliste war unbedeutend. Bei der gewaltigen Übermacht des amerikanischen Jagdschutzes hatten die bemannten fliegenden Bomben kaum jemals Aussicht auf Erfolg. Der hohe Aufwand – die Ohka zu entwickeln und herzustellen, die Mutterflugzeuge umzubauen und das gesamte Personal zu schulen – stand in keinem

Verhältnis zu den dürftigen Erfolgen, die dann im Einsatz erzielt wurden.

YOKOSUKA OHKA MODELL 11

Antrieb:
Drei Feststoffraketen des Typs 4, Baureihe 1, Modell 20 mit jeweils 266 kp Schub.

Bewaffnung:
Gefechtskopf von 1200 kg im Bug.

Leistungsdaten:
Höchstgeschwindigkeit in steilem Sturzflug 930 km/h. Höchste Gleitentfernung aus 6100 m Höhe etwa 60 km. Tatsächliche Reichweite beim Angriff 24 km.

Gewicht:
2140 kg beim Ausklinken.

Abmessungen:
Spannweite 4,9 m, Länge 6,06 m, tragende Fläche 5,95 m^2.

Die letzte Schulungsversion der Ohka war das Modell 43 mit zwei getrennten Kabinen. Nur zwei Exemplare davon wurden vor Kriegsende noch hergestellt.

Kapitel 6

Heinkel 162

Der Prototyp der Heinkel He 162, kurz nach dem Verlassen der Halle Anfang Dezember 1944 in Wien-Schwechat aufgenommen.

Im September 1944 gab das Reichsluftfahrtministerium (RLM) die Forderung nach dem neuen Typ eines strahlgetriebenen Jagdflugzeugs heraus, dem sogenannten »Volksjäger«. Die Ausschreibung betraf einen billigen und unkomplizierten leichten Jäger, dessen Teile überwiegend aus Holz und anderen nichtstrategischen Materialien bestehen sollten, und seine einfache Struktur sollte auch von halbangelernten oder sogar ungelernten Arbeitskräften gefertigt werden können. Eine weitere Forderung war, daß sich der Volksjäger leicht fliegen ließ: Man gab sich sogar dem Wunschdenken hin, daß Piloten, deren einzige Flugerfahrung aus Segelfliegen bestand, in der Lage sein würden, diesen neuen Jäger erfolgreich im Kampf einzusetzen.

Generalleutnant Adolf Galland und andere führende Offiziere der Jagdfliegerkräfte sprachen sich vehement gegen dieses Volksjäger-Projekt aus mit dem Argument, daß dadurch der Me 262 und an-

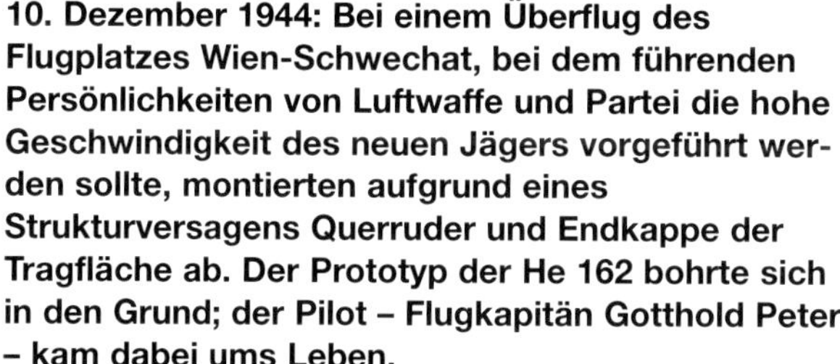

10. Dezember 1944: Bei einem Überflug des Flugplatzes Wien-Schwechat, bei dem führenden Persönlichkeiten von Luftwaffe und Partei die hohe Geschwindigkeit des neuen Jägers vorgeführt werden sollte, montierten aufgrund eines Strukturversagens Querruder und Endkappe der Tragfläche ab. Der Prototyp der He 162 bohrte sich in den Grund; der Pilot – Flugkapitän Gotthold Peter – kam dabei ums Leben.

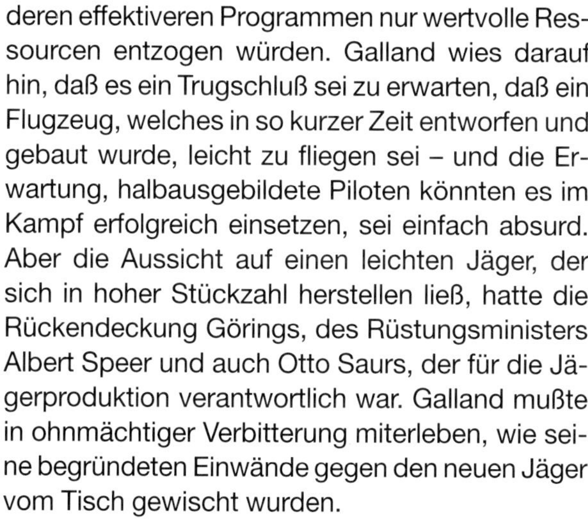

deren effektiveren Programmen nur wertvolle Ressourcen entzogen würden. Galland wies darauf hin, daß es ein Trugschluß sei zu erwarten, daß ein Flugzeug, welches in so kurzer Zeit entworfen und gebaut wurde, leicht zu fliegen sei – und die Erwartung, halbausgebildete Piloten könnten es im Kampf erfolgreich einsetzen, sei einfach absurd. Aber die Aussicht auf einen leichten Jäger, der sich in hoher Stückzahl herstellen ließ, hatte die Rückendeckung Görings, des Rüstungsministers Albert Speer und auch Otto Saurs, der für die Jägerproduktion verantwortlich war. Galland mußte in ohnmächtiger Verbitterung miterleben, wie seine begründeten Einwände gegen den neuen Jäger vom Tisch gewischt wurden.

Am 10. September 1944 forderte das RLM die führenden Luftfahrtunternehmen auf, Konstruktionsvorschläge für den Volksjäger einzureichen. Das einsitzige Jagdflugzeug sollte vom TL-Triebwerk BMW 003 angetrieben werden und insgesamt nicht mehr als 2000 kg wiegen – weniger als ein Drittel des Gewichts der Me 262 und erheblich weniger als jeder alliierte Jäger, dem es je im Luftkampf begegnen konnte. Die Höchstgeschwindigkeit sollte in Seehöhe mindestens 750 km/h betragen, die Einsatzflugzeit mindestens 30 Minuten und die Startstrecke bei Windstille nicht mehr als 500 m. Der Jäger sollte mit zwei 20-mm-Kanonen zu jeweils 100 Schuß oder zwei 30-mm-Kanonen zu jeweils 50 Schuß ausgerüstet werden. Da Zeit ein wichtiger Faktor war, hatten die teilnehmenden Firmen ihre Konstruktionsentwürfe binnen zehn Tagen vorzulegen: Der siegreiche Entwurf mußte am 1. Januar 1945 in Serienfertigung gehen können.

Da abzusehen war, daß der Jäger, der den Zuschlag bekam, in hoher Stückzahl gebaut werden

Einzelbilder eines Films vom Start des 6. Prototyps der He 162 zum Erstflug am 23. Januar 1945. Dieser Prototyp hat wieder die Tragflächenform des 1. Prototyps – ohne die nach unten gezogenen Tragflächenenden.

Nachdem die Tragfläche des ersten Prototyps im Flug versagt hatte, wurde ihre Struktur bei den Serienmaschinen überarbeitet und verstärkt. Eine der Änderungen bestand aus den deutlich nach unten abgeknickten Tragflächenenden, die die positive V-Stellung der Flächen ausglichen.

Nahaufnahme des hinteren Teils des TL-Triebwerks BMW 003. Der Aufsatz auf der Schubdüse mußte nach dem Anlassen des Triebwerks ausgefahren werden, und der Wart mußte sicherstellen, daß er mit den senkrechten Linien auf der Verkleidung unter dem Triebwerk übereinstimmte. Der Einsatz zwischen Flächenhinterkante und Rumpf war eine Modifizierung der Serienflugzeuge, die das Einsetzen des Schüttelns bei hohen Geschwindigkeiten verzögern sollte.

Achtung!
×100°C
1M4

Eine nagelneue He 162 wird startklar gemacht. Das Foto wurde wahrscheinlich im Heinkelwerk Marienehe aufgenommen.

Bodenpersonal bei der Wartung einer He 162 der 1. Staffel des Jagdgeschwaders 1.

◄ Das sparsam bestückte Instrumentenbrett der He 162 entsprach der Forderung nach einfacher Handhabung. In der Ausbuchtung vor dem Steuerknüppel lag – nach dem Einfahren – das Bugrad.

Eines der wenigen erhaltenen Bilder von einer Einsatz-He-162 in der Luft: Die Klappen sind ausgefahren, und die Maschine wird in Kürze aufsetzen.

Eine He 162 mit dem Emblem der I. Gruppe des JG 1.

würde, erregte die Ausschreibung natürlich erhebliches Interesse. Arado, Blohm & Voss, Fieseler, Focke-Wulf, Heinkel, Junkers und Siebel reichten Entwürfe für den Volksjäger ein. Heinkel hatte gegenüber der Konkurrenz allerdings einen Vorsprung, da die Firma seit dem Frühsommer bereits an Studien für einen eigenen leichten Jäger gearbeitet hatte. Die Konstruktionsgruppe von Siegfried Günter und Karl Schwärzler brauchte ihr Jägerprojekt nur noch den neuen Bedingungen anzupassen und konnte es dann sofort vorlegen.

Chefprojekteur Siegfried Günter war einer der herausragenden Flugzeugkonstrukteure seiner Zeit: Zu seinen Entwürfen zählten die Jäger Heinkel He 51 und He 100, die He 70 als Hochgeschwindigkeits-Verkehrsflugzeug und Fernaufklärer (»Fernerkunder«) sowie die Bomber He 111 und He 177. Schwärzler hatte etliche dieser Projekte als Chefkonstrukteur betreut. Die Herstellung eines Jägers, der die jetzt geforderten Kriterien erfüllen konnte, stellte die Fähigkeiten der beiden begabten Männer auf eine harte Probe.

Der von Heinkel eingereichte Entwurf sah einen aerodynamisch sauberen Schulterdecker vor mit einer Strahltriebwerkgondel, die in Rumpfmitte auf dem Rumpf angebracht war. Um das Leitwerk aus dem Triebwerkstrahl herauszuhalten, waren zwei Seitenflossen mit ihren Rudern – wie Endscheiben – an den Enden der Höhenflosse angebracht. Der Rumpf war eine Ganzmetallkonstruktion, der Bug eine einteilig verformte Holzschale. Die einteilige Tragfläche bestand hauptsächlich aus Holz, die Beplankung aus Sperrholz. Das Leitwerk mit Seiten- und Höhenruder war eine Metallkonstruktion, die Flossen bestanden aus Holz. Da Tragfläche und Triebwerk sehr dicht hinter der Kabine angebracht waren, mußte ein Pilot, der in der Luft aus dem Flugzeug aussteigen mußte, allerdings damit rechnen, daß er mit einer dieser Komponenten kollidierte. Um dem Piloten das Aussteigen aus dem Strahljäger im Notfall aber trotzdem zu ermöglichen, war die He 162 mit einem einfachen Schleudersitz ausgestattet, den die Firma Heinkel konstruiert hatte; er wurde von einer Treibladung ins Freie katapultiert.

Ende September wurde der Entwurf Heinkels offiziell für die Produktion des Volksjägers ausgewählt. Um die alliierten Nachrichtendienste in die Irre zu führen, teilte man dem Jäger die Bezeichnung Heinkel He 162 zu – die niedrige Typennummer sollte den Gegner glauben lassen, daß sie schon viel früher während des Krieges vergeben worden sei. Zunächst sollten zwei Versionen des Flugzeugs in großer Stückzahl hergestellt werden:

1. Der Bomberjäger He 162 A-1 mit zwei 30-mm-Maschinenkanonen des Typs MK 108 und je 50 Schuß Munition
2. Der Luftüberlegenheitsjäger A-2 mit zwei 20-mm-MG-151 und je 120 Schuß Munition.

Der Annahme des Entwurfs folgte eine Bestellung über 1000 leichte Jäger, die bis Ende April 1945 auszuliefern waren; ab Ende Mai sollte die Produktion dann auf 2000 Flugzeuge pro Monat hochgefahren werden. Um diese Zahlen innerhalb der vorgegebenen Zeit erreichen zu können, mußte der dafür verantwortliche Jägerstab viele bewährte Praktiken der Flugzeugherstellung straffen: Die Entwicklungsschritte der detaillierten Konstruktion, der Herstellung von Prototypen und der Herrichtung von Fabriken für die Massenproduktion mußten parallellaufen und nahezu unverzüglich beginnen. Die Endmontage des Volksjägers sollte im Heinkel-Werk Marienehe (Rostock), im Junkers-Werk Bernberg (westlich Dessau) und in Untertage-Produktionsanlagen bei Nordhausen (Südharz) stattfinden. Eine hohe Zahl von Unterauftragnehmern – über das gesamte Reichsgebiet verteilt – hatte diese Werke mit den benötigten Baugruppen und Einzelteilen zu versorgen.

Im Heinkel-Werk Wien begann man daraufhin mit den Arbeiten an der Konstruktion von 31 Flugzeugen des ersten Loses. Mitte November 1944 waren Rumpf und Tragflächen des ersten Prototyps nahezu fertig, und die Lieferung des Triebwerks sowie weiterer Komponenten stand unmittelbar bevor.

Anfang Dezember konnten mit dem Prototyp Triebwerkprobeläufe und Rollversuche durchgeführt werden. Und am 6. Dezember hob Gotthold Peter von Wien-Schwechat zum Erstflug der He 162 ab – seit Beginn des Programms waren nur 90 Tage vergangen. Bei seinem 20 Minuten dauernden Erstflug erreichte Peter in 6000 m Höhe 835 km/h und stellte fest, daß sich das Flugzeug recht gut steuern ließ; allerdings gab es eine gewisse Instabilität um die Querachse und einen Hang zum ausgeprägten Schiebeflug. Das einzige ernsthafte Problem, das diesen Flug auch vorzeitig beendete, war, daß eine hölzerne Klappe des Fahrwerkschachts wegbrach. Nach der Landung des Flugzeugs fand man heraus, daß eine Klebefläche nicht richtig abgebunden hatte.

Vier Tage später jedoch – Peter führte die He 162 über Schwechat Führungspersönlichkeiten vor – schlug das Schicksal zu: Bei einem Überflug mit hoher Geschwindigkeit platzte ein Teil der Nasenbeplankung der rechten Tragfläche weg und riß Querruder und Endkappe mit. Als dann auch noch weitere Teile der Fläche abmontierten, begann der Jäger unkontrolliert zu rollen und schlug schließlich auf dem Boden auf – mit dem unglücklichen Piloten noch immer im Cockpit.

Die anschließende Untersuchung ergab, daß die Ursache dieses strukturellen Versagens wiederum schlechte Verleimung der hölzernen Komponenten war – dieses Mal aber mit ernsteren Folgen. Daraufhin wurde die Tragfläche des zweiten Prototyps, die bereits fertig war, einer eingehenden Inspektion unterzogen. Und die Tragflächen nachfolgender Flugzeuge erhielten eine verbesserte Struktur, die ihnen mehr Festigkeit verlieh.

Trotz des Verlusts des ersten Flugzeugs wurde die Arbeit auf den verschiedenen Gebieten des He-162-Programms mit unverminderter Tatkraft fortgeführt. Am 22. Dezember – weniger als zwei Wochen nach dem Flugunfall – schwang sich Heinkel-Direktor Carl Francke mit dem zweiten Prototyp in die Luft. Der Flug verlief ohne Zwischenfälle, allerdings mußte Francke sich an eine Geschwindigkeitsbeschränkung von 500 km/h halten, da das Flugzeug ja noch mit der Originaltragfläche ausgerüstet war. Diese Maschine war mit zwei 30-mm-Kanonen bewaffnet und führte auch die ersten Luftschießversuche durch.

Der dritte und der vierte Prototyp, die beide am 16. Januar 1945 erstmals flogen, trugen bereits die neue verstärkte Tragfläche. Diese und auch die nachfolgenden Flugzeuge leiteten eine Anzahl von Änderungen ein, die ihre Steuerbarkeit in der Luft verbesserten – so gab es zum Beispiel zusätzlichen Bleiballast im Bug, der den Schwerpunkt nach vorne verlagerte, und etwas größere Leitwerkflächen. Die auffälligste äußere Veränderung an diesen Flugzeugen jedoch stellten die nach unten gezogenen Tragflächenenden dar, die die zu starke positive V-Stellung der Flächen ausglichen und die Tendenz zum Schiebeflug abschwächten: Wenn das Projekt unter normalen zeitlichen Rahmenbedingungen gelaufen wäre, hätte man die V-Stellung der Fläche einfach reduziert, bevor das Flugzeug in Serie ging – aber mit mehr als hundert Tragflächen, die schon so gut wie fertig waren, mußte sich Günter mit einer schnell wirksamen, wenn auch nicht sonderlich eleganten Abhilfe zufriedengeben.

Bei den Luftschießversuchen mit den beiden 30-mm-MK-108-Kanonen mußte man allerdings feststellen, daß deren Rückstoßkräfte so stark waren, daß die ursprüngliche Bugstruktur sie nicht absorbieren konnte. Aus diesem Grunde wurden nur wenige He 162 A-1 gebaut – und die ersten Serienmaschinen waren somit A-2, die mit zwei 20-mm-MG-151 von Mauser ausgerüstet waren. Die erste Serienversion mit verstärkter Bugstruktur und 30-mm-Bewaffnung war die He 162 A-3.

Die Flugerprobung ergab, daß die He 162 A-2 in Seehöhe eine Geschwindigkeit von 885 km/h und in 6000 m Höhe von 900 km/h erreichte. Durch die verschiedenen Modifizierungen, die die Zelle verstärkten und die Steuerbarkeit verbesserten, war das Höchstgewicht von 2000 kg, das für den Volksjäger ursprünglich gefordert worden war,

Führungspersonal des JG 1 in Leck wartet unmittelbar nach dem Waffenstillstand auf das Eintreffen britischer Truppen. Von links: Major Werner Zober, Kommandeur der I. Gruppe, Oberst Herbert Ihlefeld, Geschwaderkommodore, Hauptmann Heinz Künneke, Chef der 1. Staffel, und Oberleutnant Emil Demuth, Chef der 3. Staffel.

bald überschritten worden. Die Startmasse der He 162 A-2 in Einsatzkonfiguration lag jetzt bei 2800 kg – um mehr als ein Drittel darüber. Trotzdem konnten ihre Konstrukteure auch mit diesem Ergebnis noch durchaus zufrieden sein. Und da die Höchstgeschwindigkeit des Jägers die Forderungen noch immer beträchtlich übertraf, setzte man sich in aller Stille über die Gewichtsüberschreitung hinweg.

Ende Januar 1945 flogen – inklusive zwei Serienmaschinen – sechs He 162. Obwohl das Flugerprobungsprogramm gerade erst begonnen hatte, war die Serie bereits voll angelaufen, und aus dem Rinnsal der gelieferten Flugzeuge sollte bald eine Flut werden. Ende Januar wurde die erste Luftwaffeneinheit – Erprobungskommando (E-Kdo) 162 in Rechlin-Roggenthin am Müritzsee – aufgestellt, um die Erprobung des neuen Jägers zu unterstützen und seine Zuführung an die Einsatzverbände zu beschleunigen. EKdo-Chef war Oberstleutnant Heinz Baer, ein anerkannter Jagdflieger mit mehr als 200 bestätigten Luftsiegen. Anfang Februar trafen die ersten Serienmaschinen beim EKdo ein, und Baer und seine Flugzeugführer begannen mit der Einsatzerprobung des Volksjägers.

Heinz Künneke vor seiner Maschine. Sie ist eines der wenigen Flugzeuge, die als A-1 mit 3-cm-Kanonen des Typs MK 108 ausgerüstet waren _ die meisten He 162 trugen 2-cm-Bewaffnung und die Bezeichnung A-2.

Im Laufe des Februar wurden 46 He 162 an die Luftwaffe ausgeliefert – genügend, um den ersten Einsatzverband mit dem neuen Jäger auszurüsten: Nunmehr wurde die I. Gruppe des Jagdgeschwaders 1 angewiesen, ihre Jäger vom Typ Fw 190 an die II. Gruppe abzugeben und nach Parchim südöstlich von Schwerin zu verlegen, wo sie auf He 162 umrüsten werde. Parchim lag nur etwa 80 km von den Heinkel-Werken in Rostock-Marienehe entfernt, einem der Zentren, in denen die Endmontage der Strahljäger auf Hochtouren lief. In diesem Werk sammelten die Piloten und das Wartungspersonal des Verbandes ihre ersten Erfahrungen mit dem neuen Flugzeug. Ebenfalls noch im Februar wurden fünf Piloten der I./JG 1 nach Wien-Schwechat kommandiert, um unter der Anleitung von Werkseinfliegern Flugerfahrung mit der He 162 zu gewinnen.

Im März trafen weitere Serienmaschinen in Parchim ein, und der Verband konnte jetzt ernsthaft mit der Ausbildung seiner Flugzeugführer beginnen. Zu dieser Zeit war allerdings der Zusammenbruch des Reichs schon absehbar – alliierte Truppen drangen inzwischen von Osten wie von Westen tief in das Reichsgebiet vor. Mit jedem Tag, der verging, wurde die Lage für die Verbände der Luftwaffe unübersichtlicher, da die Verkehrsverbindungen fast ständig aus der Luft angegriffen wurden, was auf den Fliegerhorsten zu einem erheblichen Mangel an Ersatzteilen und Flugkraftstoff führte. Die Folge davon war, daß die Umschulung der I./JG 1 zu einem schlagkräftigen Kampfverband mit He 162 erhebliche Verzögerungen erlitt.

Am 7. April wurde der Fliegerhorst Parchim von 134 Flying Fortress (B-17) der Achten Taktischen Luftflotte angegriffen, wobei er so stark beschädigt wurde, daß die Volksjägergruppe den Platz zwei Tage später aufgeben mußte und nach dem in der Nähe gelegenen Ludwigslust verlegte. Der Verband setzte seine Einsatzschulung mit rund 15 He 162 fort, von denen etwa zehn täglich startklar waren. Nach knapp einer Woche in Ludwigslust verlegte der Verband erneut: diesmal nach Leck in Schleswig-Holstein, dicht an der Grenze zu Dänemark. Zur gleichen Zeit gab die II./JG 1 ihre Fw 190 ab und verlegte auf den Heinkel-Werksflugplatz in Rostock-Marienehe, um ebenfalls auf den Volksjäger umzurüsten – sie erhielt nagelneue Flugzeuge, die direkt von der Fertigungsstraße kamen.

Während der Verband aufgestellt wurde, hatten die Piloten Befehl, so weit wie möglich jeglichen Kontakt mit Feindflugzeugen zu vermeiden. Da die alliierten Jäger aber ständig über dem noch von deutschen Truppen gehaltenen Reichsgebiet patrouillierten, waren derartige Begegnungen schlechthin unvermeidlich. Am 15. April meldete Leutnant Rudolf Schmitt von der I./JG 1 – ein Flugzeugführer, der direkt aus der Flugschulung kam und seinen vierten Flug mit der He 162 absolvierte – die Begegnung mit einer Spitfire: einen Luftkampf habe er aber vermeiden können.

Und am 19. April wurde einem Volksjägerpiloten der erste Luftsieg mit dem neuen Strahljäger zugesprochen – kurz bevor dasselbe Flugzeug als erste He 162 im Einsatz verlorenging: Feldwebel Günther Kirchner von der I. Gruppe wurde bestätigt, daß er ein britisches Flugzeug abgeschossen habe, nachdem dessen Pilot gefangengenommen worden war und den Deutschen berichtet hatte, daß er von einem der neuen Strahlflugzeuge vom Himmel geholt worden war. Auf dem Rückflug zum Fliegerhorst stürzte Kirchners Flugzeug jedoch ab, und Kirchner selbst kam ums Leben – so zumindest geben es die deutschen Unterlagen wieder.

Am selben Tage verlor die Zweite Taktische Luftflotte etliche Flugzeuge über Feindgebiet, und aus den britischen Akten läßt sich weder bestätigen noch widerlegen, daß eines davon von einer He

Emil Demuth neben seiner He 162. Die 16 Luftsiege auf der linken Seitenflosse beziehen sich auf Flugzeuge, die er vor seiner Zeit beim JG 1 abgeschossen hatte.

He 162 des JG 1 in Leck – unmittelbar nach dem Waffenstillstand und kurz vor ihrer Übergabe.

He 162 des JG 1 stehen nach der Kapitulation aufgereiht in Leck.

162 abgeschossen worden sei. Der Abschuß eines deutschen Strahljägers hingegen findet in den britischen Unterlagen seine Bestätigung: Während eines Angriffs auf Bodenziele bei Husum meldete Oberleutnant Geoff Walkington, der eine Tempest der 222. Staffel flog, den Angriff auf ein unidentifiziertes einstrahliges Flugzeug mit zwei Seitenflossen – zweifellos eine He 162. Walkington jagte dem Feindflugzeug nach, das sich aber im Tiefflug als zu schnell erwies: Selbst mit 580 km/h kam er ihm nicht näher. Damit war der deutsche Pilot eigentlich schon in Sicherheit – dann aber beging er den entscheidenden Fehler, nach rechts einzudrehen, wodurch die Tempest in Schußposition gelangen konnte. Walkington gab einige kurze Feuerstöße auf das deutsche Flugzeug ab und sah dann, wie es plötzlich zu trudeln begann und immer noch trudelnd auf dem Boden aufschlug.

Leutnant Rudolf Schmitt katapultierte sich am 20. April aus seiner He 162 hinaus: Heute nimmt man an, daß das wahrscheinlich der erste und einzige Notfalleinsatz eines Schleudersitzes der He 162 war. Schmitts Bordbuch ist erhalten geblieben und bestätigt diesen Ausstieg, sagt aber nichts darüber aus, ob er abgeschossen wurde oder überhaupt Feindflugzeuge in diesen Vorfall verwickelt waren. Sein Bordbuch gibt die Flugdauer mit 25 Minuten an, was im Tiefflug fast die maximale Flugzeit des Volksjägers darstellte – möglicherweise hatte sich der unerfahrene Flugzeugführer verflogen und war dann aus Kraftstoffmangel ausgestiegen.

Am 23. April wurde die I./JG 1 der Luftflotte Reich unterstellt und erhielt die offizielle Erlaubnis, nunmehr Luftkämpfe anzunehmen. Zwei Tage später war der oben erwähnte Leutnant Schmitt wieder in der Luft – die Benutzung des Schleudersitzes und der damit verbundene Verlust seines Volksjägers fünf Tage zuvor hatten ihm offensichtlich keine Nachteile gebracht: Nach einem Alarmstart

stieg er mit einer anderen He 162 auf und versuchte, allerdings ohne Erfolg, tieffliegende Mosquito im Raum Flensburg anzugreifen.
Wegen ihrer überstürzten Entwicklung hatte die He 162 immer noch einige Mängel, als sie in Dienst gestellt wurde, weswegen etliche Maschinen bei Flugunfällen verlorengingen. Am 24. April befand sich Hauptmann Paul-Heinrich Dähne, der Kommandeur der I. Gruppe, auf einem Übungsflug über Leck und leitete in geringer Höhe eine enge Kurve ein. Augenzeugen am Boden beobachteten, wie das Flugzeug plötzlich heftig zu gieren anfing und dann Teile verlor. Die Maschine geriet daraufhin außer Kontrolle und stürzte in der Nähe in den morastigen Boden; seinen Flugzeugführer riß es mit in den Tod. Wie es scheint, wurde die Ursache dieses Absturzes nie festgestellt – das Kriegsende beendete die Untersuchung dann ohnehin.
Am 26. April wurde Unteroffizier Rechenbach der Abschuß eines nicht erkannten Feindflugzeuges zugesprochen; sein Luftsieg war von zumindest zwei Zeugen unabhängig voneinander bestätigt worden. Aber auch an diesem Tag hatte die Zweite Taktische Luftflotte mehrere Flugzeuge über Feindgebiet verloren, und nach den britischen Unterlagen kann dieser Luftsieg weder widerlegt noch bestätigt werden.
Am 30. April ging Leutnant Alfred Dürr der Kraftstoff aus, und er kam ums Leben, als er auf der Autobahn in der Nähe von Lübeck eine Notlandung versuchte. Die kurze Flugzeit des Volksjägers war ohnehin ein Quelle steter Schwierigkeiten, und es ist zumindest ein weiterer Fall bekannt, in dem der Pilot aus diesem Grunde sein Leben verlor.
Anfang Mai verlegte die II./JG 1 nach Leck zur I. Gruppe, am 4. Mai gingen beide Gruppen in einer einzigen Gruppe auf: der Einsatzgruppe JG 1 unter der Führung von Oberst Herbert Ihlefeld. An diesem Morgen meldete Rudolf Schmitt den Abschuß einer Typhoon im Raum Rostock, und dieser Luftsieg läßt sich aus den britischen Unterlagen auch einwandfrei belegen: Die »Typhoon« war in Wirklichkeit eine Tempest der 486. Staffel; sie wurde von Oberleutnant M. Austin geflogen, der sich daraufhin mit dem Fallschirm rettete und in Gefangenschaft geriet. Die Tatsache, daß der unerfahrene deutsche Pilot einen der besten Jäger der Royal Air Force abschießen konnte, bezeugt die außergewöhnlichen Luftkampfeigenschaften des Volksjägers von Heinkel.
Am 5. Mai wurde für Nordwesteuropa der Waffenstillstand verkündet, und damit war das Jagdgeschwader 1 an den Boden gefesselt. Als die britischen Truppen Leck besetzten, fanden sie 31 Volksjäger zu beiden Seiten der Startbahn sauber aufgereiht, die meisten davon sogar sorgfältig mit Planen über Triebwerk und Kabine abgedeckt.
Insgesamt hatte die Luftwaffe etwa 120 Volksjäger übernommen, und vielleicht noch einmal halb so viele wurden durch Einsatzpiloten direkt vom Werk abgeholt – die Unterlagen darüber gingen allerdings im Durcheinander der letzten Kriegstage verloren. Und rund 200 weitere Flugzeuge waren bereits fertiggestellt und warteten – als der Krieg zu Ende ging – auf die Flugerprobung oder die Zuführung an die Luftwaffe.
Einer der Piloten, der die He 162 in der I./JG 1 geflogen hatte, Oberleutnant Emil Demuth, berichtete später, daß seiner Meinung nach der Volksjäger ein erstklassiges Einsatzflugzeug gewesen sei – und viel schneller, als jedes alliierte Flugzeug, mit dem er es zu tun gehabt habe. Allerdings war Demuth ein erfahrener Jagdflieger, dem schon vorher 16 Luftsiege zugesprochen worden waren – in den Händen weniger versierter Flugzeugführer hatte der Strahljäger hingegen erschreckende Sicherheitsmängel: Allein in den drei Wochen vom 13. April bis zum Kriegsende verlor die I./JG 1 13 Flugzeuge und zehn Piloten. Mindestens einer, vielleicht sogar drei der Verluste gingen auf das Konto von Feindangriffen, der Rest aber waren Flugunfälle – im Schnitt geschah jeden zweiten Tag ein Unfall. Die Hauptursachen hierfür waren Triebwerkausfälle aufgrund von Flammabriß sowie Fehler der Piloten; dazu kam, wie schon erwähnt, zumindest ein Fall strukturellen Versagens in der Luft – wahrscheinlich aber waren es noch mehr.
Nach dem Zweiten Weltkrieg wurden etliche erbeutete He 162 in Großbritannien, den USA, Frankreich und der Sowjetunion erprobt. Als

Cheftestpilot der britischen Marine hatte Korvettenkapitän Eric »Winkle« Brown die Gelegenheit, jedes Feindflugzeug zu fliegen, das der Forschungs- und Entwicklungsanstalt in Farnborough überlassen wurde. Mit seiner großzügigen Genehmigung zitieren wir hier die Kommentare, die er nach seinem ersten Flug in der He 162 abgab – sie vermitteln ein aufschlußreiches Bild von diesem Strahljäger und bestätigen zudem auch Emil Demuths Angaben:

»Die Startstrecke war viel länger, als ich erwartet hatte, und jeder Versuch, das Flugzeug bei weniger als 190 km/h vorzeitig hochzuziehen, führte nur dazu, daß es wieder aufsetzte. Am besten war es, bei etwa 170 km/h das Bugrad hochzuziehen und das Flugzeug anschließend von alleine abheben zu lassen ... Nachdem Fahrwerk und Klappen eingefahren waren, setzte ich den Schubhebel auf die empfohlenen 9200 U/min zurück und hielt eine Steiggeschwindigkeit von 345 km/h. Die He 162 erwies sich als im Steigflug sehr stabil, und ich erreichte in 1fi Minuten 1525 m Höhe, wo ich in den Horizontalflug überging und den Schubhebel langsam auf 8900 U/min zurücknahm, was eine Geschwindigkeit von 480 km/h ergab und eine Triebwerktemperatur von 450 °C ... Die Überprüfung der Stabilität ergab, daß die He 162 um die Längs- und die Hochachse positiv war, aber neutral um die Querachse. Die Harmonie der Steuerausschläge war exzellent, wobei das Seitenruder vielleicht eine Idee zu leicht ging. Es war offenkundig, daß die Deutschen die ursprünglichen Probleme mit der Stabilität beseitigt hatten, aber mich interessierte natürlich auch, ob sie den Ärger mit dem Schiebeflug in den Griff bekommen hatten: Die Betätigung des Seitenruders führte zu starkem Rutschen und Schieben, wobei die Nase um einiges nach unten kippte, und man konnte das Ruder nur zu drei Vierteln ausschlagen lassen, wenn man eine gleichmäßige, flache Kurve fliegen wollte – wenn man stärker ins Seitenruder trat, begann es zu vibrieren und zu schütteln, und als ich nach hinten sah, konnte ich sehen, wie sich Wirbel von den Spitzen der Seitenflossen ablösten, und die Kurve flog sich ruckartig und eckig. Diese Gefahrensignale waren unübersehbar. Andererseits war die Richtungsstabilität des Flugzeugs hervorragend, was es zu einer guten Waffenplattform machte: In dieser Hinsicht war es der beste Strahljäger sei-

Die He 162 sollte in hoher Stückzahl hergestellt werden, und mehr als 1000 dieser Flugzeuge waren bereits – in unterschiedlichem Fertigungsstand – im Bau, als der Krieg zu Ende war. Dieses Rumpf-Montagewerk lag unter Tage: in einem stillgelegten Gips-Bergwerk in Mödling bei Wien.

ner Zeit – und ich konnte das sicherlich beurteilen, nachdem ich jedes Flugzeug mit Strahlantrieb der damaligen Zeit geflogen hatte.«

In 9000 m Höhe stellte Brown eine sehr gute Stabilität und exzellente Steuereigenschaften fest. Dann nahm er sich die He 162 im Hochgeschwindigkeits-Sturzflug vor:

»Es gab kein Schütteln und auch kein Vibrieren, und als ich bei 640 km/h die Rollgeschwindigkeit ausprobierte, stieß ich auf die höchste Rate, die ich – außer mit hydraulisch betätigten Querrudern – jemals erlebt habe, und der Steuerdruck, den ich für diese rasanten Drehbewegungen anlegen mußte, war erfreulich gering.«

Wie Brown entdeckt hatte, vertrug die He 162 keine zu harten Seitenruderausschläge – möglicherweise war das auch die Ursache dafür, daß Hauptmann Paul-Heinrich Dähnes Maschine in der Luft auseinanderbrach. Und mit Sicherheit war das im November 1945 der Fall, als der britische Hauptmann Robert Marks bei einer Flugvorführung erbeuteter Flugzeuge in Farnborough die He 162 flog: Bei einem Hochgeschwindigkeits-Überflug in geringer Höhe machte er den Fehler, zu stark ins Seitenruder zu treten, um die ohnehin schon exzellente Rollgeschwindigkeit noch zu erhöhen – dies überlastete das Leitwerk, und eines der beiden Höhen-Seiten-Leitwerke brach weg. Daraufhin geriet das Flugzeug außer Kontrolle und bohrte sich in den Grund.

Das Wissen, daß das Flugzeug bei zu hoher Belastung auseinanderbrechen konnte, führte dazu, daß die Piloten sich scheuten, die He 162 bis an ihre Belastungsgrenzen heranzuführen. Und als Luftüberlegenheitsjäger hatte die He 162 auch durch ihre neuartige Auslegung – mit dem Triebwerkeinlauf direkt hinter und über der Kabine – einen schwerwiegenden Mangel: Man hatte dem Piloten wirkungsvoll die Sicht nach hinten genommen, wo sich in seiner 6-Uhr-Position Entscheidendes abspielen konnte. Im Einsatz hätte dies dazu geführt, daß die Piloten sich extrem verwundbar gefühlt hätten, wenn sie – aus welchen Gründen auch immer – ihre Geschwindigkeit auf deutlich weniger als 720 km/h hätten reduzieren müssen. Die andere grundlegende Schwäche der He 162 war ihre sehr kurze Flugzeit bei hohen Geschwindigkeiten: lediglich 30 Minuten in Seehöhe oder 48 Minuten in 6000 m Höhe – und das ohne jegliche Reserve für den Fall, daß ein anderer Flugplatz angeflogen werden mußte. Etliche He 162 gingen nur deswegen verloren, weil ihre Piloten sie nicht auf den Boden zurückbrachten, bevor der Kraftstoff zu Ende ging.

Einige der bisherigen Berichte über die He 162 haben das Vorhaben von Göring und anderen Männern seiner Umgebung zu sehr hervorgehoben, Piloten mit minimaler Flugerfahrung auf der He 162 in den Kampf zu schicken: Natürlich war das eine abstruse Idee, die sich auch sicherlich nicht hätte verwirklichen lassen – aber das kann man weder dem Flugzeug noch seinen Konstrukteuren anlasten. In den Händen nur halb ausgebildeter Piloten wäre die He 162 sicherlich zur Todesfalle geworden – dasselbe gilt übrigens für jedes Jagdflugzeug, das den neuesten Stand der Technik widerspiegelt. Als die He 162 zum Einsatz kam, hatte sie naturgemäß noch etliche Schwächen, die abzustellen gewesen wären. Trotz allem aber, und trotz der Mängel ihrer neuartigen Auslegung – in den Händen erfahrener Piloten wäre sie ein schlagkräftiges Jagdflugzeug gewesen: Hätte der Krieg noch länger gedauert, hätte die He 162 sich mit Sicherheit einen Namen als ernstzunehmender Gegner gemacht.

HEINKEL 162 A-2

Antrieb:
Ein Axial-TL-Triebwerk des Typs BMW 003 mit 920 kp Standschub.

Bewaffnung:
Zwei 20-mm-Kanonen des Typs Mauser MG 151 mit je 120 Schuß Munition.

Leistungsdaten:
Höchstgeschwindigkeit in Seehöhe 890 km/h, in 6000 m Höhe 905 km/h. Reichweite in Seehöhe 390 km, in größerer Höhe 615 km. Anfängliche Steigleistung 1152 m/min.

Gewicht:
Leermasse 1755 kg, Startmasse 2800 kg.

Abmessungen:
Spannweite 7,20 m, Länge 9,05 m, tragende Fläche 11,2 m².

Nach dem Krieg wurden erbeutete He 162 von Piloten der verschiedenen Siegermächte bewertet. Diese Maschine wurde im Erprobungszentrum der französischen Luftwaffe in Mont de Marsan eingehend begutachtet. ►

1 Staurohr
2 Spanlos verformte Holz-Bugkappe
3 Bugrad-Einfahrmechanismus
4 Federbetätigter Bugrad-Ausfahrmechanismus
5 Federbein-Spurgelenk
6 Bugrad
7 Bugradgabel
8 Bugrad-Federbein
9 Bugradklappe
10 Bordkanonen-Mündungsschacht
11 Bugfahrwerkschacht
12 Seitenruderpedal
13 Sichtfenster für visuelle Überprüfung des Bugfahrwerks
14 Hölzernes Instrumentenbrett
15 Einteilige Frontscheibe aus Preßglas
16 Reflexvisier 16 G (austauschbar mit 16 B)
17 Abwerfbare Kabinenhaube, hinten angeschlagen
18 Frischluftzufuhr
19 Heinkel-Schleudersitz mit Treibladung
20 Betätigungsgriff für Schleudersitz
21 Triebwerk-Schubhebel
22 Einziehbare Fußstütze
23 Bordwaffen-Ummantelung in der Kabinenwand
24 Linke 20-mm-Bordwaffe MG 151
25 Munitionszuführung
26 Haupt-Sauerstoffflasche (2 l)
27 Führungsschiene für Schleudersitz
28 Kopfstütze für Flugzeugführer
29 Scharnier der Kabinenhaube
30 Munitionsbehälter (120 Schuß pro MG 151)
31 Selbstabdichtender Hauptkraftstofftank (695 l)
32 Kraftstoffleitungen
33 Freund-Feind-Kennung FuG 25 A
34 Tragflächenbeplankung aus Buchenholz
35 Triebwerkeinlauf
36 Riedel-Zweitakt-Anlassermotor im Einlaufkegel
37 Öltank
38 Axial-TL-Triebwerk BMW 003 E-1 Sturm
39 Kraftstofftank für Riedelanlasser
40 Siebenstufiger Axialverdichter
41 Ringpeilantenne für Sprechfunkgerät FuG 24
42 Ringbrennkammer
43 Schubdüsen-Heckkonus
44 Schubdüse
45 Abgasverkleidung
46 Hitzebeständige Rumpfverkleidung
47 Rechte Leichtmetall-Höhenflosse
48 Rechte Funksprech-Empfangsantenne in der Seitenflosse
49 Rechtes Seitenruder
50 Seitenruder-Trimmklappe
51 Rechtes Höhenruder
52 Höhenruder-Trimmklappe
53 Heckkonus (von +3° bis -2° verstellbar)
54 Linke Höhenflossenstruktur
55 Linke Höhenruderstruktur
56 Seitenruder Befestigungspunkt

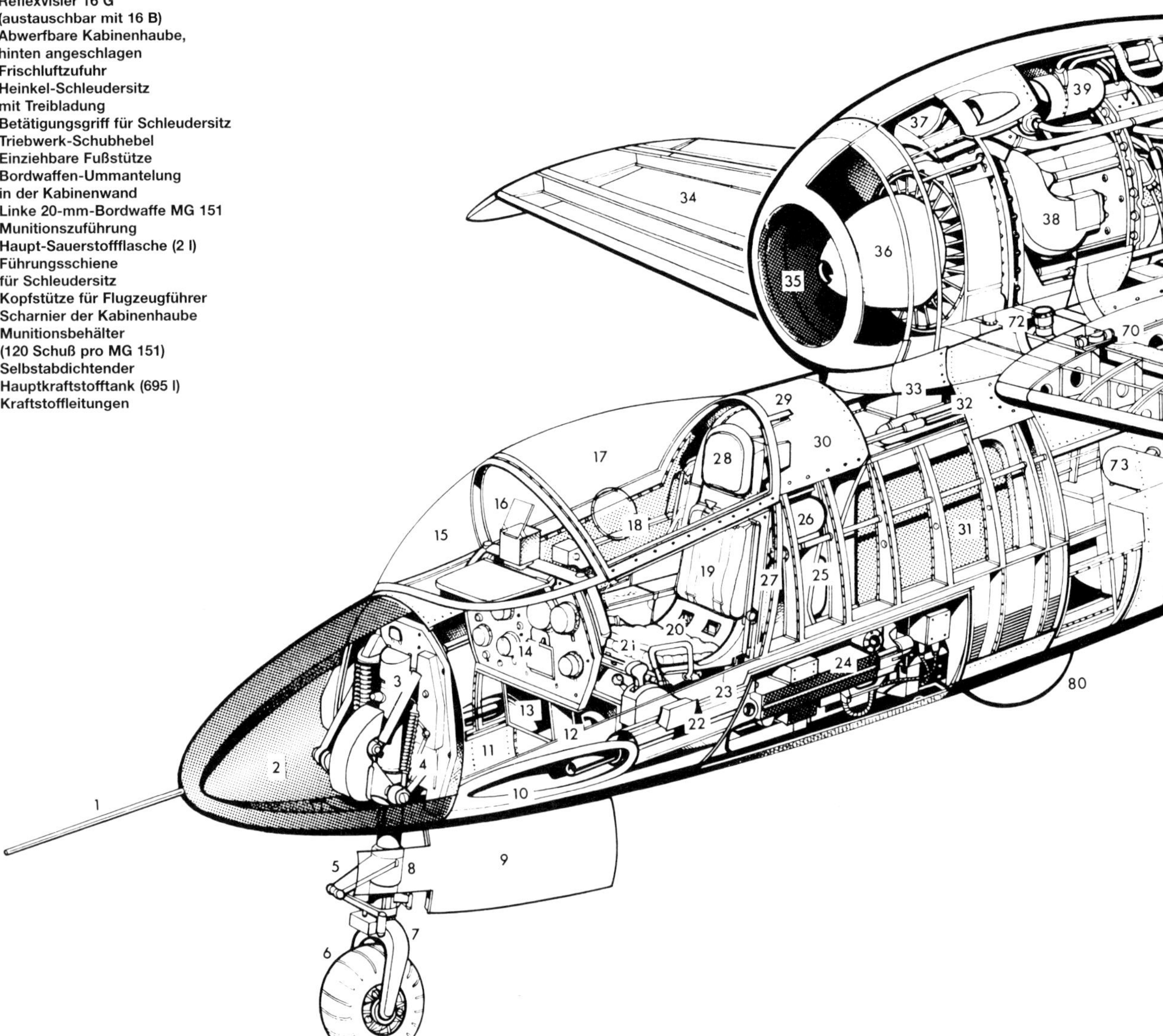

57 Linke Seitenflossen-Endkappen (mit FuG-24-Sende- und FuG-25-A-Antennen)
58 Hecksporn
59 Dural-Rumpfbeplankung
60 Rumpfstruktur in Schalenbauweise
61 Steuerzüge
62 Nach unten gezogene Flächenwurzel-Verkleidung
63 Hydraulisch betätigte Klappen
64 Linkes Querruder

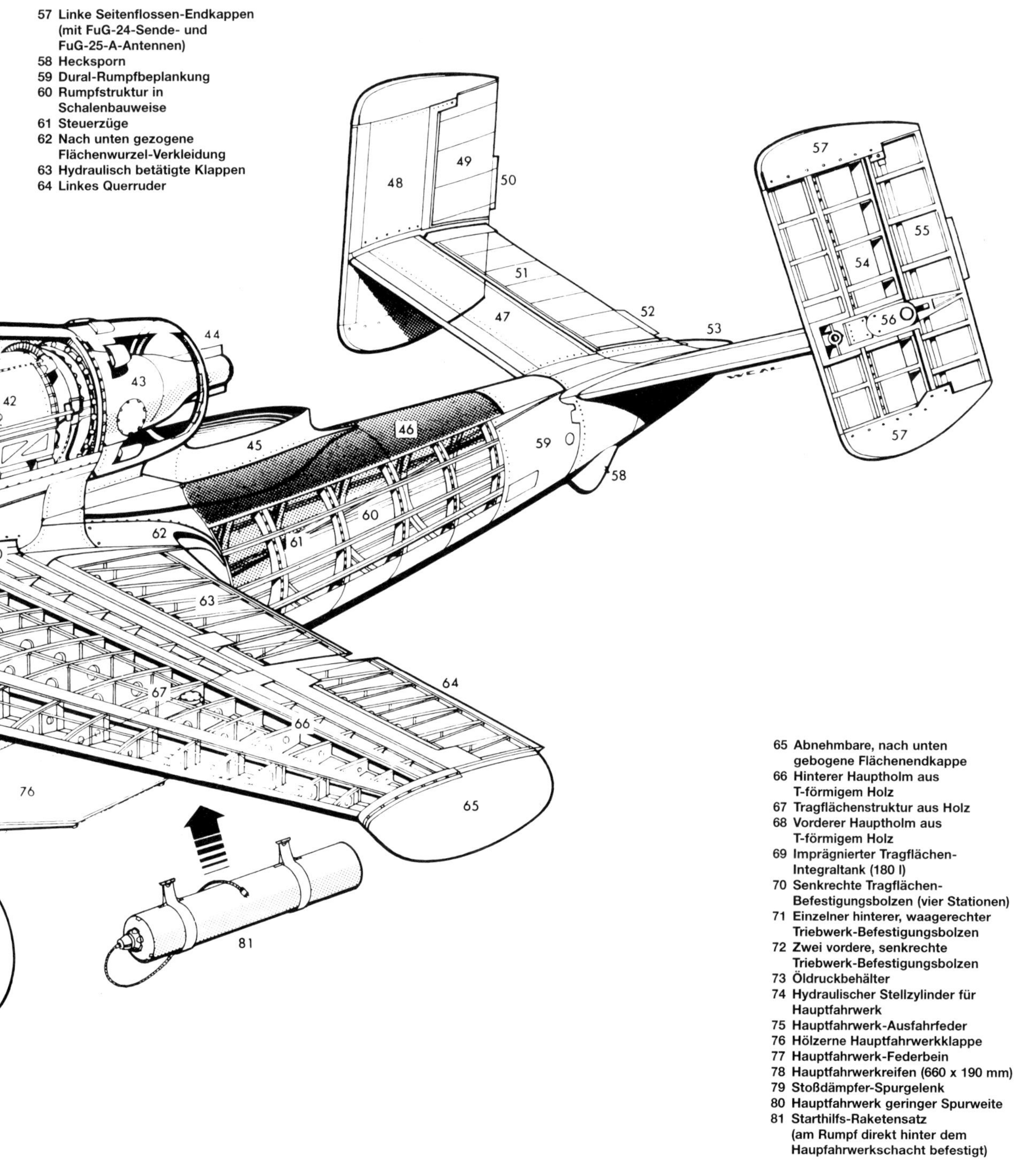

65 Abnehmbare, nach unten gebogene Flächenendkappe
66 Hinterer Hauptholm aus T-förmigem Holz
67 Tragflächenstruktur aus Holz
68 Vorderer Hauptholm aus T-förmigem Holz
69 Imprägnierter Tragflächen-Integraltank (180 l)
70 Senkrechte Tragflächen-Befestigungsbolzen (vier Stationen)
71 Einzelner hinterer, waagerechter Triebwerk-Befestigungsbolzen
72 Zwei vordere, senkrechte Triebwerk-Befestigungsbolzen
73 Öldruckbehälter
74 Hydraulischer Stellzylinder für Hauptfahrwerk
75 Hauptfahrwerk-Ausfahrfeder
76 Hölzerne Hauptfahrwerkklappe
77 Hauptfahrwerk-Federbein
78 Hauptfahrwerkreifen (660 x 190 mm)
79 Stoßdämpfer-Spurgelenk
80 Hauptfahrwerk geringer Spurweite
81 Starthilfs-Raketensatz (am Rumpf direkt hinter dem Haupfahrwerkschacht befestigt)

Kapitel 7

Lockheed P-80 Shooting Star

Das erste in den USA gebaute Flugzeug mit Strahlantrieb, die Bell XP-59A Airacomet, absolvierte seinen Erstflug im Oktober 1942. Insgesamt wurden gut 70 Airacomet hergestellt, und die Serienflugzeuge wurden – als Jäger – mit einer 37-mm-Kanone und drei MG des Kalibers 12,7 mm bewaffnet. Die Höchstgeschwindigkeit dieses Flugzeugs lag jedoch nur bei enttäuschenden 660 km/h – damit war es langsamer als die neuesten kolbengetriebenen Jäger, die damals im Einsatz standen. Obwohl sie sich für den Kampfeinsatz nicht eignete, verhalf die P-59A der amerikanischen Industrie und der US Army Air Force (USAAF) zu wertvollen Erfahrungen in der Fertigung und im Einsatz von Flugzeugen mit Strahlantrieb.

Nachdem feststand, daß die P-59A nicht gegen den Feind eingesetzt werden konnte, sah sich die USAAF nach einem tauglicheren Jägertyp um. Im Mai 1943 wurde das Luftfahrtunternehmen Lockheed aufgefordert, einen Jäger zu entwerfen, der von dem neuen britischen Triebwerk Halford H.1 Goblin von de Havilland angetrieben werden sollte, das 1130 kp Schub entwickelte. Einen Monat später legte der Leiter der Abteilung Forschung von Lockheed, Clarence L. »Kelly« Johnson, den Konstruktionsentwurf für einen aerodynamisch gelungenen Tiefdecker vor, dessen Triebwerk im Rumpf untergebracht war. Diesem Entwurf wurde sofort zugestimmt, und das amerikanische Heer unterzeichnete einen Vertrag für den Prototyp dieses Strahljägers, der binnen 180 Tagen nach Vertragsabschluß fliegen sollte. Der Jäger – er trug die offizielle Bezeichnung XP-80 – sollte mit sechs MG des Kalibers 12,7 mm im Bug ausgerüstet werden.

Um den extrem engen Zeitplan einhalten zu können, bestand Johnson – erfolgreich – auf der Forderung, sich mit den 128 Mitarbeitern, die für dieses Projekt abgestellt worden waren, vom Rest des Unternehmens absondern zu können. Nur auf diese Weise, machte er geltend, könnten seine Leute sich voll entfalten, ohne von der schwerfälligen Bürokratie der Firma ständig behindert zu werden. Diese Maßnahme zahlte sich aus: Als das erste Goblin-Triebwerk Anfang November 1943 in Burbank eintraf, war die Zelle der XP-80 nahezu fertig. Das Triebwerk wurde umgehend eingebaut, und bald war der neue Jäger montiert. Dann wurde der Prototyp wieder auseinandergenommen und auf einen Lastwagen verladen: Unter Planen versteckt und von bewaffneten Sicherheitskräften begleitet wurde das neuartige Flugzeug zum Fliegerhorst Muroc in Kaliforniens Mojave-Wüste geschafft, wo es – unter Ausschluß der Öffentlichkeit – einer Flugerprobung unterzogen werden sollte.

Nachdem sie in Muroc wieder zusammengebaut war, begann die XP-80 mit Rollversuchen – mehr als einen Monat vor dem vertraglich festgelegten Erstflug des Jägers. Dann allerdings, nachdem das ehrgeizige Projekt bisher ausnehmend glatt vorangekommen war, erlitt es einen deutlichen Rückschlag: Bei einem der letzten Probeläufe des Triebwerks vor dem Erstflug, der mit Vollast durchgeführt wurde, zerlegte sich einer der beiden Triebwerk-Einlaufschächte – Johnson hatte die Sogwirkung, die in einem derartig langen Einlaufschacht auftreten kann, wenn das Triebwerk mit Vollschub läuft, schlichtweg unterschätzt. Metallteile des Einlaufschachts wurden dabei in den Verdichter des Triebwerks gesaugt, wo sie er-

heblichen Schaden anrichteten: Ein Triebwerkwechsel war unerläßlich. Es dauerte länger als einen Monat, bis ein Ersatztriebwerk aus Großbritannien eintraf – in dieser Zeit bekam die XP-80 modifizierte und verstärkte Einlaufschächte.
Mehr als sieben Wochen vergingen, bis die XP-80 wieder startklar war. Sie trug jetzt den Spitznamen *Lulu-Belle* und war in attraktivem Grün und Grau lackiert. Als Milo Burcham sich am Morgen des 8. Januar 1944 auf den Start vorbereitete, gab Kelly Johnson seinem Cheftestpiloten den einfachen Rat: »Flieg' sie, Milo, und behandle sie gut ... finde raus, ob sie eine Dame ist – oder eine Hexe.« Burcham schwang sich mit dem Prototyp in die Luft und begann seinen Steigflug. Dann ging er in den Horizontalflug über, drehte auf den Flugplatz ein und landete unverzüglich. Als das Flugzeug zum Vorfeld zurückrollte, machten sich Sorgen breit, es könne vielleicht irgendwelche Steuerprobleme gehabt haben. Burcham berichtete den Zuschauern, daß er so schnell zurückgekehrt sei, weil er das Fahrwerk nicht einziehen konnte – später sickerte allerdings durch, daß er den neuen Sicherheitsriegel am Fahrwerk-Einziehhebel nicht betätigt hatte. Der Testpilot berichtete darüber hinaus, daß die hydraulisch kraftverstärkten Querruder des Jägers viel empfindlicher ansprächen als erwartet – Johnson jedoch versicherte ihm, sie funktionierten ganz normal.
Burcham ließ das Triebwerk wieder an, startete erneut und stieg auf Höhe – und für eine Weile war er den Blicken der Zuschauer am Boden entzogen. Als er dann wieder zu sehen war, raste er mit 760 km/h im Tiefflug über den ausgetrockneten See, und als er an den überwältigten Zuschauern vorbeidonnerte, flog er eine Reihe gerissener Rollen. Eine derartig gewagte Flugvorführung mit einem Prototyp bei einem seiner ersten Flüge würde man heute mißbilligen – in den vierziger Jahren allerdings war das bei Testflügen nichts Außergewöhnliches. Burcham kehrte dann zum Platz zurück und machte eine normale Landung – und er ließ auch keinen Zweifel daran, daß die XP-80 in seinen Augen ein »Flugzeug für Piloten« war.
Allis-Chalmers – die Firma, die das H.1 Goblin unter Lizenz bauen sollte – hatte allerdings große Schwierigkeiten, das Triebwerk in Serienpro-

***Lulu-Belle*, Prototyp der Lockheed XP-80, mit Lockheed-Testpilot Tony LeVier im Cockpit.**

duktion herzustellen, und so erlitt das Projekt Verzögerungen. In der Zwischenzeit aber hatte das neue I-40-Triebwerk von General Electric beeindruckende 1745 kp Schub entwickelt – etwa die Hälfte mehr als das Goblin. Daraufhin gab das US-Heer im Februar 1944 einen Zusatz zu seinem früheren Vertrag heraus, der den Bau von zwei Zellen des Typs XP-80A forderte, die das größere und schwerere neue Triebwerk aufnehmen konnten. Nur gut eine Woche später stimmte das Heer dem Bau von 13 YP-80A-Vorserienflugzeugen zu, und wiederum eine Woche später bestellte die Teilstreitkraft 500 Jäger des Typs P-80A.

Währenddessen wurde die intensive Flugerprobung der *Lulu-Belle* fortgesetzt. Auf Empfehlungen von Lockheed und von Testpiloten der Streitkräfte wurde jedoch die Empfindlichkeit der Querruder des Jägers herabgesetzt. Man stellte fest, daß die XP-80 selbst in Höhen von bis zu 12.000 m recht gut zu steuern war, und sie war dann auch das erste amerikanische Flugzeug, das im Horizontalflug 800 km/h überschritt: Ihre Höchstgeschwindigkeit betrug 803,2 km/h in 6250 m.

Im Juni 1944 wurde die erste XP-80A mit I-40-Triebwerk an Muroc ausgeliefert; wegen ihrer glänzend grauen Lackierung wurde sie *Grey Ghost* genannt. Wieder hatte sich Johnson mit seiner Gruppe zurückgezogen und einen Coup gelandet: Das erheblich überarbeitete Flugzeug war bereits 139 Tage nach Unterzeichnung des

Nach dem Tod von Milo Burcham wurde Anthony W. »Tony« LeVier Cheftestpilot des Unternehmens und übernahm das P-80-Erprobungsprogramm. Hier steigt er in den zweiten Prototyp der XP-80A, die *Silver Ghost*. Der damalige Pilotenhelm sieht ungewohnt aus.

Kelly Johnson, der hervorragende Konstrukteur und Leiter des P-80-Teams (links), und Hal Hibberd, Technischer Leiter von Lockheed.

Vertrags über den Einbau des neuen Triebwerks startklar. Obwohl es der XP-80 auf den ersten Blick hin stark ähnelte, war die XP-80A jedoch insgesamt um einiges größer. Die maximale Abflugmasse der XP-80A lag bei 6250 kg, womit sie etwa 2040 kg schwerer war als die *Lulu-Belle*. Um das viel größere Triebwerk aufnehmen zu können, war die innere Struktur des Hinterrumpfs der XP-80A völlig überarbeitet und um 46 cm verlängert worden. Zur Anpassung an das höhere Gewicht hatte man die tragende Fläche vergrößert, und auch die Spannweite war um 57 cm verlängert worden. Um nach all diesen Veränderungen die Längsstabilität wiederherzustellen, hatte das Leitwerk eine größere Seitenflosse mit abgerundeter Spitze bekommen.

Testpilot Anthony W. »Tony« LeVier wurde für die Leitung der Flugerprobung der XP-80A sowie für deren Erstflug ausgewählt, und in Vorbereitung darauf wurde er in *Lulu-Belle* eingewiesen. Er erinnerte sich sehr gern an dieses Flugzeug und nannte den Einweisungsflug:

»... den vergnüglichsten meiner gesamten Fliegerlaufbahn. Das Flugzeug lag hervorragend in der Hand – und die Geschwindigkeit betrug im Horizontalflug mehr als 800 km/h ... Die XP-80 war wirklich ein mitreißendes kleines Flugzeug. Und das Halford-Triebwerk war zwar noch etwas schwach, aber trotzdem schon recht gut ausgereift.«

Obwohl sie so aussah wie ihre Vorgängerin, war die XP-80A nicht ganz so einfach zu fliegen. Als der neue Jäger am 10. Juni 1944 erstmals abhob, brauchte das I-40 noch viel Entwicklungsarbeit,

Im Zuge der Operation »Extraversion« verschiffte die USAAF Ende 1944 vier Vorserien-YP-80A nach Europa: zwei nach Großbritannien und zwei nach Italien. Die Flugzeuge durften nicht im Kampf eingesetzt werden – ihre Hauptaufgabe war es, den US-Piloten zu zeigen, daß die Antwort auf die deutschen Strahlflugzeuge nicht mehr lange auf sich warten lassen werde. Dies sollte ihre Moral festigen. Hier fliegen zwei YP-80A Anfang 1945 am Vesuv entlang.

um es zu einem zuverlässigen Triebwerk zu machen. LeVier dazu später:

»Nachdem ich den Schubhebel betätigt und die üblichen kurzen Roll- und Bremsversuche unternommen hatte, war mir vollkommen klar, daß dieses Flugzeug viel schwerer war [als die XP-80], und ich machte mir Sorgen, ob der Vogel bei der [vom Hersteller verlangten] reduzierten Triebwerkleistung und der hohen Außentemperatur überhaupt abheben würde. Normalerweise hätte ich ja die riesige Weite des trockenen Seebettes ausgenutzt – aber dieses Flugzeug brauchte eine glattere Oberfläche, das war mir klar. Ich entschied mich für die nördliche Startbahn [von Muroc], die von West nach Ost leicht bergab verlief und am Seebett leicht anstieg: Das würde uns im Notfall noch etwas zusätzliche Sicherheit bieten ...«

Aber selbst mit dieser Hilfestellung war *Grey Ghost* nur schwer zu bewegen, vom Boden abzuheben. LeVier fuhr fort:

»Ich hatte gedacht, der Vogel würde sich beim Start genauso fügsam wie die XP-80 verhalten, aber plötzlich wurde er bockig und störrisch und neigte dazu, die Nase zu hoch anzuheben – und ich hüpfte, sprang und tanzte die Startbahn entlang. Als ich dann endlich in der Luft war, mußte ich feststellen, daß dieses Flugzeug nicht nur in den Nickbewegungen instabil war, sondern im Cockpit auch eine fast unerträgliche Hitze herrschte... Als ich nach dem Abheben den Schub zurücknahm, wollte die Maschine kaum beschleunigen, und es dauerte mehrere Minuten, bevor ich so viel Fahrt drauf hatte, daß ich den Steigflug beginnen konnte. Nachdem ich mich über dem ausgetrockneten Muroc-See auf 3000 m hochgehungert hatte, fuhr ich damit fort, die Liste der zu überprüfenden Punkte auf dem Brett auf meinen Knien abzuhaken. Als ich dabei dann die Klappen ausfuhr, legte sich das Flugzeug auf den Rücken. Da ich diese Situation – nur eine Klappe war ausgefahren – nicht korrigieren konnte, sagte ich mir: »Vergiß es – Du bist unten, bevor die Sache noch komplizierter wird!« Ich machte einen schnellen und flachen Landeanflug, wobei ich den Knüppel fast völlig nach rechts gedrückt hielt, und landete sicher auf dem Seebett. Ich war ganz schön enttäuscht: Unsere XP-80, das kleine Juwel, hatte sich in eine Kanaille verwandelt.«

Einige dieser Probleme waren bereits wenige Tage später, als LeVier das Flugzeug zum zweiten Mal flog, abgestellt: Die Stabilität um die Querachse hatte man durch Ballast im Bug leicht verbessert, und General Electric hatte die Beschränkung des Höchstschubs beim Start lockern können, was die Leistungen des Flugzeugs deutlich verbesserte. Aber noch immer war das Flugzeug für Überraschungen gut, wie LeVier erleben mußte:

»Im Sinkflug trat plötzlich – ohne Vorwarnung – ein lautes rumpelndes und mahlendes Geräusch auf, das von irgendwo hinter dem Cockpit zu kommen schien, begleitet von einer schnellen und unkontrollierbaren Gierschwingung des Flugzeugs. Ich vermutete, daß das Triebwerk seine Selbstvernichtung einleitete, zog die Maschine sofort hoch und bereitete mich auf den Ausstieg vor! Als da-

Eines der ersten Serienflugzeuge der P-80A Shooting Star; es trägt die hellgraue Tarnfarbe, die damals Standard für diese Maschinen war. Im März 1945 – nur 21 Monate nach Beginn der Konstruktionsarbeiten – lief die Massenproduktion des Jägers auf vollen Touren.

Eine der ersten Serien-P-80A im kanadischen Edmonton. Die Erprobung unter arktischen Bedingungen lief im November 1944 in Ladd Field bei Fairbanks in Alaska. In den Einläufen erkennt man die Grenzschicht-Trennbleche, eine Modifikation, die die turbulente Luft ableitete und so das Problem des »Schachtrumpelns« löste.

bei jedoch die Geschwindigkeit abnahm, ging das Gerumpel im Triebwerkschacht wieder in das vertraute Summen über. Mit unterdrückter Sorge, aber dem Anschein äußerster Gelassenheit landete ich dann und meldete die neue Erscheinung. Nach sorgfältiger Analyse aller Daten, in die auch die Angaben des furchtlosen Piloten einbezogen wurden, wurde das Rumpeln im Triebwerkschacht als »Schachtrumpeln« identifiziert – ein völlig neues und störendes, aber keineswegs gefährliches Phänomen. Es wird durch Strömungsablösungen im Einlaufschacht verursacht, die zu einem »Orgelpfeifeneffekt« führen. Und die Gierbewegungen rühren von einem wechselnden und gegenläufigen Luftstrom im Triebwerkschacht her.
Beim dritten Erprobungsflug ging es darum, die Höchstgeschwindigkeit festzustellen. Nachdem – wie sie mir sagten – alle Mängel behoben waren, startete ich und stieg auf 3000 m Höhe. Ich durfte das Triebwerk jetzt hart rannehmen und setzte es bei 11.500 U/min auf Vollschub. Ich ging von Lancaster aus auf Ostkurs in Richtung Antelope Valley und hatte den Schubhebel voll an der Wand – und binnen Minuten mußte ich den Flug abbrechen: Die Hitze, die ins Cockpit strömte, war derart sengend, daß ich weder nach dem Schubhebel noch nach dem Steuerknüppel greifen konnte. Ich stupste Hebel wie Knüppel vorsichtig zurück und wurde daraufhin langsamer, so daß ich das Kabinendach nach hinten kurbeln und kühlere Luft hereinlassen konnte. Ich war klatschnaß geschwitzt, fühlte mich aber insgesamt erstaunlich gut – bis auf meinen linken Unterarm, an dem sich später Blasen bildeten.
Als Fehlerquelle machten wir ein defektes Kabinendruckventil ausfindig, das 160 °C heiße Luft auf der linken Seite ins Cockpit blies – es grenzt an ein Wunder, daß ich nicht gegrillt wurde. Die durchschnittliche Temperatur im Cockpit lag bei 85 °C – genau wie in einer Sauna.
Wir versuchten den Hochgeschwindigkeitsflug dann mit besseren Erfolgschancen noch einmal und erreichten mehr als 900 km/h, was für den vierten Flug – nach all den vorausgegangenen Schwierigkeiten – ausgesprochen gut war ... Begeistert von unserem ersten wirklichen Rekord schwang ich nach links weg und nahm Kurs auf den Platz. Ich hatte fast allen Kraftstoff verbraucht und achtete nicht auf die Geschwindigkeit, als ich plötzlich eine sehr hochfrequentes Vibrieren spürte. Aufgeschreckt schaute ich nach links und glaubte, das Querruder flattern zu sehen. Ich nahm den Schub zurück und fuhr die Bremsklappen aus, um langsamer zu werden – und das Flattern hörte tatsächlich auf: Damit ging auch mein Puls auf normale Werte zurück.

Eine spätere Analyse belegte, daß das kein Flattern war, sondern ein weiteres brandneues Phänomen, das sie »Brummen« nannten: Es trat auf, wenn das Flugzeug die kritische Machzahl erreichte – die dann auftretenden Verdichtungsstöße ließen die Querruder brummen.«

Zweifellos mußte man noch viel Erfahrung mit dem neuen Jäger sammeln, bevor seine hohe Geschwindigkeit unter Einsatzbedingungen genutzt werden konnte.

Um diese Zeit nahm der amerikanische Nachrichtendienst an, daß die deutsche Luftwaffe ihre strahlgetriebenen Jäger in Kürze in hoher Zahl einsetzen werde. Um herauszufinden, wie man dieser Bedrohung am besten entgegentreten könne, führte die USAAF Ende Juli 1944 eine viertägige Übung über Muroc durch: Die Angreifer bestanden aus einer Formation B-24 Liberator mit P-38, P-47 und P-51 als Begleitschutz; die Verteidiger umfaßten P-59A Airacomet, XP-80 und XP-80A. Die Auswertung ergab, daß man feindliche Strahljäger am besten daran hindern konnte, zu den Bombern durchzubrechen, wenn man ihnen Strahljäger als Begleitschutz mitgab. War das nicht möglich, so war es für kolbengetriebene Begleitjäger die beste Taktik, in großer und sehr flexibler Formation in der Nähe der Bomber zu fliegen: Das würde die feindlichen Strahljäger dazu zwingen, mit hoher Geschwindigkeit im Sturzflug zu den Bombern vorzustoßen, wobei die hohe Annäherungsgeschwindigkeit ihnen nur ungenaues Zielen und kurze Feuerstöße erlauben würde.

Die zweite XP-80A – mit dem Spitznamen *Silver Ghost*, da sie in blankem Aluminium belassen wurde – flog erstmalig im August 1944. Da sie ursprünglich als Erprobungsträger für Triebwerke dienen sollte, hatte sie anstelle des hinteren Kraftstofftanks einen zweiten Sitz, auf dem ein Testingenieur mitfliegen konnte: Der erlaubte es auch Kelly Johnson, mit seiner Schöpfung zu fliegen, und zum ersten Mal hörte auch er das mysteriöse orgelhafte Schachtrumpeln.

Kelly erkannte sofort die Ursache dieses Phänomens und schuf Abhilfe, indem er im Einlauf Grenzschicht-Trennbleche anbrachte, die diese energiearme laminare Luftschicht abführten. Und ein weiteres Problem der XP-80A – das Querruderbrummen – wurde zumindest teilweise behoben, indem man die Spannkraft der Querruder-Seilzüge erhöhte.

Bei einer Triebwerk-Beschleunigungsprüfung mit der *Silver Ghost* in 12.000 m Höhe erlebte LeVier – mit einem Ingenieur an Bord – einen Flammabriß. Und als er dann zur Landung mit stehendem Triebwerk auf Muroc eindrehte, fielen auch der Bordstrom aus und kurz darauf die Hydraulikanlage, bevor er noch das Fahrwerk ausfahren konnte. Zum Glück konnte sich der Ingenieur nach vorne durchquetschen und den Hebel der Hydraulik-Handpumpe betätigen: Das Fahrwerk rastete genau in dem Moment ein, als LeVier zur Landung ausschwebte.

Wie die Triebwerke anderer Nationen mußten auch die ersten amerikanischen Strahltriebwerke sehr vorsichtig bedient werden. LeVier schrieb dazu:

»Diese ersten Kraftstoffregler waren noch sehr unterentwickelt – nur äußerst vorsichtiges Betätigen des Schubhebels konnte verhindern, daß sich der heiße Triebwerkteil in eine funkensprühende und weißglühende Metallmasse verwandelte. Schnelle Bewegungen mit dem Schubhebel waren strengstens untersagt. Das Anlassen eines Triebwerks am Boden war so schwierig, daß nur ausgewähltes Personal hierfür herangezogen wurde. Wenn das Triebwerk in Brand geriet, mußte man den Hebel zwischen »Leerlauf« und »Aus« halten, um zu verhindern, daß sechs Meter lange Flammen aus der Schubdüse schossen. Und die Turbinen-Einlauftemperatur konnte im Handumdrehen nach oben schnellen.«

Mittlerweile waren amerikanische Kampfflugzeuge über Europa im Einsatz sowohl auf Messerschmitt Me 163 als auch auf Me 262 gestoßen. Da sie die Probleme der deutschen Piloten nicht kennen konnten, fühlten sich die amerikanischen Jagdflieger dem Gegner nunmehr technisch unterlegen. Ihr Ruf nach einem Flugzeug vergleichbarer Leistungen verstärkte den Druck, die P-80 – trotz ihrer Mängel – so schnell wie möglich zum Einsatz zu bringen.

Im September 1944 absolvierte die YP-80A ihren Erstflug, und in den darauffolgenden Wochen stießen noch weitere Flugzeuge zur Flugerprobung. Dann aber – am 20. Oktober 1944 – kam

Milo Burcham in der dritten YP-80A ums Leben, als sie nach einem Triebwerkausfall beim Start in Burbank abstürzte. Ursache dieses Flugunfalls war eine gebrochene Antriebswelle der Kraftstoffpumpe, die – zusammen mit einem ausgefallenen Drehzahlregler – zum Flammabriß des Triebwerks geführt hatte. Um eine Wiederholung dieses Unfalls zu verhindern, wurden alle Flugzeuge der Serienfertigung mit einer elektrischen Ersatz-Kraftstoffpumpe ausgestattet, die im Notfall einsprang. Tony LeVier ersetzte Milo Burcham als Cheftestpilot – und die Flugerprobung ging weiter.

Noch immer wurde darauf gedrängt, den Strahljäger auf den Kriegsschauplätzen zum Einsatz zu bringen – auch wenn seine Fähigkeiten noch zu wünschen übrig ließen. Ende 1944 führte die USAAF die Operation »Extraversion« (Weltoffenheit) durch: Vier der YP-80A wurden mit Bodenpersonal, Ersatzteilen und Gerät nach Europa verschifft. Zwei dieser Strahljäger sollten in Großbritannien stationiert werden und zwei in Italien. Die Flugzeuge durften nicht im Kampf eingesetzt werden – ihre Aufgabe war es, Übungsflüge durchzuführen und den amerikanischen Jäger- und Bomberpiloten die optimalen Taktiken beizubringen, die man gegen deutsche Strahlflugzeuge anwenden konnte. Ein wichtiges – aber unausgesprochenes – Ziel dieser Übungen war zudem, die Moral der amerikanischen Besatzungen zu festigen, indem man ihnen zeigte, daß auch die USAAF einen Strahljäger im Einsatz hatte und der technische Vorsprung, den der Feind derzeit noch genoß, in Kürze gegenstandslos sein werde.

Die YP-80A wurden im Dezember nach Europa verschifft. Ende Januar 1945 war die erste wieder montiert worden und flog über Großbritannien. Dann aber – bei einem Erprobungsflug am 28. Januar – zerbrach eine der YP-80A in der Luft, und ihr Pilot kam dabei ums Leben. Als Ursache für diesen Flugunfall stellte man ein Versagen der Befestigung der Schubdüse am Heckkonus fest. Die drei verbliebenen YP-80A setzten danach aber trotzdem ihre Übungsflüge über Großbritannien, Frankreich und Italien fort, bis der Krieg in Europa zu Ende war.

Diese frühe P-80A-1 trägt – im Lockheed-Stil – ihre Bezeichnung am Bug; im Einlauf erkennt man das Grenzschicht-Trennblech. An der linken Tragflächenspitze trägt sie ein langes Staurohr.

Ebenfalls in der letzten Januarwoche – und trotz der vielen ungelösten Probleme mit diesem Flugzeug – forderte die USAAF Lockheed auf, eine erheblich größere Fertigungsrate der P-80A sicherzustellen: Die Forderung belief sich auf 1000 Jäger, die noch vor Ende 1946 ausgeliefert werden sollten. Die endgültige Forderung lag bei 5000 Flugzeugen, wobei noch 1946 eine Rate von 30 Flugzeugen pro Tag erreicht werden sollte. Um sich auf einen zweiten Hersteller abstützen zu können, wurde North American Aviation in das Programm aufgenommen und beauftragt, 1000 P-80N zu produzieren, und die Allison-Abteilung von General Motors hatte die I-40-Triebwerke dafür zu fertigen.

Zu der Zeit waren nur elf XP-80 und YP-80 startklar, und drei der letzteren waren in Europa – zu weit entfernt, um Modifizierungen erproben zu können, mit denen man Mängel an Serienflugzeugen abstellen wollte. Die erste Serien-P-80 flog im Februar 1945, und in den darauffolgenden Wochen stießen einige dieser Maschinen auch zum Erprobungsprogramm. Jetzt nahmen auch mehrere USAAF-Piloten an dem sich ständig erweiternden P-80-Programm teil und entlasteten die Lockheed-Piloten von der Arbeit umfangreicher Erprobungsflüge.

Am 20. März 1945 kam Tony LeVier bei einem Flug mit der ersten XP-80A, *Gray Ghost*, noch einmal mit knapper Not davon: Er war in 3000 m Höhe in den Horizontalflug übergegangen, um einen Höchstgeschwindigkeitsflug durchzuführen, bei dem ein modifizierter Einlaufschacht überprüft werden sollte, als sich das Flugzeug plötzlich schüttelte, die Nase scharf nach unten kippte und der Jäger dann völlig außer Kontrolle geriet. LeVier kämpfte sich aus dem Cockpit und rettete sich mit dem Fallschirm – aber er landete zu hart und erlitt Rückenverletzungen. Bei der Untersuchung des Wracks stellte sich heraus, daß sich der hintere Rumpf und das gesamte Leitwerk – also der gesamte Schwanz des Flugzeugs – vom Rest der Maschine gelöst hatten. Ursache dieses Vorfalls waren fehlerhafte Gußteile im Turbinenläufer, die bei hoher Drehzahl weggebrochen waren. Die hohen Zentrifugalkräfte hatten daraufhin überhitzte Metallteile mit hoher Geschwindigkeit in die umgebende Rumpfstruktur geschleudert und sie derart nachhaltig perforiert, daß sie in zwei Teile zerbrach. Später meinte LeVier zu diesem Vorfall: »Ich stelle offen und unverblümt fest: Für einen Aviatiker gibt es nichts Schlimmeres, als seinen Schwanz zu verlieren ...«

Nachdem die Wehrmacht im Mai 1945 kapituliert hatte, annullierte die US-Regierung den Vertrag mit North American Aviation über die Herstellung von P-80. Die beiden in Italien stationierten YP-80A wurden in die USA zurückgebracht, und die in Großbritannien verbliebene Maschine wurde Rolls-Royce überlassen, wo sie als fliegender Erprobungsträger für das neue Nene-Triebwerk dienen konnte.

Der Krieg im Pazifik hingegen dauerte an, und daher ließ der Druck nicht nach, die P-80 nun endlich zur Einsatzreife zu führen. Die 412. Jagdgruppe – der erste Strahljägerverband der USAAF, ausgerüstet mit Bell Airacomet – verlegte daraufhin nach Muroc und rüstete auf P-80 um. Im Juni wurde der Gruppe mitgeteilt, daß sie auf den pazifischen Kriegsschauplatz verlegt werde, sobald sie einsatzbereit sei. Eine der Staffeln der Gruppe bekam die Aufklärerversion der P-80A mit Kameras anstelle von Bordwaffen; sie trug die Bezeichnung F-14 (F für Fotoaufklärung).

Herstellung und Erprobung der P-80 waren inzwischen aber zu schnell zu weit vorangetrieben worden, und viele der Mängel des Flugzeugs hatten nicht die Aufmerksamkeit erhalten, die sie verdient hätten. Als jetzt immer mehr Flugzeuge zur Verfügung standen und sie von vielen Piloten unterschiedlicher Erfahrung geflogen wurden, war es nahezu unvermeidbar, daß die Unfälle sich häuften.

Am 1. Juli 1945 verunglückte eine Serien-P-80 beim Start wegen eines Fehlers des Piloten. Am 2. August explodierte eine YP-80A in der Luft und nahm den Piloten mit in den Tod. Und am 6. August – dem Tag, an dem die Atombombe über Hiroshima detonierte – kam Major Richard I. Bong, mit 40 Luftsiegen das führende Jagdflieger-As der USAAF, ums Leben, als das Triebwerk seiner P-80 kurz nach dem Start ausfiel und er mit seinem Flugzeug auf dem Boden aufschlug.

Diese P-80A-1 hat die Bremsklappen unter dem Rumpf ausgefahren.

Der Tod von Richard Bong – er kam schließlich zu einer Zeit, als das Kriegsende schon in Sicht war – versetzte dem P-80-Programm einen schweren Schlag: Bisher hatte man die Flugunfälle des neuen Jägers im Interesse der nationalen Sicherheit geheimhalten können, nun aber schossen sich die Medien darauf ein und verdammten es als Killer-Flugzeug. Die USAAF mußte ihr Flugzeug vor dem Kongreß verteidigen – und das zu einer Zeit, als die Mittel für fast jeden größeren Vertrag gnadenlos zusammengestrichen oder gänzlich versagt wurden. Es erhoben sich jetzt Stimmen, die eine Beschränkung der Haushaltsmittel für die Entwicklung dieses »gefährlichen« Flugzeugs forderten. In einem Telex an die für die Flugerprobung der P-80 Verantwortlichen stellte General Hap Arnold klar, was er forderte, wenn das Programm überhaupt weiterlaufen sollte: »... es wird keinen Unfall mehr geben. Ich wiederhole: Es wird keinen Unfall mehr geben.«

Nach dem Tod von Bong wurden alle P-80 mit Flugverbot belegt, bis detaillierte Untersuchungen eines jeden der 15 Unfälle, die sich mit Versuchs-, Vorserien- und Serienflugzeugen ereignet hatten, abgeschlossen waren. In acht Fällen war das Flugzeug völlig zerstört, in vier Fällen schwer und in drei Fällen leicht beschädigt worden. Bislang hatte das Programm sechs Piloten das Leben gekostet.

Anfang September 1945 wurde das Flugverbot für die P-80 teilweise wieder aufgehoben, obwohl die Flugunfalluntersuchungen noch nicht vollständig abgeschlossen waren. Nachdem jedes Flugzeug besonders sorgfältig überprüft worden war, wurde die Flugerprobung mit fünf Shooting Star wieder aufgenommen, die auf den neuesten Standard gebracht worden waren. Allerdings waren nur Flüge mit erfahrenen Piloten erlaubt, und sie durften nur innerhalb des erwiesenermaßen sicheren Flugleistungsbereichs der P-80 durchgeführt werden. Im September brachte es dann jedes der fünf Strahlflugzeuge auf mehr als 100 Flugstunden – und es gab dabei keine Flugunfälle. Allerdings hatte die Kapitulation Japans auch den Druck genommen, die P-80 – koste es, was es wolle – so schnell wie möglich in den Einsatz zu bringen. Da er nunmehr belegen konnte, daß der neue Strahljäger nicht von Natur aus gefährlich war, gelang es General Arnold, den Kongreß zu bewegen, das P-80-Programm am Leben zu lassen – allerdings wurde der Auftrag auf 917 Flugzeuge reduziert.

Die Ingenieure von Lockheed bemühten sich jetzt, auch die anderen Schwächen des Flugzeugs durch Modifikationen zu beseitigen. Die Flugbeschränkungen für den Strahljäger wurden daraufhin ganz aufgehoben – aber jetzt lief das Programm ja auch viel langsamer und mit erheblich mehr Sorgfalt als zuvor.

Bedauerlicherweise mußte die Ursache für den Flammabriß in Dick Bongs Triebwerk auf dasselbe Versagen zurückgeführt werden, das fast zehn Monate zuvor auch zum Tod von Milo Burcham geführt hatte: Versagen der Hauptkraftstoffpum-

Das Jagdflieger-As der USAAF, Major Richard Bong, in einer Lockheed P-38 Lightning, dem Typ, mit dem er seine 40 Luftsiege errang. Bong kam am 6. August 1945 in einer P-80A ums Leben, als direkt nach dem Start das Triebwerk ausfiel. Nach Bongs Tod erhielten alle P-80A Flugverbot, bis die Flugunfälle detailliert ausgewertet waren.

pe. Zwar war auch Bongs Maschine mit der Ersatzpumpe ausgerüstet gewesen, aber das Jagdflieger-As hatte vergessen, sie vor dem Start einzuschalten: Für diese Nachlässigkeit bezahlte er mit seinem Leben.

Die P-80 trat zum ersten Mal im September 1945 in der Öffentlichkeit auf, und General Arnold setzte eine Reihe spektakulärer Flugvorführungen an, um die überragenden Leistungen des Strahljägers im Bewußtsein der Öffentlichkeit zu verankern. Die erste davon war ein Hochgeschwindigkeitsflug von Küste zu Küste, an dem drei P-80A teilnehmen sollten. Dafür war jedes Flugzeug so umgerüstet worden, daß es insgesamt 9545 l Kraftstoff mitführen konnte – um die Hälfte mehr als die Standard-Jägerversion. Zwei der P-80A sollten unterwegs zum Tanken zwischenlanden, die dritte jedoch sollte versuchen, die Strecke nonstop zurückzulegen, und ihre Zusatztanks über der Wüste abwerfen, sobald sie leer waren. Am 26. Januar 1946 hob Oberst William Councill mit seiner vollgetankten P-80A vom Flugplatz Long Beach in Kalifornien ab. Mit Hilfe eines starken Rückenwinds schaffte er die 3925 km bis zum Heeresflugplatz La Guardia bei New York City in 4 Stunden und 13 Minuten und mit einer Durchschnittsgeschwindigkeit von 930 km/h. Und auch die beiden anderen P-80A, die durch die Zwischenlandung zum Tanken ja Zeit verloren hatten, brachen den bisherigen Rekord für einen Flug zwischen diesen beiden Punkten.

Hap Arnolds hochgestecktes Ziel für die P-80 war der absolute Geschwindigkeitsweltrekord, den damals mit 991 km/h noch die britische Gloster Meteor hielt. Die P-80R war für diese Aufgabe speziell hergerichtet worden: Sie war mit dem stärkeren J33-Triebwerk ausgerüstet und hatte eine flachere, stromlinienförmigere Kabinenhaube. Nach verschiedenen Fehlschlägen erreichte Oberst Al Boyd am 19. Juni 1947 bei vier Flügen über die Mojave-Wüste eine Durchschnittsgeschwindigkeit von 1003 km/h – damit hatte er zum ersten Mal seit 24 Jahren den begehrten Rekord für sein Land zurückgeholt.

Während die Leistungen der so oft modifizierten und für den Einsatz nicht freigegebenen Shooting

Die 412. Jagdgruppe wurde 1944 mit Bell P-59A Airacomet aufgestellt und war damit der erste Strahlflugzeugverband der USAAF; sie erhielt im Sommer 1945 auch als erster Verband P-80A. Die hier abgestellten Maschinen, 1946 aufgenommen, tragen Luftsiege, Bugbemalung und Führungsringe um den Rumpf. Bei Kriegsende wurden diese persönlichen Kennzeichen aber recht bald entfernt.

Die Aufklärerversion der P-80A trug keine Bordwaffen, sondern Kameras im umgebauten Bug. Zunächst hieß sie F-14A, später dann FP-80A. Ursprünglich war vorgesehen, eine Staffel dieser Aufklärer Ende 1945 zum pazifischen Kriegsschauplatz zu verlegen – das Ende des Zweiten Weltkriegs kam dem jedoch zuvor.

Star die Schlagzeilen der Zeitungen beherrschten, stellte sich bei einem Vergleich von erbeuteten Messerschmitt Me 262 und P-80 heraus, daß die P-80 im direkten Luftkampf mit der Me 262 das immerhin ältere deutsche Flugzeug nicht schlagen konnte. Der geheime Bericht über diesen Vergleich stellt unvoreingenommen fest:

»Trotz des Unterschieds im Gesamtgewicht von gut 900 kg (zugunsten der P-80) war die Me 262 der durchschnittlichen P-80 in Beschleunigung und Höchstgeschwindigkeit überlegen; in der Steigleistung waren beide annähernd gleich. Die Me 262 hat – was den Luftwiderstand anbetrifft – offensichtlich eine höhere kritische Machzahl als jeder derzeitige Jäger der USAAF.«

Die Shooting Star kam zu spät, um im Zweiten Weltkrieg noch in die Kämpfe einzugreifen – nach dem Krieg jedoch wurde sie der Standard-Strahljäger der neugeschaffenen US Air Force (USAF). Die Gesamtproduktion der P-80A belief sich auf 677 Flugzeuge, in denen auch 114 modifizierte FP-80A der unbewaffneten Luftbildaufklärungsrolle enthalten sind. Die nächste Version – die P-80B – hatte eine dünnere Tragfläche, einen Schleudersitz und eine stärkere Version des Triebwerks J33. Ihr folgte dann die endgültige Tagjägerversion, die verbesserte P-80C. Die Gesamtproduktion von Tagjäger- und Aufklärerversionen der P-80 belief sich auf 1717 Flugzeuge.
Die P-80C flog im Koreakrieg zahlreiche Kampfeinsätze, bei denen dann auch der erste Luftsieg eines Strahlflugzeugs über ein anderes Strahlflugzeug erzielt wurde, als eine P-80C eine MiG-15 abschoß. Sie blieb bei den Kampfverbänden bis 1954 im Einsatz.
Die Lockheed F-94 – ein zweisitziger Nacht- und Allwetterjäger mit Bordradar, der aus der P-80 weiterentwickelt wurde – bildete Anfang der fünfziger Jahre das Rückgrat des nordamerikanischen Luftverteidigungssystems. Viel dauerhafter – aber natürlich auch viel weniger spektakulär – war der Erfolg der zweisitzigen Schulungsversion dieses Jägers. Sie wurde zunächst TF-80 und später dann T-33 »T-Bird« genannt und blieb von 1948 bis 1959 in Serienherstellung. Die Gesamt-

produktion belief sich bei der Muttergesellschaft wie bei den Lizenznehmern in Kanada und Japan auf mehr als 6750 Flugzeuge. In den letzten 45 Jahren haben zahllose Militärpiloten in aller Welt ihre ersten Erfahrungen mit einem Strahlflugzeug im Cockpit einer »T-Bird« gesammelt – und manche werden das auch künftig noch tun, denn bei Drucklegung dieses Buches standen noch über 400 dieser Schulflugzeuge bei einem Dutzend Luftwaffen im Einsatz.

Die Serienherstellung der P-80 und all ihrer Nachfolgemodelle betrug, verteilt über 15 Jahre, insgesamt mehr als 9900 Flugzeuge, und damit ist sie eines der erfolgreichsten Strahlflugzeuge, die jemals gebaut wurden. Und die Tatsache, daß der Prototyp in weniger als 150 Tagen entworfen und gebaut wurde, belegt – wenn es denn überhaupt eines Beweises bedarf – das überragende Können Kelly Johnsons und seiner Mitarbeiter.

LOCKHEED P-80A SHOOTING STAR

Antrieb: Ein TL-Triebwerk des Typs General Electric I-40 (später J33) mit 1745 kp Schub.

Bewaffnung: Sechs M2-Maschinengewehre des Kalibers 12,7 mm von Colt Browning im Bug sowie Vorrichtungen für das Mitführen von zwei 450-kg-Bomben oder (ab dem 100. Flugzeug) zehn starren 12,7-cm-Raketen unter den Tragflächen.

Leistungsdaten: Höchstgeschwindigkeit in Seehöhe 890 km/h, in 12 000 m Höhe 790 km/h. Reichweite (mit zwei 625-l-Abwurftanks) 1760 km. Steigleistung auf 6000 m 5 min, 30 s. Dienstgipfelhöhe 13.500 m.

Gewicht: Leermasse 3590 kg, Startmasse 5300 kg.

Abmessungen: Spannweite 11,85 m, Länge 10,52 m, tragende Fläche 22 m².

Eine der ersten XFR-1 in der Nähe von San Diego: Sie trägt noch die kleine Seitenflosse der frühen Maschinen.

Nächste Seite:
Lockheeds Cheftestpilot Milo Burcham führte die erste Flugerprobung der P-80 durch. Burcham kam am 20. Oktober 1944 bei einem Erprobungsflug mit einer YP-80A ums Leben, als auf dem Flugplatz Burbank sein Triebwerk beim Start ausfiel. Hier sieht man ihn neben dem Jagdflugzeug P-38 Lightning, einer weiteren erfolgreichen Konstruktion von Kelly Johnson.

YIPPEE

Kapitel 8

Ryan FR-1 Fireball

Im Dezember 1942 begann sich die amerikanische Marine mit dem möglichen Einsatz strahlgetriebener Jäger von Flugzeugträgern aus zu befassen. Als dann aber die Testberichte über die ersten alliierten Versuchs-Strahlflugzeuge zur Verfügung standen, mußte die Abteilung Jagdflieger des Marinefliegeramts feststellen, daß es etliche ernsthafte Schwierigkeiten zu überwinden galt, bevor man diese Maschinen von Schiffsdecks aus einsetzen konnte: Die ersten Strahlflugzeuge beschleunigten zunächst nur träge (was lange Startrollstrecken bedeutete), landeten mit hohen Geschwindigkeiten (was lange Ausrollstrecken bedingte) und verbrauchten extrem viel Kraftstoff (was Reichweite und Flugdauer herabsetzte) – alles Eigenschaften, die sie als Trägerflugzeuge ungeeignet erscheinen ließen. Offensichtlich mußten Flugzeugträger, wenn sie Strahlflugzeuge mitführen wollten, viel längere Decks haben, stärkere Katapulte und vor allem viel mehr Flugkraftstoff in ihren Tanks (das allerdings erwies sich später als richtig).

Zu dieser Zeit war die amerikanische Marine in einen verbissen geführten Abnutzungskrieg verwickelt, der das Vordringen der Japaner im Pazifik aufhalten sollte – und das war natürlich die unpassendste Zeit, um Flugzeugträger, die im Einsatz standen oder im Bau waren, größeren

Testpiloten der Ryan Aeronautical Company in zwei XFR-1 über den Bergen von Südkalifornien mit zwei unterschiedlichen Versionen einer vergrößerten Seitenflosse. Schließlich wurde aber die kürzere der beiden – am Flugzeug im Vordergrund zu sehen – als Standardflosse übernommen.

Eine XFR-1 an Bord des Begleitflugzeugträgers USS *Charger*, aufgenommen während der ersten Decksversuche.

Umbauten zu unterziehen. Vor diesem Hintergrund entschied das Marinefliegeramt daher, mit einem Kompromiß in das Strahlzeitalter einzusteigen: mit einem Jäger mit doppeltem Antrieb – nämlich einem Kolbenmotor und einem Strahltriebwerk. Verglichen mit einem Flugzeug mit nur einem Strahltriebwerk, so wurde argumentiert, hätte eine derartige Maschine eine bessere Beschleunigung beim Start und auch bei der Landung, sollte sie einmal im letzten Moment abgebrochen werden müssen; zudem hätte das Flugzeug, wenn es das Triebwerk abstellte und nur mit dem Kolbenmotor flog, eine für einen Jäger brauchbare Reichweite und Flugdauer. Und mit beiden Antrieben auf Volllast wäre die Horizontalgeschwindigkeit dieses Flugzeugs vermutlich ebenso hoch wie die eines modernen kolbengetriebenen Flugzeugs, und in der Steigleistung wäre es wahrscheinlich sogar überlegen.

Also forderte das Marinefliegeramt von neun Luftfahrtunternehmen Angebote für einen einsitzigen leichten Jäger an, der von einem Kolbenmotor und einem Strahltriebwerk angetrieben wurde. Die Merkmale dieses Flugzeugs waren eine hohe Maximalgeschwindigkeit, eine verhältnismäßig geringe Landegeschwindigkeit, eine hohe Steigleistung, eine große Reichweite im Marschflug, eine ausnehmend gute Wendigkeit und die Fähigkeit, von den Decks kleiner Begleitflugzeugträger aus operieren zu können, die damals in hoher Zahl in Dienst gestellt wurden. Obwohl die Ryan Aeronautical Corporation bisher für die Marine nichts Bedeutenderes als ein Schulflugzeug gebaut hatte, war das Amt der Meinung, daß der

von ihr vorgelegte Modell-28-Jäger die besten Entwurfskompromisse auf die widersprüchlichen Forderungen bot.
Im Februar 1943 bestellte das Marinefliegeramt drei Prototypen des Modell-28-Jägers von Ryan sowie eine Zelle für statische Belastungsversuche. Das Experimentalflugzeug erhielt die offizielle Bezeichnung XFR-1 und sollte mit einem Kolbenmotor des Typs Wright Cyclone R-1820 ausgerüstet werden, einem Neun-Zylinder-Sternmotor, der (für einen Jäger nur bescheidene) 1300 PS aufbrachte, sowie mit einem I-16-Triebwerk von General Electric, das 725 kp Schub entwickelte. Außer der neuartigen Antriebauslegung war es das erste Trägerflugzeug mit widerstandsarmer Laminarprofil-Tragfläche und auch das erste, dessen Nieten an der gesamten Zelle versenkt waren. Zudem war es eines der ersten Trägerflugzeuge mit Dreipunkt-Fahrwerk und kraftbetriebenen klappbaren Tragflächen, die ein platzsparenderes Abstellen an Bord von Schiffen ermöglichten. Die Bewaffnung bestand aus vier 12,7-mm-MGs, und an Außenlaststationen unter den Tragflächen konnten zwei Bomben, zwei abwerfbare Kraftstofftanks oder vier Raketen mitgeführt werden. Um das Programm so schnell wie möglich anlaufen zu lassen, bestellte die Marine im Dezember 1943 einhundert Serien-FR-1 – bevor noch der erste Prototyp geflogen war.
Am 24. Juni 1944 startete Robert Kerlinger, Cheftestpilot von Ryan, mit der XFR-1, jetzt Fireball genannt, zum Erstflug, und zwar nur mit Hilfe des Kolbenmotors: Das Triebwerk von General Electric konnte noch nicht in das Flugzeug eingebaut werden, daher trug es Ballast an dessen Stelle. Wenige Wochen später jedoch war auch das I-16 eingebaut, und damit begann die Erprobung des Jägers mit dem Verbundantrieb. Die zweite XFR-1 stieß im September 1944 zum Erprobungsprogramm.
Anfangs führte die XFR-1 noch zwei verschiedene Kraftstoffarten für jeden Antriebstyp mit: Kraftstoff mit hoher Oktanzahl für den Kolbenmotor und Kerosin für das Strahltriebwerk. Diese unflexible Auslegung hätte allerdings im Einsatz ernsthafte Probleme verursachen können, weswegen man das Triebwerk schon zu Beginn der Erprobung so anpaßte, daß es ebenfalls mit hochoktanigem Kraftstoff lief; ab diesem Zeitpunkt benutzten beide Antriebe denselben Kraftstoff.
Der Präsident des Unternehmens, T. Claude Ryan, beschrieb die Leistungen der FR-1 Fireball so:

»Der vordere Motor leistet 1350 PS, was für normale Starts ausreicht, da die FR nicht mehr braucht als andere Flugzeuge ähnlicher Leistung und vergleichbaren Gewichts auch. Als Sicherheitsfaktor für den Fall eines Motorausfalls beim Start ist es allerdings von Vorteil, das Strahltriebwerk im Leerlauf mitlaufen zu lassen: Dann kann man es im Notfall nämlich auf Vollschub hochfahren. Der Motor des Typs Wright Cyclone R-1820 geht außerordentlich sparsam mit Kraftstoff um und gewährleistet im Marschflug eine maximale Reichweite. Er treibt einen schnell verstellbaren Dreiblattpropeller konstanter Drehzahl von Curtiss Electric. Ein stärkerer – und damit auch schwererer – Motor ist nicht erforderlich, da ja schließlich das Strahltriebwerk zur Verfügung steht, wenn der Pilot Höchstleistungen benötigt... Nur mit dem Kolbenmotor kann die Fireball aus Seehöhe in einer Minute auf 880 m steigen. Und die wirtschaftlichste Marschgeschwindigkeit dieses Motors liegt bei 330 km/h ...Einmal in der Luft, bringt alleine das Strahltriebwerk die Fireball mit etwa 480 km/h voran ...Der konventionelle Motor gewährleistet höchsten Vortrieb und maximale Wirtschaftlichkeit bei niedrigen und mittleren Geschwindigkeiten, und das Strahltriebwerk stellt maximalen Vortrieb bei hohen Geschwindigkeiten sicher. Gemeinsam eingesetzt, garantieren sie ausgewogene Leistungen in allen Flugbereichen ... Wenn beide Antriebe mit Vollast arbeiten, hat die FR-1 eine Steigleistung von 1600 m/min bei der außergewöhnlich hohen optimalen Steiggeschwindigkeit von 350 km/h.«

Naturgemäß schilderte Mr. Ryan die Eigenschaften seines Produkts etwas subjektiv – aber tatsächlich war die Fireball der Grumman F6F Hellcat und der Vought F4U Corsair, den zwei besten Trägerjägern der Marine zu jener Zeit, in der Steigleistung überlegen. Mehr noch: Die Höchstgeschwindigkeit des Prototyps mit seinem Mischantrieb lag bei 690 km/h, womit er um etliches schneller war als die Hellcat und fast genauso schnell wie die neueste Version der Corsair.
Im Oktober 1944 hielt man den Prototyp der XFR-1 für so ausgereift, daß man ihn zur Flugerprobungsstelle der Marine am Patuxent River in Maryland überführen wollte, wo er durch Einsatzpiloten begutachtet werden sollte. Am 13. Okto-

Eine FR-1 Fireball der Serie auf dem Ryan-Werksgelände in San Diego; sie erprobt einen Zusatztank an der rechten Außenlaststation.

ber machte Bob Kerlinger in Vorbereitung dieser Verlegung einen Routine-Testflug, als die Fireball in der Luft zerbarst und den Piloten mit in den Tod riß. Zur damaligen Zeit konnte man die Ursache des Flugunfalls nicht klären – allerdings vermutete man bei Ryan, daß Kerlinger im Sturzflug versehentlich die kritische Machzahl des Flugzeugs überschritten haben könnte: Da die Fireball aerodynamisch sehr sauber war, war es durchaus möglich, daß Probleme mit Verdichtungsstößen aufgetreten waren.

Nach diesem Unfall führte Al W. Conover, der neue Cheftestpilot von Ryan, eine Reihe sorgfältig gestaffelter Sturzflüge mit der XFR-1 durch, wobei er die Geschwindigkeit schrittweise erhöhte, um die »Verdichtungsgrenze« des Flugzeugs herauszufinden. Damit schien man dem Problem näherzukommen – aber am 25. März 1945 drückte Testpilot Mickey McGuire eine Fireball aus 10.500 m Höhe in einen Hochgeschwindigkeits-Sturzflug, den er nicht mehr abfangen konnte. Die Untersuchung des Wracks ergab, daß das Flugzeug unzerlegt auf dem Boden aufgeschlagen war – es gab keinen Hinweis auf ein strukturelles Versagen. Wiederum schob man den Unfall auf den Piloten, der die kritische Machzahl überschritten und daraufhin die Kontrolle über das Flugzeug verloren habe.

Obwohl diese ungeklärten Unfälle das Programm überschatteten, wurden Flugerprobung und Massenproduktion der Fireball fortgesetzt. Dabei erfüllte der Jäger die Erwartungen, die man in seine Leistungen gesetzt hatte – es gab lediglich am Kolbenmotor ein Überhitzungsproblem, das man bei den Serienmaschinen durch Kühlerklappenblenden löste, und zur Verbesserung der Stabilität vergrößerte man das Leitwerk. Das Marinefliegeramt unterstützte auch weiterhin das Programm, und im Januar 1945 bestellte es 600 Maschinen der FR-2-Version der Fireball mit

R-1820-74W-Motoren von Wright, die 1450 PS entwickelten.

Im März 1945 verließen die ersten Serien-Fireball die Montagestraße; sie wurden an die Marinestaffel VF-66 in San Diego ausgeliefert, wo auch die Umschulung begann. Staffelchef war Korvettenkapitän John F. Gray, ein As auf der Hellcat, der acht Feindflugzeuge in der Luft und 16 am Boden zerstört hatte; auch die meisten anderen Piloten hatten beträchtliche Kampferfahrung.

Die Piloten fanden, daß ihr neues Flugzeug sehr leichtgängig zu steuern und äußerst wendig war, zudem war die Sicht aus dem weit vorne liegenden Cockpit mit seiner hohen Haube hervorragend. Gray war von der Fireball begeistert und sagte über sie:

Juli 1945: Eine FR-1 über der Chesapeake Bay während der Flugerprobung, die auf dem Marineflugplatz Patuxent River in Maryland durchgeführt wurde. Obwohl ihre Tragfläche im Grundriß keine radikalen Lösungen aufweist, gab ihr Laminarprofil der Fireball doch sehr gute aerodynamische Eigenschaften: Sie war leicht zu steuern und erwies sich als ausnehmend stabile Waffenplattform.

Eine Fireball bei der Einsatzerprobung über dem Pazifik. Sie bedient sich des Tricks, der (uneingeweihte) Zuschauer immer wieder verblüffte: Der R-1820-Motor ist abgestellt und der Curtiss-Electric-Propeller in Segelstellung – sie fliegt nur mit dem GE-Strahltriebwerk. ►

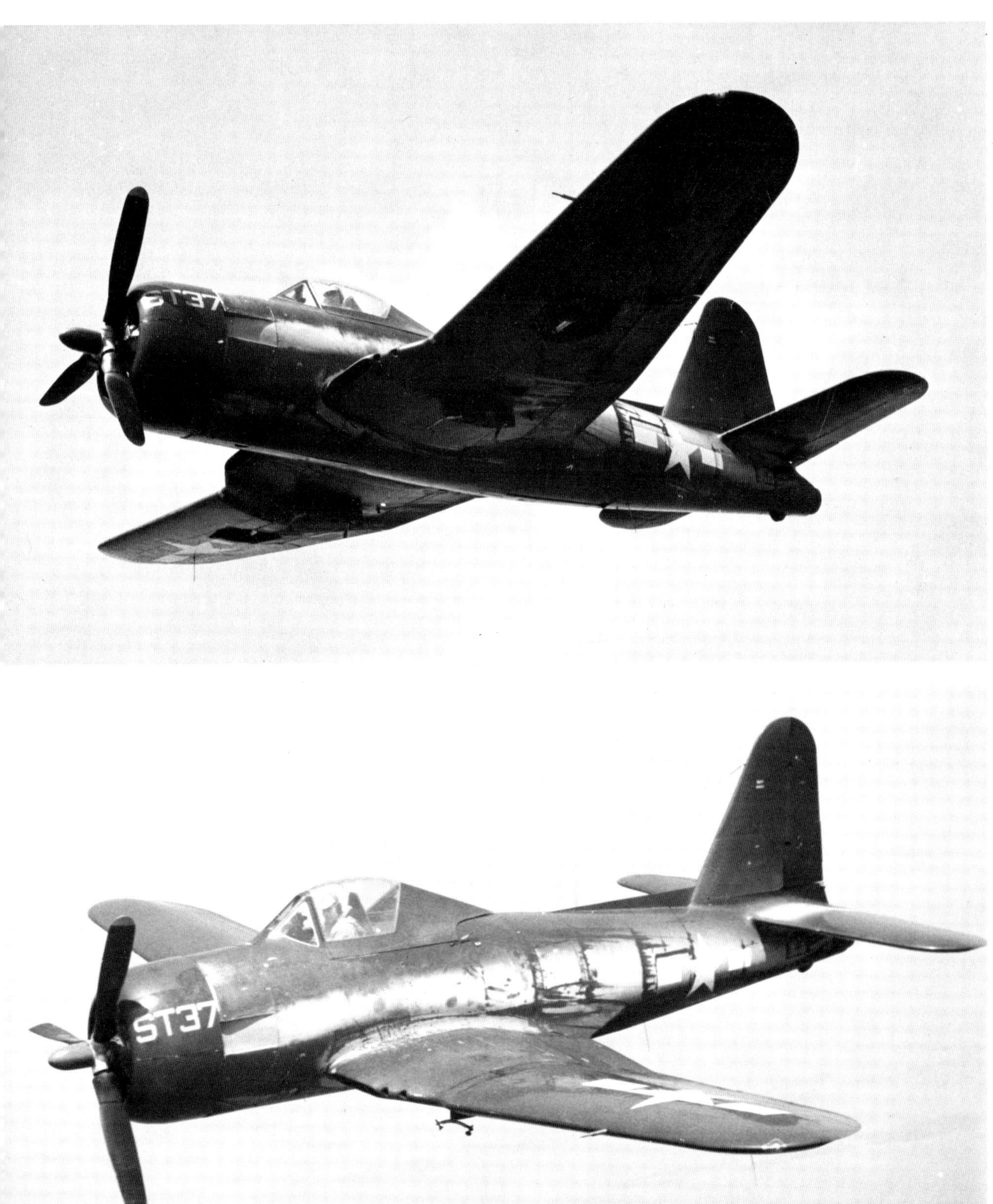
ST37
ST37

»Damit können wir alles, was sonst noch so fliegt, in die Tasche stecken ... Die Kombination eines Triebwerks im Heck und eines Kolbenmotors im Bug ist ideal, zumal beide in einem Jäger untergebracht sind, der so klein ist wie andere Jagdflugzeuge, vielleicht sogar noch kleiner als die jetzigen Einsatzflugzeuge der Marine. Das Flugzeug ist weder launisch noch heikel: Es fliegt sich wie jeder andere Jäger, ist aber bei allen Geschwindigkeiten überaus leicht zu steuern.«

Während seine Staffel aufgestellt wurde, bemerkte Gray oft ein starkes Interesse an seinem neuen Flugzeug auf seiten anderer Marinepiloten: Als er einmal über dem Pazifik nur mit dem Kolbenmotor dahinflog, schlossen vier Hellcat in Formation auf ihn auf:

»Da ich nur den vorderen Antrieb benutzte, war meine Marschgeschwindigkeit naturgemäß nicht so hoch wie die der Hellcat, und sie mußten ihr Gas zurücknehmen, um neben mir zu bleiben. Ihr Führer gab mir das Zeichen, daß sie Verbandsflug machen und dann wegbrechen wollten. Daraufhin ließ ich das Triebwerk an, und die gute Fireball schoß nach vorn – bald war ich weit vor ihnen und ließ sie völlig verdutzt zurück. Und dann – um ihnen vollends den Schneid abzukaufen – setzte ich mich neben sie, stellte den Propeller auf Segelstellung und zog ihnen davon: nur mit dem Strahltriebwerk.«

Am 5. April 1945 ging eine weitere Fireball verloren: Testpilot Dean N. Lake führte gerade vom

Eine Fireball der Marinestaffel VF-66 während einer Übung auf dem Materiallift eines Flugzeugträgers: Der Wright-Kolbenmotor läuft schon im Leerlauf, damit er bei einem Alarmstart bereits warm ist.

Marineflugplatz Lindbergh aus mit der dritten XFR-1 einen Hochgeschwindigkeitsflug beim Ryan-Werk durch, als er ein ungewöhnliches Schütteln wahrnahm und sah, wie sich ein Teil der Beplankung von der Tragfläche löste. Einen Moment später flog die Kabinenhaube davon, und das Flugzeug begann unkontrollierbar zu rollen. Lake befreite sich mit einem Sprung von der Maschine und landete mit dem Fallschirm – sein Flugzeug wurde beim Absturz zerstört.

Die Flugunfall-Untersuchung ergab, daß sich die Beplankung unterhalb der Tragfläche gelöst hatte, weil einige der versenkten Nieten abgeplatzt waren. Als dann die Außenhaut fehlte, wurde Luft mit hoher Geschwindigkeit in die Fläche gedrückt, was zu einem Überdruck im Rumpf führte und die Kabinenhaube absprengte. Damit erschien es wahrscheinlich, daß auch Kerlingers Fireball aus dem gleichen Grund verlorengegangen war: Die Autopsie des Piloten hatte ergeben, daß er einen starken Schlag an den Kopf bekommen hatte – wahrscheinlich von der Kabinenhaube, als sie vom Rumpf abplatzte.

Bei anschließenden Belastungsversuchen am Boden stellte man fest, daß an einigen Stellen der Tragfläche die Nieten bei besonderer Beanspruchung zum Abplatzen neigten, wodurch sich dann die dünne Beplankung ablösen konnte: Die Lösung war, derart stark beanspruchte Teile der Tragfläche mit zusätzlichen Nieten zu sichern.

Trotz dieses Rückschlags bemühte sich die Marine nachhaltig, die Staffel VF-66 so schnell wie möglich zur Einsatzbereitschaft zu bringen: Die Fireball konnte als brauchbare Waffe gegen die schnellen *Kamikaze*-Flugzeuge eingesetzt werden, die die Japaner gegen alliierte Flottenverbände aufboten. Der neue Jäger absolvierte seine erste Decklandung am 1. Mai 1945, als drei Fireball auf die USS *Ranger* zu Decklandeversuchen abgestellt wurden. Bei diesen Versuchen stellte sich heraus, daß das Bugfahrwerk für Decklandungen nicht robust genug war – ein Problem, mit dem sich die Fireball noch während ihrer gesamten Einsatzzeit herumschlagen sollte. Die amerikanischen Marinepiloten machten damals üblicherweise »harte« Decklandungen, was andere Flugzeugtypen auch problemlos aushielten. Wenn man aber die Fireball hart aufsetzte, tendierte sie zum anschließenden Hochspringen, und wenn dann der Fanghaken faßte, schlug das Flugzeug noch härter auf Deck auf. Dabei wurde oft das Federbein des Bugrads beschädigt, und

Fireball der VF-66 beim Warmlaufen auf dem Werksflugplatz von Ryan. Im Hintergrund erkennt man einige Jäger des Typs FM-2 Wildcat: Auf ihnen können sich die Piloten der Staffel einsatzbereit halten, solange die vorgesehenen FR-1 noch nicht eingetroffen sind.

manchmal schlug auch der Propeller auf Deck auf, was zu Schäden an Luftschraube und Motor führte.

Kapitänleutnant D.M. »Whitey« Kreuger und Korvettenkapitän William McClendon entwickelten daraufhin für die Fireball eine besondere Decklandetechnik: Wenn der Pilot kurz vor dem Aufsetzen den Steuerknüppel etwas andrückte, ließ sich das anschließende Hochspringen verhindern. »Das«, meinte Kreuger später dazu, »war natürlich genau das Gegenteil von dem, was die Piloten damals zu tun gewohnt waren – und es forderte den Piloten einiges an Feingefühl ab.«

Als die VF-66 mehr Erfahrung mit der Fireball gesammelt hatte, stellten John Gray und seine Piloten eine Reihe von Standard-Einsatzverfahren für diesen Flugzeugtyp zusammen. Der Staffelchef schrieb dazu:

»Wir können da oben mit dem Neunzylinder-Cyclone – er verbraucht dabei 115 bis 130 Liter pro Stunde – stundenlang Patrouille fliegen und dabei das Strahltriebwerk zuschalten, wann immer wir mehr Fahrt benötigen. Das halten wir für den normalen Einsatz oder auch die beste Nutzung beider Antriebe, die sich vor allem beim Marsch- oder Sperrflug bewährt. Wenn wir ein Ziel angreifen und dafür mehr Geschwindigkeit brauchen, starten wir das Strahltriebwerk und lassen es dann im Leerlauf mitlaufen, bevor wir uns dem Ziel nähern. Obwohl es eigentlich für zusätzlichen Schub im Luftkampf oder in Luftnotfällen gedacht war, kann man das Strahltriebwerk auch beim Start oder bei mißlungenen Landungen einsetzen ... Vor allem aber die Steigleistung macht die Fireball so überlegen: Mit beiden Antrieben auf Vollast kann ein Pilot in gut einer Minute mit einem Steigwinkel von 19 Grad auf 1800 m Höhe hochschießen.

Will man mit beiden Antrieben starten, tritt man in die Bremsen und schiebt das Strahltriebwerk auf Vollast, dann läßt man die Bremsen los und gibt mit dem Kolbenmotor Vollgas. Im normalen Marschflug benutzt man nur den vorderen Antrieb. Das Strahltriebwerk startet in der Luft viel besser als am Boden und beschleunigt dort auch besser – trotzdem aber beschleunigt das Strahltriebwerk stets schlechter als der konventionelle Motor.«

Gray und seine Jagdflieger waren darüber hinaus fest davon überzeugt, daß sich die Fireball auch als Jagdbomber bewähren werde – schließlich war sie ja eine sehr stabile Waffenplattform. Im April 1945 verlegte die Staffel mit ihren FR-1 für vier Wochen zur Schießausbildung nach Twenty-Nine Palms in Kalifornien, wo etliche Piloten den bisherigen Schießrekord der Westküste nur um einen Punkt verfehlten. Trotz zweier tödlicher Unfälle im Juni bereitete sich die Staffel auch danach auf eine baldige Einsatzverwendung vor. Diese Zielsetzung wurde dann aber von der japanischen Kapitulation Mitte August 1945 überholt: Bis dahin waren 66 Fireball fertiggestellt worden, aber jetzt stornierte die Marine selbstverständlich den Vertrag für die noch ausstehenden 634 Maschinen.

Im Oktober 1945 wurde die VF-66-Staffel aufgelöst: Flugzeuge und Personal wurden der VF-41 zugeführt, John Gray wurde Chef der Einheit. Die Flugerprobung des neuen Jägers wurde dort aber fortgesetzt, und im November stellte die Staffel 15 Piloten und acht FR-1 zur USS *Wake Island* für die Trägerausbildung ab: Es war das erste Mal, daß eine Staffel Fireball »in See stach«. In sechs Tagen führte die Staffel insgesamt 89 Fanghakenlandungen durch. Alle Piloten – bis auf einen – qualifizierten sich mit dem neuen Flugzeug für Decklandungen.

Der denkwürdigste Vorfall dieser Zeit ereignete sich am 6. November 1945, als Leutnant zur See J.C. »Jake« West kurz nach dem Start feststellen mußte, daß der Kolbenmotor seiner Fireball rasch an Leistung verlor. Er ließ daraufhin sein Strahltriebwerk an und kehrte mit nur diesem Antrieb zum Flugzeugträger zurück. Der Landeanflug damit war natürlich schneller: West erwischte das sechste – und letzte – Fangkabel und landete in der Notfall-Fangvorrichtung. Obwohl er beim Start eine derartige Landung nicht ins Auge gefaßt hatte, muß hier doch festgehalten werden, daß West der erste Pilot war, der ausschließlich mit Strahlantrieb auf dem Deck eines Flugzeugträgers gelandet war.

Obwohl die Technik, den Knüppel vor dem Aufsetzen leicht anzudrücken, die Anzahl der bei Decklandungen beschädigten Flugzeuge reduzierte, gab es immer noch Schäden an der Fireball, da sie ja schließlich hart aufsetzen mußte. Normalerweise konnten diese Schäden zwar an Bord des Flugzeugträgers repariert werden, aber sie belasteten das Wartungspersonal natürlich zusätzlich. Der Projektingenieur für die Ryan FR-

Die XFR-4 war eine verbesserte Version der Fireball mit einem J34-Triebwerk von Westinghouse, das 1900 kp Schub entwickelte; dafür mußte der Rumpf um 20 cm verlängert werden. Zudem hatte das Flugzeug versenkte Triebwerkeinläufe direkt hinter dem Kolbenmotor; es wurde zur Erprobung technischer Besonderheiten herangezogen, die man beim Turboprop-Flugzeug XF2R verwenden wollte.

1 Fireball, W.T. Immenschuh, beschrieb das Problem so:

»Der Dauereinsatz (der FR-1) führte an drei Komponenten des Flugzeugs zu Beschädigungen: Sehr harte Landungen – wie sie neue Piloten üblicherweise machten – verbogen die Speichen des Bugrads aus Magnesiumlegierung; die Achsen des Hauptfahrwerks konnten sich verbiegen, wodurch dann das Rad am Federbein schleifte; und bei der Tendenz des Flugzeugs, nach einer Fanghakenlandung auf den Hecksporn zu fallen, konnte sich die Beplankung des Heckkegels um den Hecksporn verbiegen.«

Im März 1946 lief die VF-41 mit der USS *Bairoko* zu einer Einsatzübung aus. Dazu gehörte auch eine Woche intensiven Flugbetriebs, bei der allerdings derart viele Fireball beschädigt wurden, daß die Übung abgebrochen werden mußte. Zudem hatte sich bei dieser Übung auch ein größerer Mangel an der Querrudersteuerung herausgestellt, der dann – zusammen mit dem Verdacht, daß bei einigen Flugzeugen strukturelle Schäden an den Tragflächen vorlägen – dazu führte, daß alle Fireball vorübergehend mit Flugverbot belegt wurden.

Nachdem die Flugzeuge modifiziert worden waren, wurde der Flugbetrieb wieder aufgenommen. Dann aber verlor die Staffel zwei ihrer besten Pi-

Die Ryan XF2R-1 *Dark Shark* war die abschließende Entwicklung des Jägerkonzepts mit Verbundantrieb: Sie hatte im Bug ein Turboprop-Triebwerk des Typs General Electric GE XT31 von 1700 Wellen-PS, das einen zusätzlichen Schub von 225 kp über die Schubdüse hinter dem Triebwerk entwickelte. Im Hinterrumpf war ein Strahltriebwerk des Typs General Electric J31 von 725 kp Schub untergebracht. Trotz ihrer Höchstgeschwindigkeit von nahezu 800 km/h wurde die XF2R-1 zur Zeit ihres Erstfluges Ende 1946 bereits von Nur-Triebwerk-Jägern der Marine, die nunmehr zum Einsatz kamen, übertroffen.

loten unter besonders tragischen Umständen: Am 3. Juni kehrten einige Maschinen der VF-41 von einem Flugtag in Los Angeles in Formation nach San Diego zurück, als die Traglächen von John Grays Flugzeug hochklappten. Seine Fireball geriet daraufhin außer Kontrolle und krachte in Jake Wests Maschine – beide Flugzeuge stürzten ab und rissen ihre Piloten mit in den Tod.

Im November 1946 wurde die Staffel in VF-1E umbenannt, ihr Auftrag jedoch änderte sich dadurch nicht. Nachdem weitere Modifikationen an ihren Flugzeugen durchgeführt worden waren, stach die Fireball-Staffel im Frühjahr 1947 an Bord der USS *Badoeng Strait* in See. Aber wiederum gab es Fälle defekter Fireball nach harten Landungen: Bei diesem Trägereinsatz ging eine Maschine verloren, und vier wurden am Bugfahrwerk beschädigt.

Trotz dieser Vorkommnisse lief die VF-1E im April 1947 erneut mit der *Badoeng Strait* aus, und im Juni dann mit der USS *Rendova*. Das Problem der Strukturschäden war aber noch immer nicht gelöst worden, und nach einer sehr harten Landung auf der *Rendova* zerbrach sogar eine Fireball in zwei Teile: Das war das Todesurteil für den Einsatz der Fireball in der Flotte. Die FR-1 erhielt ein weiteres Mal Flugverbot, und im darauffolgenden Monat wurde der Flugzeugtyp von der Marine offiziell ausgemustert. Einige Fireball flogen danach noch in verschiedenen Erprobungszentren, aber im April 1948 fiel dann auch die letzte einem Flugverbot zum Opfer.

Die Firma Ryan schlug dann noch mehrere verbesserte Versionen der Fireball vor, aber jetzt – direkt nach Kriegsende – konnte keine davon mehr großes Interesse erwecken. Die XFR-3 beispielsweise sollte ein I-20-Triebwerk von General Electric mit 900 kp Schub bekommen, aber diese Variante wurde nie gebaut.

Die letzte Version dieses Verbundantrieb-Jägers, die noch wirklich flog, war die XF2R-1, die inoffiziell *Dark Shark* genannt wurde. Sie bestand aus der Zelle der 15. Serien-Fireball und hatte ein stärkeres TL- sowie anstelle des Kolbenmotors ein Turboprop-Triebwerk. Im November 1946 führte dieses Flugzeug seinen Erstflug durch: mit einem XT31-Turboprop-Triebwerk von General Electric mit 1700 Wellen-PS und 250 kp Schub; der Turboprop trieb einen vierblättrigen Propeller aus Stahl an, dessen Blätter voll auf Segelstellung oder sehr schnell senkrecht zum Luftstrom gestellt werden konnten – in dieser Stellung diente er sehr wirkungsvoll als Luftbremse und verkürzte nach der Landung die Ausrollstrecke. Im Heck trug die XF2R-1 ein J31-Triebwerk von General Electric, das 725 kp Schub entwickelte. Um den längeren Bug dieser Version auszugleichen, hatte sie eine größere Rückenflosse. Ihre offiziellen Flugleistungen waren eine Höchstgeschwindigkeit von 795 km/h in Seehöhe, eine anfängliche Steigleistung von 1478 m/min und eine Dienstgipfelhöhe von 11.900 m. Eine noch stärkere Version – die XF2R-2 mit demselben Turboprop-Triebwerk und einem J34-TL-Triebwerk von Westinghouse mit 1900 kp Schub – wurde ebenfalls nicht mehr hergestellt.

Hätte der Krieg im Pazifik noch länger gedauert und die Invasion Japans durch alliierte Truppen tatsächlich stattgefunden, dann wäre sicherlich auch die Fireball bei diesen Operationen noch zum Zuge gekommen. Und in diesem Fall hätten die Piloten sicherlich auch die Schwächen dieses Flugzeugtyps hingenommen, denn sie hätten sich dafür eine hervorragende Steigleistung, eine beachtliche Höchstgeschwindigkeit und eine relativ gute Flugdauer eingehandelt – Qualitäten, mit denen man den erwarteten Massenangriffen japanischer Freitodpiloten durchaus entgegentreten konnte.

Das Kriegsende jedoch und die Verbesserungen an den TL-Triebwerken – beide fielen in etwa zusammen – bedeuteten für das Fireball-Programm das »Aus«. Die Begründung für den Verbundantrieb war ja schließlich gewesen, daß das Strahltriebwerk eine hohe Maximalgeschwindigkeit und gute Flugleistungen in größeren Höhen gewährleistete, während der Kolbenmotor eine gute Beschleunigung aus geringen Geschwindigkeiten heraus sicherstellte. Aber bereits 1945 beschleunigten die neuesten Strahltriebwerke nicht mehr so träge wie ihre Vorgängertypen. Darüber hinaus war nach der Kapitulation Japans die Notwendigkeit entfallen, Hochleistungsjäger von kleinen Begleitflugzeugträgern aus einzusetzen; zudem wurden diese Träger jetzt entweder ausgemustert oder mit anderen Aufgaben betraut.

Im Frühjahr 1945 ging der erste Jäger der Marine, der ausschließlich von einem TL-Triebwerk angetrieben wurde – die FH Phantom von McDonnell – in Serienproduktion. Er war beträchtlich schneller als die Fireball und konnte von den größeren Flugzeugträgern der amerikanischen Marine aus begrenzte Einsätze fliegen. Und deren Nachfolger – sie bestanden vorerst nur auf dem Reißbrett – würden wiederum verbesserte Leistungen erbringen, und zwar mit wesentlich gesteigerter Flugsicherheit: Diese Konkurrenz machte den Ryan-Jäger mit Mischantrieb – der sich beinahe einen Platz in der Luftfahrtgeschichte gesichert hätte – nur zu einer weiteren guten Idee, die dann als überholt in den Akten abgeheftet wurde.

RYAN FR-1 FIREBALL

Antrieb:
Ein Sternmotor des Typs Cyclone R-1820-72W von Wright mit 1350 PS sowie ein TL-Triebwerk des Typs I-16 (J31) von General Electric mit 725 kp Schub.

Bewaffnung:
Vier 12,7-mm-Maschinengewehre des Typs MG 53 von Browning in den Tragflächen sowie Außenlaststationen für zwei 450-kg-Bomben oder vier starre 7,6-cm-Raketen unter den Tragflächen.

Leistungsdaten:
Höchstgeschwindigkeit mit beiden Antrieben in 5500 m Höhe 680 km/h, mit Kolbenmotor alleine 470 km/h. Anfängliche Steigleistung 1463 m/min. Dienstgipfelhöhe 13.150 m. Reichweite mit einem 570-l-Abwurftank 2290 km.

Gewicht:
Startmasse 3585 kg.

Abmessungen:
Spannweite 12,19 m, Länge 9,85 m, tragende Fläche 25,5 m^2.

KAPITEL 9

Bachem 349 Natter

Die Bachem Ba 349 Natter – ein teilweise wiederverwendbarer Objektschutz-Abfangjäger mit Raketenantrieb – hatte in der langen Geschichte der militärischen Luftfahrt keine vergleichbaren Vorgänger. Sie war eine der »Waffen der Verzweiflung«, ein letztes Aufgebot, wie es etliche in den letzten Kriegsmonaten in Deutschland gab, und sollte dem Schutz wichtiger Ziele vor Tagesangriffen von Bombern aus Höhen um 6000 m dienen. Das Konzept dieser Waffe entsprach dem einer »bemannten Flugabwehrrakete«.

Die Einsatzgrundsätze der Ba 349 waren absolut neuartig:

Mit einer Startmasse von rund 2fi Tonnen hob die Ba 349 senkrecht von einer auf Schienen montierten Startrampe ab und beschleunigte sogleich – ebenfalls nahezu senkrecht – auf etwa 640 km/h. Wenn der Jäger dann die Höhe der feindlichen Bomberformation erreicht hatte, übernahm der Pilot die Steuerung seines Flugzeugs, ging in den Horizontalflug über und brachte sich hinter einem der Feindbomber in Schußposition. Aus ei-

Diese Natter ohne Bugverkleidung zeigt die Unterbringung der 24 ungelenkten, drallstabilisierten 73-mm-Raketen des Typs Föhn. Sie wurden beim einzigen Angriffsanflug in Salve auf den ausgewählten Feindbomber abgeschossen, danach tauchte die Ba 349 weg, und der Pilot bereitete sich auf die Fallschirmlandung vor.

Eine der ersten Versionen der Ba 349 auf ihrem simplen Transportwagen.

ner Entfernung von etwa 200 m schoß er dann bei seinem einzigen Angriff eine Salve starrer Raketen ab und tauchte sofort weg, wobei er den letzten chemischen Brennstoff seines Raketenmotors verbrauchte. Bei Brennschluß des Motors ging er in den Gleitflug über, der stetig langsamer wurde. Wenn die Ba 349 dann etwa 1350 m Höhe erreicht hatte, löste der Pilot seine Sitzgurte und entriegelte die Halterungen, die den Bug mit dem Rumpf verbanden. Daraufhin trennte sich der gesamte Bug vor dem Piloten einschließlich Frontscheibe vom Rumpf, und ein großer Fallschirm wurde aus dem Hinterrumpf ausgestoßen. Der Rumpf wurde beim Öffnen dieses Fallschirms natürlich stark abgebremst, und der Pilot fiel dabei nach vorn aus seinem Sitz und konnte mit seinem eigenen Fallschirm zu Boden sinken.

Nachdem der Hauptteil des Flugzeugs den Boden erreicht hatte, wurden seine teureren Komponenten – vor allem der Raketenmotor und der Autopilot – zwecks Wiederverwendung ausgebaut. Die überwiegend aus Holz bestehende restliche Zelle überstand diese Fallschirmlandung allerdings nicht unbeschädigt: Sie wurde nach dem Einsatz abgeschrieben.

Obwohl dieses Einsatzkonzept nach heutigen Maßstäben vielleicht etwas exotisch anmutet, muß an dieser Stelle aber auch darauf hingewiesen werden, daß die Ba 349 damit das erste Flugzeug der Welt war, das senkrecht starten und auch landen konnte – ersteres mit Hilfe von Startrampe und Raketenantrieb, letzteres mit Hilfe des Fallschirms.

Der erste Vorschlag für einen senkrecht startenden und bemannten Jäger mit Raketenantrieb kam von Dr. Wernher von Braun, der im Sommer 1939 dem Reichsluftfahrtministerium (RLM) ein entsprechendes Memorandum vorlegte; allerdings war sein Flugzeug erheblich schwerer. Ob-

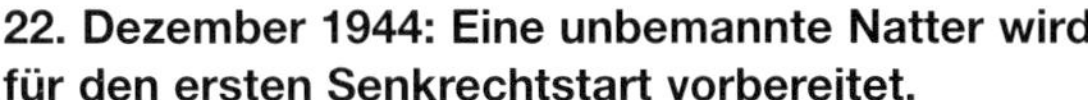

22. Dezember 1944: Eine unbemannte Natter wird für den ersten Senkrechtstart vorbereitet.

wohl seine Idee damals als sowohl undurchführbar als auch unnötig eingestuft wurde, erkannte Dipl.-Ing. Erich Bachem von der Firma Fieseler die Vorteile einer derartigen Waffe: Er entwarf während des Krieges eine Reihe von Konstruktionsstudien für senkrecht startende Jäger mit Raketenantrieb – aber auch sie setzten sich nicht durch.

Im Frühjahr 1944 jedoch schrieb das RLM ein kleines und preiswertes Jagdflugzeug aus, das überwiegend aus Holz bestehen und dem Objektschutz kriegswichtiger Ziele dienen sollte. Junkers, Heinkel und Messerschmitt reichten daraufhin Konstruktionsentwürfe für einen derartigen Jäger ein – ebenso wie Bachem, der als Lösung seinen wiederverwendbaren Jäger BP 20 Natter vorschlug. Zunächst allerdings konnte sich das Technische Amt der Luftwaffe für diesen Vorschlag nicht erwärmen, besonders nicht dafür, daß der Pilot jeden Einsatz am Fallschirm abschließen sollte: Die Wahl fiel vorerst auf den konventionelleren Raketenjäger P 1077 Julia von Heinkel.

Das alles änderte sich jedoch, als Bachem Unterstützung für seinen Raketenjäger von ungewöhnlicher Seite erhielt: Der Reichsführer SS Heinrich Himmler, der sich damals fast auf dem Höhepunkt seiner Macht befand, suchte noch immer nach Wegen, wie er seinen Einfluß in der politischen wie der militärischen Führung ausweiten konnte – und Bachems abgelehnter Jäger bot ihm die Chance, auch auf die Luftverteidigung des Reichs Einfluß zu gewinnen. Also bestellte er 150 Raketenjäger auf Kosten der SS. Um nun nicht völlig die Kontrolle über ihr eigenes Jägerprogramm zu verlieren, blieb der Luftwaffe gar nichts anderes übrig, als ihrerseits ebenfalls 50 Jäger dieses Typs in Auftrag zu geben. Der wiederverwendbare Raketenjäger wurde nunmehr offiziell in das Jäger-Notprogramm aufgenommen und erhielt die Bezeichnung Bachem Ba 349.

Detaillierte Konstruktionsarbeiten an der Ba 349 begannen im August 1944 in einem kleinen Werk bei Bad Waldsee in Oberschwaben. Die Zelle war

Zellen der Ba 349 A bei der Montage in Bachems Werk bei Waldsee in Oberschwaben.

fast vollständig aus Holz – Metall hatte man auf stark belastete Teile, Scharniere und das Steuergestänge beschränkt. Das kreuzförmige Leitwerk trug die Steuerflächen des Flugzeugs: das Seitenruder und das Höhenruder, das – gegensinnig ausschlagend – zum Querruder wurde. Die kleine und rechtwinklige Stummelfläche war aus einem Stück gefertigt und hatte keine beweglichen Steuerflächen; ihre Spannweite betrug 4,25 m, die tragende Fläche 4,65 m^2.
Als Antrieb der Ba 349 A – die »Anton« war die erste Baureihe – diente ein Flüssigkeits-Raketenmotor des Typs HWK (Hellmuth Walter, Kiel) 109-509 A-2 mit 1700 kp Schub. Er war dem Triebwerk der Me 163 ähnlich, war allerdings so modifiziert, daß er in senkrechter wie waagerechter Lage arbeiten konnte. Im Rumpf befanden sich hinter dem Piloten zwei Brennstofftanks: einer über dem Tragflächenholm mit 435 l T-Stoff und ein weiterer unter diesem Holm mit 190 l C-Stoff. Für den benötigten zusätzlichen Schub beim Senkrechtstart und beim Beginn des Steigflugs trug das Flugzeug vier Schmidding-Feststoff-Startraketen seitlich am Hinterrumpf, die zehn Sekunden lang insgesamt 2000 kp Schub erzeugten. Nach Brennschluß wurden die leeren Behälter abgeworfen, und das Flugzeug setzte seinen Steigflug ausschließlich mit dem Schub des Walter 509 fort.
Die Startrampe der Ba 349 war rund 23 m hoch und hatte drei Gleitschienen, die die Tragflächenspitzen und die untere Heckflosse führten und das Flugzeug so in der korrekten Startposition hielten. Am Fuß war diese Startrampe schwenkbar und konnte in die Waagerechte gekippt werden, um den Jäger aufzunehmen.
Während des Starts und der 10-Sekunden-Brennzeit der Startraketen waren die Steuerflächen des Flugzeugs in neutraler Position verriegelt. Nach Abwurf der Startraketen wurden die Steuerflächen entriegelt, und der mittlere Teil des Steigflugs wurde durch Funksignale vom Boden aus geführt, die Korrekturen in den Dreiachsen-Patin-Autopiloten eingaben und die Ba 349 so auf der geplanten Flugbahn hielten. Der Pilot hatte allerdings jederzeit die Möglichkeit, den Autopiloten auszuschalten und die Steuerung des Raketenjägers selbst zu übernehmen.

Ein Wart füllt den C-Stoff-Tank vor dem ersten unbemannten Start einer Natter, der am 25. Februar 1945 mit dem Flüssigkeits-Raketenmotor absolviert wurde.

Die Konstrukteure hatten verschiedene Bewaffnungen für den Jäger vorgesehen. Die Bewaffnung, für die man sich dann schließlich entschied, bestand aus zwei Sätzen ungelenkter Raketen: entweder 33 55-mm-Raketen des Typs R4M mit Klappleitwerk oder 24 drallstabilisierte 73-mm-Raketen des Typs Föhn.

Im Dezember 1944 konnte die Flugerprobung der Ba 349 beginnen, zunächst jedoch nur als antriebsloser Gleiter in Tragschleppversuchen. Hierfür brachte man einen Prototyp mit Ballast auf das Gewicht von 1700 kg, was dem Gewicht eines Jägers im Steigflug nach Abwurf der Startraketenbehälter entsprach. Am 14. Februar 1945 fand die erste Freiflugerprobung statt: Ein Bomber vom Typ Heinkel 111 schleppte das Flugzeug auf 5500 m Höhe, wo Flugkapitän Zitter es dann ausklinkte und der Testpilot, Unteroffizier Hans Zübert, die Steuerung übernahm. Er empfand das Flugverhalten des Gleiters aufgrund seiner hohen Flächenbelastung von 360 kg/m^2 als ausgesprochen stabil. Beim steilen Sturzflug erwies sich die Steuerung über den gesamten Geschwindigkeitsbereich von 200 bis 700 km/h als direkt und griffig. In 900 m Höhe leitete Zübert das Rettungsverfahren ein – und sowohl er wie auch sein Flugzeug glitten per Fallschirm sicher zu Boden.
Der erste erfolgreiche Senkrechtstart einer Ba 349 – einer viel leichteren, unbemannten Version, die nur von den vier Startraketen angetrieben wurde – fand am 22. Dezember 1944 statt. Danach wurden zehn weitere Prototypen auf diese Weise gestartet, ebenfalls nur mit Startraketen. Der erste modifizierte HWK-509-Raketenmotor traf im Februar 1945 in Waldsee ein. Am 25. Februar absolvierte dann ein voll ausgerüstetes Flugzeug den Senkrechtstart und stieg anschließend auf Höhe – mit dem Raketenmotor und den vier Startraketen als Antrieb; eine Puppe ersetzte den Piloten: Dieser Testflug verlief genau wie geplant, und zum Schluß setzten Puppe wie Zelle weich mit ihren Fallschirmen auf dem Boden auf.
Damit war der Weg frei für den ersten bemannten Testflug. Für diesen Jungfernflug mit der Ba 349 meldete sich Oberleutnant Lothar Sieber freiwillig, und am 28. Februar kletterte er an Bord des kleinen Raketenjägers, der in seiner Startrampe hockte. Zunächst stieg der Jäger nur langsam in die Höhe, wobei er einen Schweif schwarzen Rauches von seinen vier Schmidding-Feststoffraketen hinter sich herzog. Am Ende der Startraketenphase fielen dann die ausgebrannten Raketen zu Boden, und der Jäger begann seinen senkrechten Steigflug. Nunmehr jedoch – in etwa 450 m Höhe, als er gerade zum Hochgeschwindigkeits-Steigflug ansetzte – sahen die Beobachter am Boden, wie sich die Kabinenhaube vom Rumpf löste. Die Nase senkte sich, und das Flugzeug ging in Rückenlage in eine bogenartige Flugbahn über und schlug anschließend auf dem Boden auf – mit Sieber noch immer am Steuer.
Die anschließende Untersuchung konnte die Unfallursache nicht klären. Es gab zwar Vermutungen, daß die Kabinenhaube nicht ordentlich verriegelt gewesen sei und den Piloten beim Wegbrechen so getroffen habe, daß er bewußtlos geworden sei – aber das beantwortete nicht die Frage, warum das Flugzeug so stark von seinem geplanten senkrechten Steigflug abgewichen war, obwohl es doch vom Autopiloten gesteuert wurde. Trotz des tragischen Verlustes des Piloten schon beim ersten bemannten Start mangelte es anschließend nicht an Freiwilligen, die den neuartigen Raketenjäger fliegen wollten. Ende März 1945 waren drei erfolgreiche bemannte Testflüge durchgeführt worden, und man beschloß die gründliche Einsatzerprobung der Ba 349.
Anfang April wurde bei Kirchheim unter Teck, südostwärts von Stuttgart, eine Luftverteidigungs-Einsatzstellung mit zehn Startrampen errichtet. Es ist allerdings fraglich, ob sie noch mit den kleinen Raketenjägern bestückt werden konnten, um die nächste feindliche Bomberformation, die in ihre Reichweite kam, anzugreifen. Am 20. April erreichte ein amerikanischer Panzerverband dieses Gebiet noch vor den Bombern, und die Startrampen wurden gesprengt, damit sie nicht dem Feind in die Hände fielen. Sechs Natter wurden jedenfalls noch von Waldsee in zwei Trupps nach Österreich verbracht, wo die beiden des ersten Transports angezündet und die restlichen vier - nach Beratschlagung der begleitenden Techniker und Werksangehörigen – schließlich den Amerikanern unbeschädigt übergeben wurden.
Die Ba 349 B – die »Berta« sollte die eigentliche Serienversion werden – hatte einen HWK-109-509-C-Raketenmotor mit zusätzlicher Marschflug-Brennkammer, die längere Zeit verringerten Schub erzeugte und die Flugzeit in größeren

Höhen von 2/ auf 4fi Minuten verlängerte. Da dieser Motor etwas größer war, mußte der Hinterrumpf für ihn umkonstruiert werden. Und um den Schwerpunkt nach hinten zu verschieben, was die Steuerung in der Anfangsphase des Steigflugs verbesserte, wurden die Startraketen bei der »Berta« weiter hinten am Rumpf und etwas höher als bei der »Anton« angebracht. Vor Kriegsende wurden noch drei Ba 349 B hergestellt, und eine davon wurde auch noch geflogen.

Insgesamt wurden 36 Zellen aller Bachem-Versionen in Waldsee gebaut, bevor das Eintreffen der Amerikaner die Produktion beendete. Von dieser Gesamtzahl wurden 22 als Testflugzeuge mit Raketenantrieb oder als Gleiter eingesetzt, vier von den amerikanischen Streitkräften erbeutet, und eine fiel vermutlich sowjetischen Truppen in die Hände.

Die Aufstellung der Ba 349 bei Kirchheim kam für den Raketenjäger zu spät, um noch zum Einsatz zu gelangen, folglich konnte auch die Brauchbarkeit seines Einsatzkonzeptes nicht mehr erprobt werden. In der Rückschau ist es daher schwierig zu erkennen, ob dieser Raketenjäger noch viel hätte bewirken können: Sein Einsatzradius war immerhin noch kleiner als der der Me 163 – und schon die Me 163 hatte unbestritten ihre Schwierigkeiten, sich in Schußposition zu manövrieren, bevor der Brennstoff zu Ende ging. Und solange die Einsatzstellungen der Bachem-Jäger nicht in

Links oben, linkes Bild:
Aufnahmen vom 1. März 1945, als Oberleutnant Lothar Sieber den ersten bemannten Flug einer Natter – und damit den ersten bemannten Raketenstart der Welt – durchführte, wobei er sein Leben verlor.

Die Erprobung am 25. Februar verlief erfolgreich – und am Ende des Fluges landete der Rumpf der Natter weich auf dem Boden.

Links oben, rechtes Bild:
Vor dem Flug wird die Ba 349 betankt.

Unten:
Testpilot Oberleutnant Lothar Sieber bespricht den Flug mit Dipl.-Ing. Erich Bachem.
Truppenübungsplatz Heuberg, 1. März 1945.

In einer Wolke von Staub und Rauch hebt sich Siebers Ba 349 von der Startrampe ...
... dann verschwindet die Natter in einer Wolkendecke, aus der Sekunden später die Haube fällt. Nach knapp einer Minute sieht man in der Ferne einen dunklen Punkt – das Flugzeug – nach unten stürzen. Lothar Sieber ist noch an Bord.

sehr hoher Zahl vorhanden waren, hätten die Planer alliierter Luftangriffe ihre Bomberströme so lenken können, daß sie nicht mit Bachem-Stellungen in Berührung kamen. Und in dem unwahrscheinlichen Fall, daß die Alliierten diesen Objektschutzjäger als ernsthafte Bedrohung aufgefaßt hätten, wäre es für sie ein leichtes gewesen, vor den Bomberpulks Jagdbomber einzusetzen, die die Bachem-Stellungen »aufrollten«, die den Bombern im Wege lagen. Während des Kalten Krieges erregte die Idee eines wiederverwendbaren Jägers zwar beträchtliches technisches Interesse – aber es spricht schon für sich, daß keine der ehemaligen Siegermächte dieses Konzept ernsthaft in Erwägung zog.

BACHEM 349 A

Antrieb:
Ein Flüssigkeits-Raketenmotor des Typs HWK (Hellmuth Walter, Kiel) 109-509 A-2 mit 1700 kp Schub. Zusätzlich vier Feststoff-Startraketen des Typs Schmidding 109-533 mit insgesamt 2000 kp Schub für 10 Sekunden.

Bewaffnung:
Erste Serienversion – entweder 33 55-mm-Raketen des Typs R4M mit Klappleitwerk oder 24 drallstabilisierte 73-mm-Raketen des Typs Föhn.

Leistungsdaten:
Höchstgeschwindigkeit im Horizontalflug in 5000 m Höhe 800 km/h. Aktionsradius aus 6000 m Höhe 40 km. Anfängliche Steigrate 11.300 m/min.

Gewicht:
Startmasse 2200 kg, nach Abwurf der Startraketen 1720 kg, ohne Brennstoff 835 kg.

Abmessungen:
Spannweite 4,25 m, Länge 6,02 m, tragende Fläche 4,65 m².

Lothar Sieber bei der schwierigen Prozedur, in das Flugzeug zu klettern – hier vor seinem einzigen und letzten Flug mit der Natter.

Kapitel 10

Rückblick

Im letzten Kriegsjahr standen neun Typen von Strahlflugzeugen bei Einsatzverbänden in Deutschland, Großbritannien, Japan und den USA im Dienst: Fünf davon wurden von Turbinen-Luftstrahl-Triebwerken angetrieben, drei hatten einen Raketenmotor, und eines – die Ryan Fireball – hatte einen Verbundantrieb von TL-Triebwerk und Kolbenmotor.

Vier dieser Strahlflugzeugtypen flogen im Zweiten Weltkrieg bereits Kampfeinsätze: die Messerschmitt Me 262 als Jäger, Jagdbomber, Nachtjäger und taktischer Aufklärer, die Arado Ar 234 als Bomber, Nachtjäger und Fernaufklärer und die Heinkel He 162 – wie auch die Gloster Meteor – als Jäger. Auch zwei der Flugzeuge mit Raketenantrieb gelangten noch zum Einsatz: die Messerschmitt Me 163 als Jäger und die Yokosuka Ohka als bemannte »fliegende Bombe«.

Von all diesen Flugzeugtypen haben aber nur zwei den Luftkrieg noch erkennbar beeinflussen können. Die Me 262 war der bei weitem effektivste Strahljäger, der im Zweiten Weltkrieg zum Einsatz kam. Die Geschichte dieses Flugzeugs nimmt in unserem Buch den breitesten Raum ein – und das auch zu Recht: Die Me 262 flog im Krieg mehr Kampfeinsätze als alle anderen Strahlflugzeuge zusammen. Und die Arado Ar 234 hatte zwar als Bomber nur mäßigen Erfolg, war dafür aber in der weniger spektakulären Rolle als strategischer Aufklärer außerordentlich erfolgreich und konnte sich über alliiertem Gebiet frei bewegen und dort ihre Ziele fotografieren. Die beiden anderen Strahljägertypen – die Heinkel He 162 und die Gloster Meteor – spielten im Luftkrieg nur eine untergeordnete Rolle und beeinflußten ihn nicht mehr.

Von den beiden raketengetriebenen Flugzeugtypen, die noch zum Einsatz gelangten, konnte sich keiner wirklich durchsetzen. Der Raketenjäger Me 163 und die Yokosuka Ohka hatten zwar völlig unterschiedliche Aufgaben, verfügten beide aber über eine Eigenschaft, die ihre Schlagkraft entscheidend herabsetzte: Beide konnten zwar sehr hohe Geschwindigkeiten erreichen, aber das nur für kurze Zeit – einen Großteil ihres Einsatzes flogen sie als Gleiter, womit sie den Angriffen feindlicher Jäger mit Kolbenantrieb nahezu schutzlos ausgesetzt waren. Im Falle der Ohka kam noch hinzu, daß sie von einem recht langsamen Mutterflugzeug ins Einsatzgebiet getragen werden mußte.

* * *

Von einem einzigen Vorfall abgesehen – im März 1945 bombardierte eine Arado Ar 234 den Flugplatz Melsbroek und beschädigte eine am Boden abgestellte Meteor – trafen sich die Strahlflugzeugtypen der Kriegsparteien nie im Kampf. Das war natürlich nur Zufall, wirft aber die interessante Frage auf, wie derartige Begegnungen wohl verlaufen wären: Die Meteor III hätte im Kampf mit der Me 262 oder der He 162 zweifellos den kürzeren gezogen, da die beiden deutschen Strahljäger deutlich schneller und bei hohen Geschwindigkeiten stabiler waren, was sie zur besseren Waffenplattform machte. Gegen die Arado Ar 234 hätte sich die Meteor III zwar durchsetzen können, wenn die Arado Bomben oder Zusatztanks getragen hätte – aber wenn die erst einmal abgeworfen waren, wäre es schwierig geworden, das deutsche Flugzeug zu bezwingen.

* * *

Und wenn der Krieg noch neun Monate länger gedauert hätte – wie hätte sich das auf den Kampf um die Luftüberlegenheit ausgewirkt? Am Ende dieser Periode hätte es zwar viel mehr Me 262 und He 162 in den Kampfverbänden gegeben, aber sie hätten sich dann natürlich auch mit der Meteor 4 und der P-80A Shooting Star messen müssen. Die Einführung dieser neuen alliierten Strahlflugzeuge hätte dem Ringen sicherlich eine ausgewogenere Grundlage verliehen. Trotzdem aber: Wenn man die Schwierigkeiten bedenkt, die diese Flugzeuge bei hohen Geschwindigkeiten mit der kritischen Machzahl hatten, kann man wohl davon ausgehen, daß die meisten Luftkämpfe zwischen diesen Strahlflugzeugtypen unentschieden ausgegangen wären.

Hätte der Krieg noch angedauert, wäre auch die Bachem Ba 349 noch zum Einsatz gekommen, aber als Raketenjäger mit der kürzesten Flugzeit von allen hätte er vermutlich nicht viel ausrichten können.

Und auf den Kriegsschauplätzen im Pazifik wäre auch die Ryan Fireball mit ihrem Mischantrieb noch eingesetzt worden – im Kampf allerdings hätte sie wohl kaum mehr bewirken können als die neuesten kolbengetriebenen Flugzeuge der amerikanischen Marine.

* * *

Zwei dieser ersten Strahlflugzeugtypen brachten es dann auf ganz andere Weise noch zu beachtlichem Erfolg. In den Jahren unmittelbar nach dem Zweiten Weltkrieg tat die Gloster Meteor Dienst als Jäger, Jagdbomber, Aufklärer, Nachtjäger und Schulflugzeug (»Trainer«); sie blieb bei der britischen Royal Air Force bis 1961 im Einsatz. Die Gesamtzahl aller hergestellten Versionen der Meteor belief sich auf 3875 Flugzeuge, und sie wurde in zehn verschiedenen Luftwaffen geflogen.

Obwohl sich die britische Gloster Meteor damit ihren Platz in der Geschichte der Militärluftfahrt gesichert hat: Ihr Erfolg verblaßt neben dem der amerikanischen Lockheed P-80 Shooting Star. Auch die Shooting Star tat Dienst als Jäger, Jagdbomber, taktischer Aufklärer, Nachtjäger und Trainer – die Gesamtproduktion all ihrer Versionen betrug in 15 Jahren jedoch mehr als 9900 Flugzeuge: Selbst heute, in den neunziger Jahren, fliegen noch über 400 Trainer des Typs T-33 »T-Bird« als Schulflugzeug – in einem Dutzend Luftwaffen. So steht die P-80A mit ihren Varianten jetzt bereits seit einem halben Jahrhundert im Einsatz – mehr als die Hälfte der Zeitspanne, seit Orville Wright im Jahre 1903 den ersten Flug mit einem kraftbetriebenen Luftfahrzeug des Typs »schwerer als Luft« durchführte. Das ist schon für sich gesehen ein beachtlicher Rekord – um so mehr aber noch, wenn man sich in Erinnerung ruft, wie schnell der erste Prototyp dieses Flugzeugs konstruiert und gebaut worden war: in weniger als 150 Tagen!

GLOSSAR

Die Organisation der fliegenden Verbände der Luftwaffe

Der grundlegende Einsatzverband der deutschen Luftwaffe für Jäger, Jagdbomber, Aufklärer und Bomber war die Gruppe. Sie bestand aus drei oder vier Staffeln mit einer Sollstärke von jeweils neun bis 16 Flugzeugen sowie einer Stabskette von drei oder vier Maschinen – somit lag die materielle Gesamtstärke einer Gruppe zwischen 30 und 68 Flugzeugen. Gegen Kriegsende war die Iststärke der Einsatzverbände jedoch häufig unter die Sollstärke abgesunken.

Ein Merkmal der neu eingeführten Strahlflugzeuge war, daß sie in vielen Fällen von nur zu diesem Zweck aufgestellten Kommandos geflogen wurden, die unabhängig voneinander operierten und in ihrer Stärke zwischen einer kleinen Staffel und einer Gruppe lagen.

Das Geschwader hatte eine nominelle Stärke von drei oder vier Gruppen, und seine Flugzeuge flogen gewöhnlich in nur einer Rolle – mithin gab es beispielsweise Jagdgeschwader (JG), Nachtjagdgeschwader (NJG) oder Kampfgeschwader (KG, also Bomberverbände). Aufklärungsflugzeuge waren üblicherweise in unabhängigen Aufklärungsgruppen (AGr) zusammengefaßt. Es muß jedoch darauf verwiesen werden, daß kein Geschwader jemals seine volle Sollstärke an Strahlflugzeugen erreicht hat.

Die Gruppen eines Geschwaders trugen – wie alle Verbände der Wehrmacht von Bataillonsstärke – römische Ziffern vor der Geschwaderbezeichnung; so wurde zum Beispiel die dritte Gruppe des Jagdgeschwaders 7 mit III./JG 7 abgekürzt. Die Staffeln eines Geschwaders hingegen trugen – wie auch das Geschwader selbst – fortlaufende arabische Ziffern; so gehörten bei drei Gruppen zu je drei Staffeln die 1., 2. und 3. Staffel zur I. Gruppe, während die 4., 5. und 6. Staffel die II. Gruppe und die 7., 8. und 9. Staffel die III. Gruppe bildeten. Die neunte Staffel des Kampfgeschwaders 76 wurde mit 9./KG 76 angegeben; sie war Teil der III./KG 76.

Grundlegendes Einsatzelement in einem Jagdverband der Luftwaffe war die Rotte mit zwei Flugzeugen; zwei Rotten bildeten einen Schwarm von vier Maschinen, und drei oder vier Schwärme bildeten eine Staffel. Manchmal war auch die aus drei Flugzeugen bestehende Kette das Kampfelement – beispielsweise bei den Me 262 des Jagdverbandes 44, der gegen Kriegsende aufgestellt worden war.

Obwohl die verwendeten Dienstgradbezeichnungen bereits bei der Übersetzung ins Deutsche übertragen wurden, wird dem interessierten Leser hier eine Übersicht vergleichbarer Dienstgrade an die Hand gegeben. Es wird jedoch darauf verwiesen, daß es sich bei den angeführten deutschen Generalsrängen ausschließlich um Dienstgradbezeichnungen der Wehrmacht handelt – die Bundeswehr hat ihre Generalsbezeichnungen den alliierten NATO-Partnern angeglichen.

Luftwaffe	Royal Air Force	US Army Air Force	US Navy
Generalfeldmarschall	Marshal of the RAF	General	Admiral
Generaloberst	Air Chief Marshal	General	Admiral
General	Air Marshal	Lieutenant General	Vice Admiral
Generalleutnant	Air Vice Marshal	Major General	Rear Admiral
Generalmajor	Air Commodore	Brigadier General	Rear Admiral
Oberst	Group Captain	Colonel	Captain
Oberstleutnant	Wing Commander	Lieutenant Colonel	Commander
Major	Squadron Leader	Major	Lieutenant Commander
Hauptmann	Flight Lieutenant	Captain	Lieutenant
Oberleutnant	Flying Officer	First Lieutenant	Lieutenant (junior grade)
Leutnant	Pilot Officer	Second Lieutenant	Ensign
Oberfähnrich	Officer Cadet	Officer Cadet	Officer Cadet
Feldwebel	Sergeant	Sergeant	Chief Petty Officer
Unteroffizier	Corporal	Corporal	Petty Officer
Flieger	Aircraftman	Private	Seaman

LITERATURHINWEISE

Manfred Böhme:
Jagdgeschwader 7. Motorbuch-Verlag *(vergriffen)*

Bill Gunston:
Jet Bomber.
Motorbuch-Verlag

David Irving:
Die Tragödie der Deutschen Luftwaffe. Aus den Akten und Erinnerungen von Feldmarschall Milch.
Ullstein-Verlag

Ernst Obermaier:
Die Ritterkreuzträger der Luftwaffe.
Hoffmann-Verlag

Karl Pawlas:
Arado Ar 234, der erste Strahlbomber der Welt.
Luftfahrt-Archiv

Bryan Philpott:
Meteor. Englands Aufbruch ins Düsen-Zeitalter.
Motorbuch-Verlag *(vergriffen)*

Hanfried Schliephake:
Flugzeugbewaffnung.
Motorbuch-Verlag

Johannes Steinhoff:
In letzter Stunde. Verschwörung der Jagdflieger.
List-Verlag

INDEX

Typenkunde und Einsatzgeschichte

Ries/Dierich
Fliegerhorste und Einsatzhäfen der Luftwaffe
Nachtjagd-Karte vom August 1944 liegt als Farbdruck bei.

316 S., 265 Abb., 1 Karte, geb.
Best.-Nr. 01486
DM 68,–/sFr 62,50/öS 496,–

Green/Swanborough
Jagdflugzeuge der Welt
1700 Jagdflugzeuge vom Beginn der Fliegerei bis heute.

600 Seiten, 3350 sw-Abb., 650 Farbabb., geb.
Best.-Nr. 30330
DM 148,–/sFr 133,–/öS 1080,–

Mano Ziegler
Turbinenjäger Me 262
Der erste einsatzfähige Düsenjäger der Welt, die deutsche »Wunderwaffe«.

228 Seiten, 54 Abb., geb.
Best.-Nr. 10542
DM 29,80/sFr 29,80/öS 218,–

Mano Ziegler
Raketenjäger Me 163
Der spannende Tatsachenbericht über die Flugerprobung des deutschen Raketenjägers.

248 Seiten, 95 Abb., geb.
Best.-Nr. 10372
DM 29,80/sFr 29,80/öS 218,–

Schick/Meyer
Geheimprojekte der Luftwaffe
Band 1: Jagdflugzeuge 1939–1945

216 Seiten, 260 Abb., 100 Farbabb., geb.
Best.-Nr. 01631
DM 88,–/sFr 81,–/öS 642,–

Dieter Herwig
Geheimprojekte der Luftwaffe
Band 2: Strategische Bomber 1935–1945

250 Seiten, 160 sw-Abb., 100 Farbabb., geb.
Best.-Nr. 01788
ca. DM 88,–/sFr 81,–/öS 642,–

Hugh Morgan
Me 262 »Sturmvogel/Schwalbe«
Die Me 262 war das beste Jagdflugzeug des II. Weltkriegs. Als Mehrzweckflugzeug geplant, spielte der erste Strahljäger der Welt seine Rolle als Aufklärer und Jagdbomber so überzeugend wie als Nachtjäger und Schulflugzeug. Doch der Wundervogel wurde erst im Spätsommer 1944 in Dienst gestellt.

216 S., 172 sw-Abb., 28 Farbabb., geb.
Best.-Nr. 01757
DM 69,–/sFr 63,50/öS 504,–

IHR VERLAG FÜR
LUFTFAHRT-BÜCHER

Postfach 10 37 43 · 70032 Stuttgart
Telefon (0711) 2108065
Telefax (0711) 2108070

Stand September 1997 – Änderungen in Preis und Lieferfähigkeit vorbehalten